序　言

党的二十大报告明确指出"深入实施科教兴国战略、人才强国战略、创新驱动发展战略，开辟发展新领域新赛道，不断塑造发展新动能新优势"。为了主动应对新一轮科技革命与产业变革，服务国家战略和区域发展需要，教育部和有关部门积极推进新工科建设，进一步完善我国工程教育体系，促进我国从工程教育大国走向工程教育强国。

随着新工科建设的推进，高校培养的新工科学生陆续走出校园，走向社会。就业指导服务是高校育人的一个重要环节。《新工科大学生职业发展导航》作为基于新工科背景下的职业发展指导类书籍，可以说是探索新工科全链条人才培养的又一可喜成果，书中呈现的生涯发展观点、模式和体系对新工科大学生的生涯教育实践具有很强的指导意义，在新工科人才培养体系中赋予了生涯规划与就业指导新的功能与作用。

本书主编长期深耕于高校就业工作一线，具有多年大学生生涯规划及就业指导工作经验，在人力资源管理及大学生生涯教育方面有深入研究，编者均有多年的理工类学生生涯教育经验。本书突破了传统职业生涯规划思路和方式，基于新时代新要求，根据国家人才需求和新工科人才培养方案，立足于新工科人才培养现状，通过鲜活的案例，对新工科专业大学生综合素质提升和职业生涯发展路径进行了深入分析，旨在帮助学生认识自我、认识职业，以积极的心态应对时代的发展变化，明确自身的职业目标和发展方向，不断提升综合素质，从而成为符合时代发展要求的应用型、创新型和复合型人才。

书中涵盖新工科大学生成长过程中所面临的诸多生涯发展问题，所提供的生涯知识、职业发展思路和问题解决策略具有很强的针对性和指导性，为新工科大学生和就业指导教师提供有益的参考和借鉴。

教育部高校学生司原司长

2023 年 6 月

全国高校就业创业特色教材课题研究成果

教育部学生服务与素质发展中心组织编写

新工科
大学生职业发展导航

XINGONGKE DAXUESHENG ZHIYE FAZHAN DAOHANG

主编　梁　英　张　博

编者　（按姓氏拼音排序）

董　瑞　胡亚军　梁妍娇

马　泰　王春乐　温　馨

赵　健

西安交通大学出版社
XI'AN JIAOTONG UNIVERSITY PRESS

图书在版编目(CIP)数据

新工科大学生职业发展导航 / 梁英,张博主编. ——
西安:西安交通大学出版社,2023.11(2025.7 重印)
ISBN 978-7-5693-3389-3

Ⅰ.①新… Ⅱ.①梁… ②张… Ⅲ.①大学生–职业
选择 Ⅳ.①G647.38

中国国家版本馆 CIP 数据核字(2023)第 152419 号

书　　名	新工科大学生职业发展导航
主　　编	梁　英　张　博
项目策划	刘　晨
责任编辑	苏　剑　蔡乐芊
责任校对	张静静
封面设计	任加盟

出版发行　西安交通大学出版社
　　　　　　(西安市兴庆南路 1 号　邮政编码 710048)
网　　址　http://www.xjtupress.com
电　　话　(029)82668357　82667874(市场营销中心)
　　　　　　(029)82668315(总编办)
传　　真　(029)82668280
印　　刷　西安明瑞印务有限公司

开　　本　787 mm×1092 mm　　1/16　　印张 13.125　　字数 262 千字
版次印次　2023 年 11 月第 1 版　2025 年 7 月第 2 次印刷
书　　号　ISBN 978-7-5693-3389-3
定　　价　49.00 元

如发现印装质量问题,请与本社市场营销中心联系。
订购热线:(029)82665248　(029)82667874
投稿热线:(029)82668525
读者信箱:phoe@qq.com

前　言

当前世界范围内新一轮科技革命和产业变革加速进行,综合国力竞争愈加激烈。工程教育与产业发展紧密联系、相互支撑,为推动工程教育改革创新,满足国家战略和新兴产业发展需求,教育部办公厅在 2017 年印发了《关于推荐新工科研究与实践项目的通知》(教高厅函〔2017〕33 号)。六年来,全国各高校根据办学定位和优势特色,深入推进"新工科"建设,探索个性化人才培养模式,相信随着我国新工科建设的不断深入,将会为新一轮技术发展提供科技创新力量和重要人才储备。

作为长期奋战在一线的高校就业工作者,我们在给学生做生涯咨询时,被问到较多的问题诸如"专业与职业的关系是怎样的?""怎样明确职业方向?""怎样规划未来职业发展路径?"等。就业工作无止境无边界,它也是人才培养的重要组成部分。怎样有效指导学生明确国家发展需要,结合自身兴趣和专业方向,做好职业生涯管理,成为具有全球视野、创新精神和实践能力的复合型人才,已成为就业工作者的新课题。因此,结合当前新工科的建设,我们萌生了编写此书的想法。

多年的职业生涯规划教育工作积累,为我们做好新工科教育背景下的学生职业生涯指导打下了坚实的基础。在设计本书框架结构和主要内容时,期望既能介绍新时代国家战略发展方向,又能对大学生乃至初入职场的工作者的职业发展有一定的指导意义。因此,本校就创中心的各位老师经过反复研讨、总结设计,编写了《新工科大学生职业发展导航》一书,以期满足新工科背景下的新时代大学生职业发展需求,引导大学生重视专业技术能力的学习,并在实践中养成良好的职业规划意识,做好合适、合情、合理的自身职业定位。

本书分为五个章节,第一章"新时代新工科",解读国家未来发展的重点方向;第二章"新工科的就业前景",走近就业的真实写照;第三章"新工科大学生的自我修养",拉开新工科大学生的个人能力提升序幕;第四章"构建生涯发展阶梯",在反复的实践训练中,寻找生涯发展的最优路径;第五章"高效实现职场进阶",破茧成蝶,完成自我价值的探索和实现。

为了方便读者阅读,团队在编写过程中,尽量采用通俗的文字进行讲述,更加贴近现实,更具实操性。我们努力以"00 后"喜闻乐见的形式讲述,改变了传统的职业生涯教育方式,引导读者主动运用各类生涯指导工具,解决在职业生涯发展过程中遇到的各类难题。

在每个章节中，我们还设计了一些短而精的案例，将职业生涯规划与指导过程变成了一个个小故事，期待能够引起读者对祖国发展需求和个人价值的更深层次思考，或是关于未来、或是关于国家、或是关于人生，更希望能够帮助读者把成就职业理想、实现人生价值从"远在天边"拉回到"大学纵贯线""专业连连看"的"近在眼前"，在这样沉浸式的学习中，一步步探寻职业发展方向，构建适合自己的生涯发展阶梯。

　　集天下人，成天下事。本书凝聚了整个团队的智慧，是各位教师在一线开展生涯规划与就业指导工作中，通过对实践经验的提炼升华、修改整合，最终形成文字得以出版。在这里十分感谢团队成员的辛勤付出！

　　周国平在《人生哲思录》里面说到："你的人生是否有意义，衡量的标准不是外在的成功，而是你对人生意义的独特领悟和坚守。"期望读者读完本书后，在未来的世界里找到属于自己的人生方向，在生命的舞台上尽情绽放金色年华。

编者

2023 年 4 月

目　录

第一章

新时代 新工科

少年智则国智,少年富则国富,少年强则国强。

——梁启超

思维导图

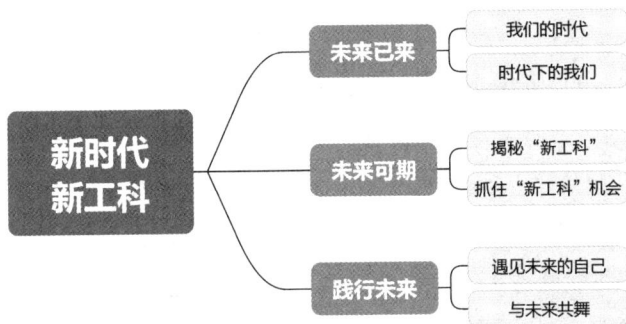

导读思考

　　佳乐是一名正在读交通规划与管理专业的研究生。回忆起童年,他最大的乐趣就是每天在家门口,看着绿皮火车载着形形色色的人们,从离自己不远的地方"咣当咣当"地驶过,那时,他对这个"绿色的大家伙"充满了好奇。对于中学的回忆,佳乐说道:"那时候,几乎每个月都要坐着绿皮火车去县城上学。火车虽然很慢,很拥挤,还不时地能闻到泡面的味道,但是,它把我带到了知识的海洋,给我打开了外面的世界,慢火车陪伴我慢慢长大。"也许,是因为从小就和火车结下了不解之缘,报考大学时,他选择了交通运输专业。

　　如今的佳乐,在往返家和学校时都是乘坐"复兴号"高铁。坐在可以调节角度的座椅上,他常常通过平板电脑连接车上的 Wi-Fi 来查找资料,当然,也经常通过游戏或电视剧来娱乐放松,如果需要,还可以随时利用座椅下的充电插口给电脑或手机充电。他在尽情地享受高铁的舒适、便捷和平稳的同时,也体验到了中国铁路的变化,感受到了中国人的智慧与勇气,更为中国高铁的发展而感到骄傲。

佳乐知道,目前,中国修建了世界上最大的高速铁路网,在高铁驰骋大江南北的同时,也促进了国家经济的增长,使城市的发展模式发生了改变。他最近总在思考一些问题:中国的科技发展到今天,已经改变了我们的生活,作为新时代中国的大学生,应该为国家的发展贡献力量,但是我的价值在哪里? 我未来的发展机会在哪里? 我应该做些什么呢?

▶ 第一节 未来已来

一、我们的时代

(一)科技发展日新月异

在日常的学习生活中,同学们都感受到了城市的繁华,也触摸到了科技的繁荣,新时代的中国充满希望,中华民族迎来了从站起来、富起来到强起来的伟大飞跃。

回望过去,中国人经历了从"骑着毛驴上北京"到"坐上火车去拉萨",再到万里公路、高铁覆盖了约80%的城市。"复兴号"实现时速350公里"陆地飞行",国产大飞机C919实现了一飞冲天的历史跨越。

习近平总书记在党的二十大报告中强调,未来五年是全面建设社会主义现代化国家开局起步的关键时期。新一轮科技革命和产业变革深入发展,新科技革命给变道超车创造新条件,国家发展对高等教育的需要、对科学知识和人才的渴求,比以往任何时候都更加迫切,培养新工科人才事关党和国家的事业发展,是着力破解"关键卡脖子"问题的必由之路。

党的十八大以来,中国特色社会主义进入新时代。我国科技进步非常明显,科技实力快速提高,我国成功跨入创新型国家的行列,全面融入全球创新网络,展现出了具有新时代特点的整体布局和发展态势。

这期间,从创新是引领发展的第一动力,到全面实施创新驱动发展战略,坚持把科技创新摆在国家发展全局的核心位置,再到把科技自立自强作为国家发展的战略支撑,中国特色自主创新道路越走越宽广。我国很多学科方向已经达到国际领先水平,科学研究机构、大学、领军科技企业的研发能力在全球地位明显上升。高新技术企业,十年前只有不到5万家,现在达到了33万家。北京、上海、粤港澳大湾区这三大国际科技创新中心在全球科技创新集群排名中均进入前10名。

在基础研究和战略高技术领域产出一批世界级科技成果。"天问"探火星、"嫦娥"登月球、"神十三"和"天和"核心舱成功对接,我国深空探测实现了重大跨越。"深海勇士"号、"奋斗者"号、"海斗一"号等研制成功,标志着我国具备了万米全海深谱系化的探测能力。在量子科技领域,我国成为目前世界上唯一在两种物理体系达到"量子计算优越性"里程碑的国家。

自主研发的大量先进技术装备和系统进入实用,成为推进产业快速升级的"利器"。超级计算、高速铁路、智能电网、第四代核电、特高压输电技术等,都进入了世界先进行列。特别是5G研发和应用场景深度拓展,人工智能发展的中国特色生态初步建立,正在加快赋能百业。在大算力和超级计算的支撑下,数字经济蓬勃发展,一批智能城市、智能工厂、智能医疗和智能交通等正在形成规模。

同时,原创新药研制数量比十年前大幅度增长,多款新冠疫苗、检测试剂和治疗药物有力支撑了新冠疫情防控;在脱贫攻坚和乡村振兴一线,一大批科技人员发挥了重要作用;"科技冬奥"200多项成果落地应用,有力支撑了北京冬奥会高质量举办。

(二)新工科——时代的呼唤

我们的时代既充满了希望,又充满了挑战。工业是国民经济的主导产业,是立国之本,是强国之基。我国是世界上工业规模最大的国家,但是与工业强国相比还有一定差距。当前世界已经迈入第四次工业革命。互联网产业化、工业智能化、工业一体化将是未来工业的主要发展方向。可以预见,未来世界各国的工业重点将集中在人工智能、清洁能源、无人控制技术、量子信息技术、虚拟现实,以及生物技术等领域。

我国要实现高水平科技自立自强,归根到底要靠高水平创新人才。为主动应对新一轮科技革命与产业变革,支撑服务创新驱动发展、"中国制造2025"等一系列国家战略,2017年2月以来,教育部积极推进新工科建设,先后形成了"复旦共识""天大行动""北京指南",并发布了《关于开展新工科研究与实践的通知》《关于推荐新工科研究与实践项目的通知》,全力探索形成领跑全球工程教育的中国模式、中国经验,助力高等教育强国建设。

与老工科相比,"新工科"更强调学科的实用性、交叉性与综合性,尤其注重信息通信、电子控制、软件设计等新技术与传统工业技术的紧密结合。

相对于传统的工科人才,未来新兴产业和新经济需要的是工程实践能力强、创新能力强、具备国际竞争力的高素质复合型"新工科"人才,这些"新工科"人才不仅在某一学科专业上学业精深,而且还具有"学科交叉融合"的特征。他们不仅能运用所掌握的知识去解决现有的问题,还能够通过学习新知识、新技术,去解决未来可能出现的问题,对未来技术和产业起到引领作用。他们不仅在技术上优秀,还需兼具良好的人文素养,懂得一些经济、社会和管理方面的知识。

新工科专业对学生的学习能力也有比较高的要求。例如,航空航天类专业就要求学生有很好的逻辑思维能力、学习钻研能力和动手能力,对数学、物理的要求非常高;光电信息科学与工程专业要求学生具有较扎实的数学、物理基础及较强的逻辑思维能力,喜欢科学实验和动手实践,更重要的是需要具有一颗深入探究新事物的好奇心等。

二、时代下的我们

(一)了不起的工科生

人才是发展壮大新经济的第一资源。工科教育和产业发展是紧密联系、相互支撑的。我国发展"新工科",对支撑新经济发展的人才供给会起到积极的作用。

有人说,一个国家最好看的风景就是这个国家的年轻人。

国务院新闻办公室 2022 年 4 月发布的《新时代的中国青年》白皮书,这样描述新时代的中国青年:他们积极主动学理论、学文化、学科学、学技能,思想素养、身体素质、精神品格、综合能力不断提升,努力成长为堪当民族复兴重任的时代新人。

在体现综合国力、弘扬民族志气的重大工程中,青年的身影挺立在最前沿。无论是"西气东输""西电东送""南水北调""东数西算"等战略工程现场,还是港珠澳大桥、北京大兴国际机场、"华龙一号"核电机组等标志性项目工程,"青年突击队""青年攻坚组"的旗帜处处飘扬。

新时代中国青年坚守"永久奋斗"光荣传统,在平凡岗位上奋斗奉献,在急难险重任务中冲锋在前,在基层一线经受磨砺,在创新创业中走在前列,在社会文明建设中引风气之先,生动展现出"衣食无忧而不忘艰苦、岁月静好而不丢奋斗"的整体风貌。

有人说"新工科"是"横空出世""一鸣惊人",一下子就火起来了。其实,最近几年相关的工作一直都在进行,只是大家都还未能明确"新工科"的概念。

我国每年工科毕业生超过全球的 1/3。在工程技术创新一线,大约每年有 300 万理工科毕业生走出校园成为青年工程师。"上可九天揽月,下可五洋捉鳖",理工科为国造重器,理工科学子是"大国重器"的缔造者,理工科高校是大国崛起坚实的后盾。

国家好,青年才会好,青年好,国家会更好。我国的建设和发展离不开青年一代,新时代成就了中国青年,中国青年也不负时代众望,一步一步成长起来,从大学时代知识和能力的积累,到迈入职场以后的不断历练和提升,逐渐有了对个人和家庭的责任,也有了对社会和国家的担当。我国的发展和进步,到处都留下了青年人的足迹。

同学们正逢中华民族发展的最好时期,拥有更优越的发展环境、更广阔的成长空间,也面临着建功立业非常难得的人生际遇。在大学学习中,一些同学经常会问:"怎么才能做到学有所用,将学到的知识转化为能力,进而为国家的发展、民族的复兴贡献力量呢?""理工科学生怎么打造自己的职业核心竞争力呢?""每天辛苦学习,起早贪黑做科研是为了什么,今后的去向是哪里?"

(二)紧跟时代发展

大学生在求学阶段经常会想,我以后要找一个什么样的工作呢? 其实,能够找到自己所喜欢所热爱的工作,便是人生一大幸事。正如有人所说,如果一件事是你所热爱的,就算它再麻烦再辛苦,你都不会觉得累。

北京知多星科技有限公司(简称 Flow++)创立于清华园,是一家面向互联网、移动互联网以及物联网,以全量网络数据采集、分析和应用为核心的大数据初创公司。

Flow++团队在互联网流量精细化识别、大数据分析与应用等领域深耕多年,自主研发了一系列全球领先的核心算法和技术。

清华大学袁振龙博士创业的想法萌生于大学期间参加的一系列信息安全竞赛,通过与国内外顶尖的团队过招,他发现自己与同伴在技术方面并不比业界水平差,于是产生了通过技术突破实现创新创业的想法。2016 年毕业后,袁振龙博士召集多年来一起经历风雨的同学、室友构建了 Flow++团队的雏形,大家对技术的执着与热爱从未改变,带着不同的技术积累和经验聚在一起,创立了北京知多星科技有限公司。

作为理工科背景的创业者,袁振龙对待创业的态度与对待技术一样,追求极致的挑战。借助十年信息安全行业的摸索和对技术的潜心研究,袁振龙博士为创业打下了更加坚实的基础。与此同时,读博士期间积累的大量科研和实战项目经验,使得自主突破核心技术得到实际应用,更坚定了他将核心技术推向工业界的决心。为此,他还选修了清华大学 x‐lab 创新创业相关的课程,时刻跟进市场动向,为创业做好了充足的准备。

在核心产品上,Flow++自主研发的 FlowID 产品填补了市场上全量采集网络数据的空白,为行业客户带来了至关重要的产品服务。基于 FlowID 实时采集的全量用户行为和内容数据,Flow++还推动研发了开放式大数据分析平台 FlowAl,致力于通过 Al 赋能的方式,实现更深度的大数据关联、分析和预测,以模块化的形式向业界提供多样化的数据分析能力,服务于各行业客户。

袁振龙博士之所以能够创业成功,是源自他对理想的追求、对技术的热爱和对项目的执着。

美国著名作家马克・吐温曾经说过,人的思想是了不起的,如果专注于某一项事业,就一定会做出使自己感到吃惊的成绩来。选择职业是一门学问,成就事业却是一种智慧。那么,怎么样才能从选择职业上升到成就事业呢? 其实,事业就是职业和坚守的总和,在这个过程中,如果你对所选择的职业越来越产生兴趣,而且对未来的发展抱有期待,你将会源源不断激发出职业动力。

从小姜宇就有一个成为工程师的梦想,希望有一天可以通过自己的努力对社会有所贡献,于是在考大学的时候选择了材料学专业。最初接触这一领域时,他感觉材料学是很低端的一门学科,既没有机械工程那么精密实用,又没有电子信息工程那么高大尖端,始终处于后台,是一个基础而无用的学科。但经过一段时间的学习、深入接触后他才发现材料学的迷人之处,尤其是发现我们国家一些基础设备及技术的落后很大程度上是由材料落后、不达标引起的,他突然明白了作为一个材料人需要承担的责任,也逐步体会到了国家综合实力的进步是需要多个学科的协同发展才可以实现的,而材料学正是其中重要的一环,材料学的每一分进步都对社会及工业建设有着积极的意义。

工作期间姜宇对新材料,尤其是对石墨烯的市场应用有了更明确的认知,发现了这种新材料蕴含着巨大的市场机遇。姜宇决定再回学校继续深造。在伙伴们的共同努力下,团队率先进行了石墨烯电热材料的应用研究,成为国内第一家申请并公开石墨烯电热产品专利的团队。

当项目真正开始运作时,他才发现预案漏洞百出。最初只能在学校的废旧库房里进行实验,但这样的条件也没能维持多久,最后只能搬到一个偏远地方的民房里进行实验。此外,产品的测试需要严谨的测试条件,由于不具备相关条件,只能借用朋友的办公室,在晚上进行试验测试;每次公司的会议要么在学校的咖啡厅,要么借用同学的办公室。虽然经历了许多波折,但幸好得到了许多朋友的大力支持,一步步走来,风雨中慢慢坦然。

智能石墨电热项目经过两年多的发展,取得了一系列的成果,也初步完成了专利及产品布局,但存在诸多不足之处。姜宇坚信一点一滴的进步,都将成为成功的基础,不负青春。

智能石墨烯电热材料的应用可以解决冬天燃煤供暖带来的空气污染问题。石墨烯电热材料以电能作为供暖能源,极大地减轻了空气污染,相对传统供暖节能25%。石墨烯家装型电热材料,与传统的空调取暖、电暖气等相比,具有发热舒适、热稳定性好、安装使用方便、节能降耗(一般可节能20%~30%)等优势。

从姜宇的案例我们可以看出,一个人要想实现自身的价值,就要立足于所处时代生产关系的实际状况和发展需要,将个人的职业选择和社会发展的需要相结合,此外,从大处着眼、小处着手也非常重要。

"天下难事必作于易,天下大事必作于细。是以圣人终不为大,故能成其大。"可见,"大"不是一蹴而就,而是无数的"小"汇聚而成的。因此,坚持从一点一滴做起,这是我们最终能否"成其大"的关键。

▶ 第二节　未来可期

一、揭秘"新工科"

通过前面的介绍,我们知道,我国新工科的建设主要是应对新一轮科技革命和产业变革,培养"大国工匠"和高层次工科创新人才的一项举措。那么,什么是"新工科"呢?"新工科"对应的是新兴产业,其一是指针对新兴产业的专业,如人工智能、智能制造、机器人、云计算等;其二也包括传统工科专业的升级改造。新一代信息技术产业、高档数控机床和机器人、航空航天装备、海洋工程装备及高技术船舶、先进轨道交通装备、节能与新能源汽车、电力装备、农机装备、新材料、生物医药及高性能医疗器械等都属于新工科。

科技革命改变教育内容,信息革命改变教育模式。因此,建设和发展"新工科",培养新经济急需的紧缺人才,培养引领未来技术和产业发展的人才,已经成为全社会的共识。高校正在改革、创新教育教学模式,帮助未来的工程师们构建符合时代要求的思维方式和知识结构,着重培养学生的创新创业能力。

新工科的"新"立足于新经济的"新",面向当前急需和未来发展培养新工科人才,把握由来、坚守本来、吸收外来、开创未来。新工科的建设和发展主要体现在新型高水平理工科大学、多主体共建的产业学院、未来技术学院、产业急需的新兴工科专业及体现产业和技术最新发展的新课程,接下来会依次展开介绍相关内容。

(一)新型高水平理工科大学

建设新型高水平理工科大学是国家"双一流"和"新工科"背景下省域高等工程教育改革的重大举措,以政府为主导,由高校、企业、社会等多元主体参与。新型高水平理工科大学强调高质量的应用型人才培养、高水平的应用技术研究和高精度的产业科技创新服务。其关键评价指标范围和要素体现在理工类学科专业集聚度、高素质应用型创新人才培养能力、面向企业共性或关键技术的科技创新水平、产学研用协同创新、服务支撑地方产业转型升级能力等方面。

在新型高水平理工科大学的建设过程中,不同主体有不同的价值诉求。地方政府考虑资源投入的效益产出,尤其在产业服务和技术孵化上有着明确的绩效要求;大学不仅需要完成与政府签订的服务性和支撑性绩效目标,还需要考量学科建设、平台搭建、项目实施、人才培养、科研产出等大学应有的价值功能;教师不仅要教书育人,还需要在高水平建设所带来的高度竞争态势中寻求自身的专业发展和学术进步。

(二)多主体共建的产业学院

为扎实推进新工科建设再深化、再拓展、再突破、再出发,协调推进新工科与新农科、新医科、新文科融合发展,全面提高人才培养能力,教育部决定在特色鲜明、与产业紧密联系的高校建设若干与地方政府、行业企业等多主体共建共管共享的现代产业学院。

经过四年左右时间,以区域产业发展急需为牵引,面向行业特色鲜明、与产业联系紧密的高校,重点是应用型高校,建设一批现代产业学院。在此基础上,引导高校瞄准与地方经济社会发展的结合点,不断优化专业结构、增强办学活力,探索产业链、创新链、教育链有效衔接机制,建立新型信息、人才、技术与物质资源共享机制,完善产教融合、协同育人机制,创新企业兼职教师评聘机制,构建高等教育与产业集群联动发展机制,打造一批融人才培养、科学研究、技术创新、企业服务、学生创业等功能于一体的示范性人才培养实体,为应用型高校建设提供可复制、可推广的新模式。

基于新工科理念背景下,与产业行业企业相结合,面向产业链、应用链和创新链,面向区域经济发展,各地方本科高校积极与政府、行业和企业开展办学合作,共建现代产业学院。教育部高等教育司在 2021 年 12 月 10 日对首批现代产业学院名单进行了公示,共有 50 个现代产业学院,上海大学、西南交通大学等均在其中,所合作的企业包括阿里云、腾讯云计算、中车、西门子等。下面,以上海大学建立的现代产业学院——上海微电子学院为例,讲述一所现代产业学院的建立及发展,它的建立培养了一大批集成电路人才。

小到手机电脑,大到国之重器,我们在日常生活中看到的所有电子设备几乎都离不开集成电路。集成电路在各行各业中发挥着非常重要的作用,是现代信息社会的基石。集成电路产业的技术水平和产业规模已经成为衡量一个国家产业竞争力和综合国力的重要衡量标准,成为国际间大国竞争的关键领域。近年来,我国的芯片行业急速发展,但在中国巨大的芯片市场面前,国产芯片仅占了不足 10% 的份额,而造成这一市场现象的最根本原因在于中国缺乏芯片人才。

而面对我国集成电路产业人才紧缺现状及高校集成电路人才培养短板,为进一步满足国家战略需求,上海大学与上海微技术工业研究院、中国科学院上海分院、嘉定区政府、集成电路全产业链创新企业共建的上海大学微电子学院于 2019 年 11 月正式成立,其立足上海集成电路产业和未来集成电路发展需求,通过科教融合、产教融合来培养具备微电子及其交叉学科基础知识,具有集成电路芯片设计、制造和超越摩尔专业能力的集成电路超越摩尔领域的卓越创新人才。

上海大学微电子学院借鉴国内外高校人才培养经验,并参照国际著名高校与研究院(中心)合作办学模式,面向集成电路产业,打造本硕博一体化培养体系,形成本科卓越创新培养、硕士领军工程师培养、博士解决"卡脖子"难题能力培养的特色,并带动相关学科共同发展。突出理论重点讲授,增加实践创新,提升自主学习能力。设置全新的本硕贯通、理工融合的学科基础课,以及由科研团队授课、面向产业前沿的专业选修课,为学生们今后的学习、科研、工作打下坚实的基础。

未来,上海大学将以微电子学院建设为引领,在嘉定校区集中布局集成电路及微纳制造学科集群,聚焦集成电路科学与工程学科建设。

同样,所有的现代产业学院都会如上海大学微电子学院一般,打通人才培养与新兴产业需求之间的"最后一公里",促进新工科现代产业学院良性发展,打造校企命运共同体,助力新工科人才培养质量的提升。

(三)未来技术学院

未来技术学院是 2020 年 5 月教育部提出的新型学院,属于新工科未来学院。为扎实推进新工科建设,推动高校加快体制机制创新,做好未来科技创新领军人才的前瞻性和战略性培养,抢占未来科技发展先机,教育部在高等学校培育建设一批未来技术学院。

其建设的目标是通过四年左右时间,在专业学科综合、整体实力强的部分高校建设一批未来技术学院,探索专业学科实质性复合交叉合作规律,探索未来科技创新领军人才培养新模式。在此基础上,不断加强建设,争取用十年左右时间锻造一批在前沿交叉与未来技术领域具有重要影响的高水平教师团队,建设若干适应未来技术研究所需的科教资源平台和数字化资源,培育一批在前沿交叉科学与未来技术领域可能产生重大影响的原创性成果,形成一批具有代表性的体制机制范例,打造能够引领未来科技发展和有效培养复合型、创新型人才的教学科研高地。

其建设任务主要有七项:凝练未来技术特色、创新人才培养模式、革新教学组织形式、打造高水平教师队伍、深化国际合作、汇聚各方资源、优化管理机制。

为深入推进"新工科"建设,培养未来科技创新人才的国家级前瞻战略,未来技术学院是高校建设的重要一步。首批未来技术学院共有 17 所高校申报,最终 12 所国内顶尖高校进入首批名单,名单亦是由教育部高等教育司于 2021 年 5 月 20 日在教育部办公厅官网发布,详见表 1-1。

表 1-1 首批未来技术学院名单

序号	高校名称	学院名称	布局方向
1	北京大学	未来技术学院	未来生命健康技术
2	清华大学	未来技术学院	智能科技、先进制造、国家安全等关键领域
3	北京航空航天大学	未来空天技术学院	未来航空、航天技术
4	天津大学	未来技术学院	高端高新未来技术
5	东北大学	未来技术学院	工业智能领域
6	哈尔滨工业大学	未来技术学院	人工智能、智能制造、生命健康3 个技术方向
7	上海交通大学	未来技术学院	能源环境、健康医疗 2 大领域
8	东南大学	未来技术学院	芯片设计、信息材料、未来通信、智能感知 4 个方向技术
9	中国科学技术大学	未来技术学院	量子科技发展等方向
10	华中科技大学	未来技术学院	智能制造、生物医学成像、光电子芯片、人工智能 4 个方向

序号	高校名称	学院名称	布局方向
11	华南理工大学	未来技术学院	智能感知、大数据、AI＋融合技术 3 个研究方向
12	西安交通大学	未来技术学院	储能科学与工程、人工智能＋X、医工交叉 3 个方向

纵观首批 12 所未来技术学院聚焦的领域和研究的方向可以看到,各大高校都着眼于跨学科交叉融合领域、国家战略必争领域及前沿技术领域,关系到国家战略、国家安全、经济社会、人民生活等。早在 2016 年,中国科学技术大学就率先成立了国内首个未来技术学院。接下来,将以中国科学技术大学为例,探索未来技术学院的成立与发展。

"遇事不决,量子力学"成为我们生活中的一句戏言,但毫无疑问的是量子力学的确有着很重要的地位,以量子计算、量子通信、量子精密测量等为代表的量子科技,已成为世界瞩目的新兴战略技术焦点,为信息安全、计算能力、感知能力带来了革命性的进步,点燃了"第二次量子革命"。

中国科学技术大学未来技术学院依托中国科学院量子信息与量子科技创新研究院、合肥微尺度物质科学国家研究中心等一流前沿基础交叉研究的科研优势,按照规划,经过十五年左右,未来技术学院将形成一支在前沿交叉与未来技术科教领域具有重要影响的人才团队,形成 5～7 个在国际上独具影响力的交叉学科或新兴学科及完善的多学科交叉学生培养体系,在前沿交叉科学与未来技术领域产生若干重大原始创新成果,引领和带动新兴领域的发展,为我国产业结构调整、经济转型、国家安全等重大问题提供支撑,加速科学发现和技术创新。

未来已来,未来可期。首批 12 所未来技术学院将坚持中国特色、面向未来、交叉融合、科教结合、学生中心、开放创新,通过不断突破、持续创新、强化引领,将科技创新人才培养与颠覆性、革命性科技突破统筹设计和有机结合,打造能够引领未来科技发展和有效培养复合型、创新型人才的教学科研高地,及时培养能够主动适应未来不确定性、引领前沿交叉学科和未来技术领域发展的科技领军人才。

(四)产业急需的新兴工科专业

新工科专业分为新型工科专业、新生工科专业、新兴工科专业三类。

新型工科专业属于"存量更新",新生工科专业和新兴工科专业属于"增量补充"。新型工科专业是针对传统的、现有的工科专业这些"存量",面向产业未来发展需要,通过信息化、智能化或其他学科的渗透而转型、改造和升级即"更新"而成的。新型工科专业的"新"可以体现在人才培养全过程中的主要环节的改革、变化和发展。作为新工科的"增量补充",新生工科专业和新兴工科专业的设置是为了提前布局培养引领未来技术和产业发展的人才。例如,物联网工程、光电信息科学与工程、计算机科学与技术、数字媒体技术、数据科学与大数据技术等专业都属于新工科专业范围。

物联网工程,简单来说,就是通过互联网,让所有独立的普通物体实现互联互通。比如,开车到一个陌生的地方,直接打开导航,自动会为你规划好行驶路线,甚至向你推送拥堵路段。再比如,通过手机 App,人在外面就能远程操控打开热水器,回家就能享受热水澡,这就是手机和热水器之间的互联。物联网工程专业是一个工程实践性很强的交叉学科,它属于计算机门类,但与传统计算机专业偏重计算机体系结构不同,它是利用计算机技术实现物联网应用,解决的是万物互联问题,形成人与人、人与物、物与物相连的一个网络进行远程感知和控制,实现各类创新应用。它涉及自动化、通信与电子、计算机以及人工智能等多学科相关的知识与技能,但与电子信息工程、通信工程也有所区别。电子信息工程侧重于硬件方面;通信工程更偏向网络底层架构和协议,注重网络基础设施建设;而物联网工程更注重应用、创新与服务,强调学科的实用性、交叉性与综合性,这正符合教育部制定的"新工科"建设要求。

北京交通大学的物联网工程专业 2021 年入选国家一流专业建设点。旨在面向新一代信息技术行业以及轨道交通等相关行业的发展和需求,培养系统掌握智能物联网(AIoT)的基础理论、工程应用研发的现代技术,特别是在物联网的人工智能应用以及基于边缘计算的 AIoT 落地实现方面,具有创新意识、实践能力、团队协作精神和国际视野的高级工程技术人才。毕业生能在物联网企、工企业、银行、科研院所、政府部门以及相关行业,从事物联网工程及 IT 有关的规划、设计、运营、管理及相关产品研发工作。

光电信息科学与工程专业属于电子信息类专业和"新工科"范畴。北京交通大学是本专业全国最早招生的五所高校之一,在《中国大学及学科专业评价报告》近 3 年全国排名中位列 8～12 名,并于 2019 年入选首批国家级一流本科专业建设点。其主要依托光学工程北京市重点一级学科、发光与光信息技术教育部重点实验室,培养新兴光电领域的光通信、光电检测与光传感激光技术、集成光电子以及发光显示和太阳能利用等方向的专业人才。该专业毕业生可在激光技术、光学精密测试与加工、光电传感、光通信、图像与信息处理、机器视觉、新能源、新型显示技术、新型发光光源等领域的高新技术产业部门、科研部门、国家机关等企事业单位,作为工程技术人员,从事技术开发、工程设计、科学、研究和管理等工作。

数据科学与大数据技术专业。随着网络的普及,我们被越来越多的信息数据所包围,无论你是在网上购物还是看报纸,只要你打开社交平台,浏览信息,就有数据产生。大数据指非常庞大、复杂的数据集,特别是来自新数据源的数据集,其规模之大令传统数据处理软件束手无策,而大数据技术却能帮助我们解决以往非常棘手的业务难题。大数据的概念已经应用到生活的方方面面,比如刷抖音看视频,当你在某一个视频页面停留一定的时间时,系统便会自动向你推送同类型的内容,让你刷到停不下来。随着网络购物的兴起,社交平台的"泛滥",国内大数据人才也出现了缺口。本科专业中和大数据相对应的是"数据科学与大数据技术"专业,它是 2015 年教育部公布的新增专业,是众多学科与统计学交叉产生的一门新兴学科,涉及数据挖掘、云计算等数学、计算机、统计学等学科知识。目前,大数据技术专业主要有三大就业方向:大数据系统研发类、大数据应用开发类和大数据分析类。具体岗位如大数据分析师、大数据工程师等。

(五)体现产业和技术最新发展的新课程

新工科专业的"新"还体现在具有产业和技术最"新"发展的"新"课程上,由各高校按照教育部新工科建设方案进行改革创新,同时也依托教育部新工科研究与实践项目开展实施。

以北京交通大学为例,首批国家级新工科优秀项目《现代交通背景下交通运输工程新工科复合人才培养模式探索与实践》,按照交通强国发展战略中"一流设施、一流技术、一流管理、一流服务"要求配置交通类专业新工科知识内涵、技术内涵和能力内涵,提出"交通+(数理、技术、信息、智能、大数据)"创新思考,融原始基础创新、技术创新、管理创新和服务创新一体化的人才发展模式。学校构建多学科交叉融合的交通运输工程新工科复合人才平台,统一设置专业课程融通培养体系。科学设置各专业基础课程,打破学科壁垒,拓宽专业口径,共享学科大类基础平台课程资源,如新经济、人工智能、交通大数据挖掘等课程。充分发挥轨道交通领域优势与特色,依托"爱课程"平台,构建 21 门轨道交通特色在线开放课程共选模块,依托虚拟仿真实验教学资源,构建 3 项国家级虚拟仿真实验教学项目。建立了"低年级按学科类培养、高年级开展宽口径专业教育"的培养体系。构建了分层递进,有效实施的专业人才培养管控体系。

物联网工程专业旨在培养系统掌握物联网基本理论,熟练掌握物联网系统设计与集成、物联网软硬件设计与开发、物联网应用技术,了解传感技术、通信技术、网络技术、信息处理技术等基本理论,具有工程基础厚、创新能力强等特色的高级工程技术人才。

为此,北京交通大学设立了以下核心课程:离散数学、数字系统基础、数据结构、信号与系统、微机系统与接口技术、智能计算系统、操作系统、数据库系统原理、传感器原理及应用、计算机网络原理、无线传感网、RFID 原理与应用、物联网架构与技术、机器人学导论等。因为物联网是交叉学科,涉及通信技术、传感技术、网络与 RFID 技术、嵌入式系统技术等多项知识。一般情况下研究生从事核心技术工作,本科生主要学习物联网相关的知识,夯实基础,同时增强实践与应用能力。在工程实践培养上,物联网工程专业"强调基础,注重实践,鼓励创新",强调对学生进行系统、扎实的基础知识培养,通过实践/实验课程的校内培养、企业工作实习、全国物联网大赛等方式,提升学生的实践动手能力。很多高校还拥有工业级的短距和长距物联网通信技术实践平台、智慧城市综合实训系统、智能家居综合训练系统、多类服务机器人实训系统和校企实训基地,为物联网采集的多样化数据提供分析及可视化展示平台,为学生提供了广阔成长空间。另外,目前物联网的研发、应用主要集中在欧美等国家,学生需要阅读外文资料和应对国际交流,需要扎实的外语基础。

光电信息科学与工程专业需要培养具有扎实的数理基础、掌握光电信息科学与工程领域基础理论和相关技术,具有创新意识和较强实践能力的、适应光电产业的高级专门人才。该专业主要学习光学、机械学、电子学及计算机科学基础理论及专业知识。北京交通大学开设的核心课程有物理光学、应用光学、光电子学、激光原理、光电检测技术、光通信原理、光信息存储与显示、数学物理方法、电动力学、固体物理学、量子力学。

数据科学与大数据技术是一门实践性很强的新兴交叉复合型学科,必学的课程为数学、统计学、计算机。各高校在这几门背景学科的基础上,交叉融合其他的专业知识技能。数据科学与大数据技术主要包括数据管理、系统开发和海量数据分析与挖掘三方面学习内容。它的基础课程内容主要包括数学分析、高等代数、普通物理数学与信息科学概论、数据结构等,必修课包括离散数学、概率与统计、计算机系统基础等,结合了数学、计算机、统计学三方面的知识,既有理学又有工学。它的专业核心课程包括 Python 程序设计、Linux 操作系统、数据库原理与应用、计算机网络、数据采集与数据预处理、Hadoop 大数据技术、机器学习及其应用、大数据系统管理与调优、Spark 基础及其应用、Flink 实用技术、现代综合评价方法、数据可视化及其应用、大数据行业案例分析等。

二、抓住"新工科"机会

在"新工科"掀起一波又一波高潮的当下,如何抓住机会,实现新的发展和飞越是不少高校和个人都在思考的问题。

"新工科"的研究与实践主要从"工科优势高校""综合性高校""地方高校"三类学校入手,并不是局限于"建设高水平综合性院校",更重要的是把实践提到了前所未有的高度。工科的建设不是坐而论道,而是与时代、社会发展相结合,体现在人才培养的实践之中。

在北京交通大学 2021 级新生开学典礼上,校长王稼琼作了题为《感悟大学之大》的讲话,向全体新生提出了殷切希望。大学之大,在于研究"大学问",大学阶段要经历对所学领域深化认识和逐步探索的创新过程,他希望同学们珍惜学校提供的浓厚的学术氛围和良好的学习条件,始终保持求知探索的精神劲头,不断提升自己的学习和研究能力,为今后的发展打下坚实宽广的基础;大学之大,在于涵养"大品格",他希望同学们能够继承交大青年勇于担当、自强坚毅、默默奉献的美好品质,在大学阶段不断涵养崇德向善的人生底蕴;大学之大,在于坚守"大情怀",知行合一、报效祖国是一代代交大人的精神追求,他希望同学们传承、践行交大精神,将个人的发展和价值实现与国家需求、社会进步紧密结合,特别是将学习和研究方向瞄准国家战略和关键核心技术领域,为攻克制约国家科技发展的"卡脖子"难题积蓄力量,成为当仁不让的强国力量。

对于很多大、中学生来说,国家对"新工科"建设的倡导也意味着新的发展机遇。年轻的学子除了学好基础课和专业课外,还要将目光投向课堂之外,积极参加实践活动,培养动手能力,及早明确自己未来的职业发展方向,多方面做好准备,只有这样,将来才有可能在我国经济社会发展的大潮中施展才华、实现抱负。

▶ 第三节　践行未来

一、遇见未来的自己

(一)十年后的样子

在"研究生职业发展与能力拓展"的课堂上,教师带领同学们做了生涯幻游活动,以下是几位同学写给十年后自己的一封信,字里行间流露出同学们对自己未来的期待。

雄心壮志的小帅

小帅:

你好,现在是 2033 年。此时的你已经 30 岁了,正是而立之年。应该已经有了自己的事业和家庭,想必已经从刚入职时的迷茫无措到独当一面、从科研小白到勇攀科研高峰,一定为祖国的发展作出了自己应有的贡献。

十年后的你,应该正在我国芯片制造领域发挥着自己电子信息工程专业的专长,由于你的加入,更由于你对专业知识的刻苦钻研,及在工作岗位与同事的拼搏奋战,我国已经解决了芯片方面的"卡脖子"问题。你和你的团队也因此得到了大家的认可和尊敬,虽然很忙碌,但是很欣慰、很幸福。

十年后的中国正在全面建成社会主义现代化强国的征程中,伴随着国家的快速发展,见证了祖国的日新月异,更见证了自己的成长。

致敬! 十年后的小帅。

小帅

2023 年××月××日

忐忑不安的小雪

亲爱的小雪:

你好!

十年后你可能家庭事业两头跑,特忙碌,每天朝九晚五过着"996"的生活。

十年后自己的样子不敢想象,也就过着普通中年人的生活吧,不知道研究生阶段学的知识还能用上多少? 职场能不能适应? 是否已达成目标? 职业发展是不是顺利? 不知道会不会如十年前那么"卷"? 压力可能会更大吧! 希望一切顺利! 因为我知道,想要获得家庭和事业的双丰收是何其的艰难。

愿亲爱的你在岁月中不曾迷失自己,能够被这世界温柔以待。

小雪

2023 年××月××日

憧憬满满的志强

十年后的自己:你现在应该正在东部的某个城市吧? 日子过得可好? 精力够不够用? 回想学生时代的你,整天忙忙碌碌,但又好像是忙得莫名其妙,不知道自己想要的是什么? 高收入? 陪伴家人? 晋升? 发挥才能? 哈哈哈,好像这些都需要啊,希望 30 多岁的你可别跟我说你还是一无所有啊。

30 多岁的你还会有追求吗? 你追求的是什么? 应该不会还是学习成绩吧?

相信你那个时候已经能够活得明明白白了,愿你活好现在,活好未来。十年之后,再见!

志强

2023 年××月××日

从课堂上同学们的"一封信"中可以看到,有的同学更注重事业,有的同学更注重家庭;有的同学对未来自信满满,而有的同学却忐忑不安。同学们对十年后自己的想象千差万别,这其实反映的是不同价值观。生涯幻游活动可以帮助同学们发现自己潜在的价值观,以及重新发现自己的人生愿景。那么,什么是价值观呢?

价值观就是我们对"什么才真正重要"的一种认知,它指引我们在关键时刻做出选择。当这种选择延伸到职业领域,做出何种职业选择,也就折射出我们的职业价值观。

职业价值观是指人生目标和人生态度在职业选择方面的具体表现,也就是一个人对职业的认识和态度,以及他对职业目标的追求和向往。换句话说,职业价值观就是关于职业选择,你最看重什么? 更期待从工作中获得什么? 职业价值观对一个人而言有着重要的意义。

在这里,我们列出了一些职业价值观,比如:高出一般水平的年薪、易晋升、受到尊重、方便照顾父母、磨练能力、施展才干、为社会创造价值等。

有研究发现,大学生在选择职业时,看重的维度不尽相同。家庭维护目的较强的大学生会较看重稳定轻松,其次是福利待遇、规范道德和职业发展;地位追求目的较强的大学生会较看重薪酬声望,其次是稳定低压和福利待遇;成就实现目的较强的大学生则较重视工作要符合自己的兴趣性格,其次是职业前景和规范道德,而较忽视轻松稳定和薪酬声望;社会促进目的较强的大学生较看重工作符合规范和道德。如果将四个目的性职业价值观根据保障-发展和个体-集体两个纬度进行划分,便可形成四个归类,具体见图 1-1。

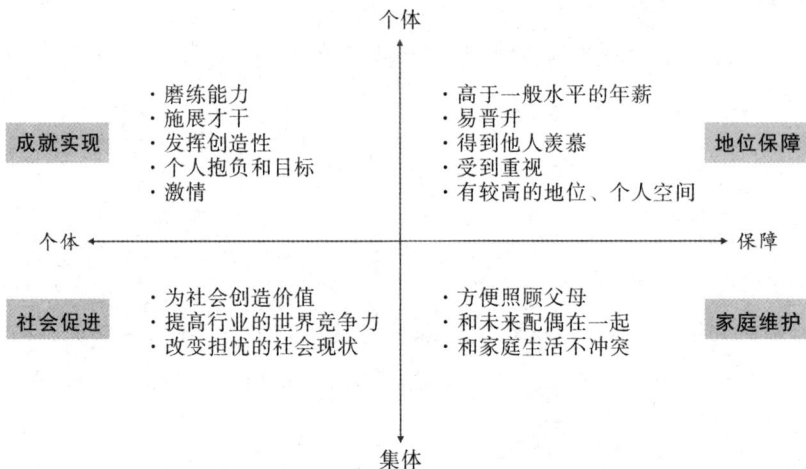

图 1-1　价值观在保障-发展和个体-集体维度上的分类

在职业领域,重视成就实现的个体更多地受个人目标的指引,他们能以较为开放的心态接受新的刺激和生活方式,其努力倾向于能力的展现和目标的达成,不以获得物质利益为最终目的;而地位保障取向的个体其目标则更多地受传统社会赞许指引,他们的努力以获得物质享受和社会地位为最终的目的。因此,将地位保障和成就实现归于个人性目标,并按其与个体对待变化的关联度,将其分别置于个人-保障和个人-发展的不同分区,将家庭维护置于集体-保障分区。在追求幸福和快乐这个共同的、永恒的目标指引下,人们会选择一定的途径,这些途径和手段就构成了每个人独特的生活,并由此体现出不同的价值观念。

不同的人或者每个人的不同阶段,所看重的职业价值观是不一样的,那么,关于如何寻找自己的职业价值观,后面章节会有所涉猎。

(二)超越个人的目标

亚里士多德说:"人是一种寻找目标的动物,他生活的意义仅仅在于是否正在寻找和追求自己的目标。"不管是学习还是工作,或者是婚姻,作为父母或是子女,很少有人愿意甘于平庸,因为平庸低于我们对自己的要求,雇主、配偶、孩子、父母或者同胞,他人对我们也有更高的期望,我们希望自己在每个角色中都做到最好。

所以,一般来说,人人都有追求,如果没有追求,就失去了前进的动力,就失去了生命的价值。但是,生命价值的真谛是什么呢? 很多人说,生命价值的真谛是成功。其实,我们说,生命价值的真谛并不在于成功的那一刻,而在于为成功所奋斗的历程之中。我国著名诗人汪国真先生在他《热爱生命》的诗中写道:"我不去想是否能够成功,既然选择了远方,便只顾风雨兼程。"也很好地诠释了这一点。

"毕业后能干什么?""所学的专业能和哪些用人单位匹配?""怎样找到工作和生活的平衡?""为了得到未来更好的发展,大学期间应该做些什么准备?""学习任务很重,还得做科研、参加学科竞赛、社团活动,精力不够,怎么办?""社会发展太快了,企业招聘的要求总在迭代更新,我怎么才能适应呢?"

以上是同学们常见的困惑,要么找不准方向,要么跟不上节奏,要么不知道怎么管理精力……全球著名心理学家吉姆·洛尔博士在他的著作《精力管理》中写道:"面对生活无常的挑战,如果我们缺乏使命感,便无法站稳脚跟。"

只有树立目标,真正深刻地关心自己所做的事情,认为自己的所为真正有意义,人们才有可能做到全情投入。

使命感是我们的火种,我们的动力,也是我们的精神食粮。有研究表明,人们可以被外部奖励所驱使,但只有在自由选择并享受事物本身的情况下,人们才会表现出更多热情,从中获得更多的乐趣。因此,将目标设定从满足自我需求变为超越个人利益,会更有动力。具体说来,找到自己的人生意义包括三个转变,分别是将目标感从消极转向积极、从外部转向内部、从自己转向他人。完成这三个转变,目标感和使命感就会成为我们生活中最强大、最持久的精力源。

消极的目标充满防备心理,他的本质基于其缺陷,诞生于身体威胁或心理威胁。当我们感到生存受到威胁时,恐惧、愤怒甚至憎恶的情感都是可以调用的强大力量,负面情感容易耗尽精力,还会释放出对人体长期有害的荷尔蒙。

当目的从外部转移到内心,也能提供强大的精力。外在动机反映了我们对某种事物得不到满足而产生的欲望——金钱、认同感、社会地位、权力甚至爱情。而内在动机则来源于对事物本身的兴趣,它的价值在于给我们带来内心的满足感。很久以前研究人员就发现内在动机能够提供更加持久的精力。美国罗彻斯特大学人类动机研究组发现,相比于基本只受到外在激励的变量组,实验组一旦拥有了自发产生的"真正"动机,就会表现出更有兴趣、更高昂也更自信的一面,也会表现出更多恒心和创造力。

点燃深度人生目标最重要的一步,就是将目标设定从满足自我需求变为超越个人利益。不可否认,人们会想方设法变得富裕、知名,或者受到更多关注。

"工作让生活变得更好",乔安·席拉在《工作生涯》中写道,"如果工作的内容是帮助他人减轻痛苦,让我们变得健康和幸福;或者它能从美感、智力方面丰富内心,改善我们生活的环境。"很多人因为自己不幸福、缺乏激情,而责怪工作环境,但是工作的本质并不决定意义和激励。所有人都需要通过自身努力将工作场所变成传递和培养深层价值观的土壤,比如指导他人,增加团队凝聚力等,或仅仅是尊重他人、关心他人,积极交流等。

我们每时每刻做出的微小选择才是衡量生活的真正标准。

人生目标扎根于精力，而深层价值取向可以提供精力。这是一种持久的行为模式，是实现自我愿景的旅程中遵循的"投入法则"。对于权力、财富或名利的追求或许都算作动机，但这些事物都属于外部激励，是为了满足某种缺陷而非为个体带来成长或转变。人们或许很看重自己能否打败对手、挣得比他人多、获得更高的社会地位或更多的权利，但这些并不能成为我们要寻找的价值取向。我们相信价值自有其内在意义，它可以激发灵感、丰富生活，这是任何人、任何事都不能改变的。

很多同学觉得成就事业只是少数胸怀大志者的事情，离自己太遥远了，甚至是遥不可及，自己只是为解决饭碗而打工，在用自己的辛劳、时间、能力去换取工作的酬赏。其实并不是这样，工作是我们提高能力、为自己积蓄资本的最好平台。换句话说，勤奋工作是成就事业的重要途径，我们努力工作的同时，也是在提高自己的盈利能力，而不仅仅是在为别人打工。而一旦对工作倾注了大量的心血和热情，就会产生心流，从而忘我地投入工作。

成功的背后是不断努力的积累。无论什么职业，要想攀登高峰，通常都需要长时间的耕耘和精心的规划。下面的主人公其实离我们很近，也许现在的他就是未来的你。

(三)这也可能是未来的你

牛俊坡作为我国首次火星探测任务"天问一号"火星环绕器总体主任设计师，承担火星环绕器总体设计、技术攻关和产品研制任务，并负责火星环绕器在轨飞行控制工作。他长期奋斗在型号一线，为"天问一号"成功环绕火星、着陆火星作出突出贡献。

牛俊坡还记得那一刻：2021年2月10日晚，"天问一号"火星探测器到达火星，并成功捕获火星，成为中国第一颗人造火星卫星。"这是我这些年工作感到最骄傲的一件事。"

"'天问一号'通过一次任务的实施，追上了国外60年的探测脚步。希望通过深空探测后续任务的实施，我们能助力加速中国航天强国的进程。"

从"天问一号"发射到交付在轨长期管理，他算了一下，长达480天的在轨飞行控制中，八院团队成员平均出差时长超过260天，其中有近90天是通宵值班。

他说，选了这份工作，就要把它干好，"航天是有传承精神的，'两弹一星'精神、载人航天精神，航天青年要把自己的理想融入国家航天科技事业的需要。身边很多同事都能吃苦耐劳、团结一心地去做这件事。"

牛俊坡的父母都在铁路部门工作，他是名副其实的"铁二代"。北京交通大学在牛俊坡父母心中是一所经得起信任的培育英才的高等学府，受父母潜移默化的影响加上通信是学校的优势学科，所以在2002年高考后牛俊坡填报了北京交通大学的通信工程专业。

刚上大学时，由于还没有适应大学的生活，他也有过一段没有目标的消沉日子。在大一的高数考试得到了学生时代的第一次不及格后,牛俊坡奋起直追,和同学经常一起约着去思源西楼和东楼自习,大一、大二、大三的成绩基本每一年都提高一个台阶,最终在大四获得保研资格,保送哈尔滨工业大学。牛俊坡说:"当时感觉自己像惊醒了一样,之后就一直奋起直追。"

牛俊坡在获得第 26 届"中国青年五四奖章"时谈及获奖感言,觉得自己是万分幸运的。他说,航天是系统工程,依靠的是团队作战,成功是大家共同努力的结果,团队中有很多优秀的人,在默默无闻地从事着不平凡的事。他崇尚仰望星空、脚踏实地的精神。一个人既要埋头做事,也要抬头看天。找准方向,坚定地走下去,一步一个脚印把自己的事情做好,做到问心无愧。

作为北京交大的校友,牛俊坡认为"知行"校训虽然只有两个字,但是他觉得含义深刻。"知"不是简单地看到、听到、记住,而是一种深度的思考和理解,是认知的升华;"行"也不是循规蹈矩、按部就班地做,而是实事求是、随机应变地实践。只"知"不"行"会导致脱离实际,学不能致用;只"行"不"知"会导致缺乏理论指导,机械地蛮干。要做到"知行合一",就是要边学习边实践,通过"知"掌握理论和方法,通过"行"去检验并改进、升华认知。知行合一是很高的境界,需要花一辈子的时间努力。

如果想要成为航天人,同学们既要掌握扎实的专业知识,同时还要学习宽泛的基础知识,各方面都要有所涉猎。因为航天是一个多学科交叉的行业,型号研制涉及各个专业、各种知识。只有引导学生在专业知识方面有自己的特长,同时积极了解其他专业的知识,工作以后才能很快进入状态。

他认为,年轻人要有梦想。航天人讲航天梦,做深空的讲深空梦,这些都是中国梦大框架下的组成部分。梦想可以激励人去奋斗,让我们的人生变得充满激情和活力。同时,每个人的选择不同,人生道路就会不同。把自己的未来和国家的未来紧密结合在一起,才会让自己的人生更加充实、更有意义。

二、与未来共舞

(一)找到你的宝藏

"看到同学们都在忙忙碌碌,有的在准备考研、有的在参加招聘会、有的已经获得了面试机会,我也随大流投了几份简历,但是石沉大海,没有回音。每天总感觉自己缺乏一种发自内心的热情,想考研但是成绩不好,想就业但是不知道该去哪个城市?不确定选择哪个岗位?到现在找工作也没有任何进展,没有动力采取新的行动,感觉很迷茫。"

以上是一位机械工程专业的大四毕业生发来的邮件,这种情况并不少见。"不知道""不确定""很迷茫"只是一种感觉,背后的原因是什么呢?我们怎样激发热情,找到自己的内驱力呢?下面,我们来学习冰山模型(见图 1-2)。

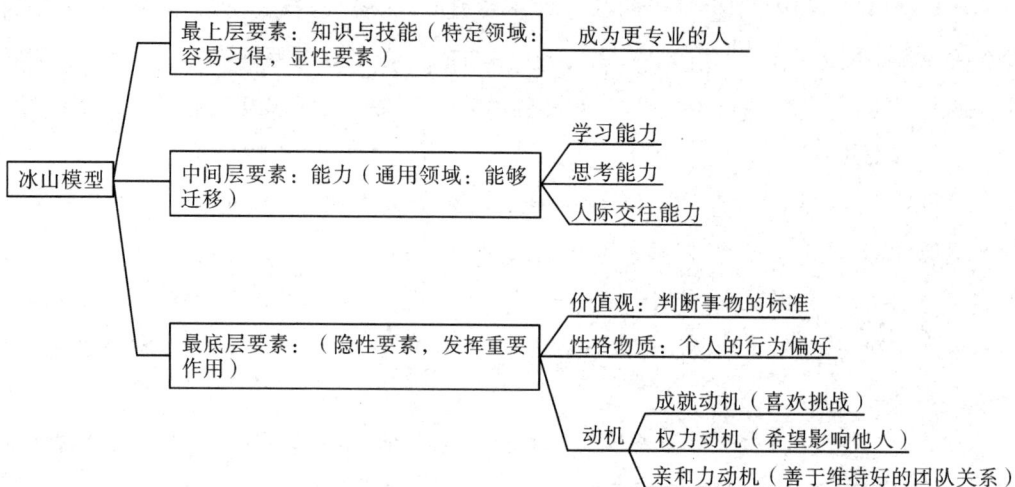

图1-2 冰山模型逻辑图

冰山模型是美国著名心理学家麦克利兰于1973年提出的一个著名的模型,所谓"冰山模型",就是将一个人素质的不同表现方式划分为表面的"冰山以上部分"和深藏的"冰山以下部分"。

海面上的冰山被看到的只有全部体积的九分之一,其余大部分则留在海面之下。同样的,能力也有一些可见的组成部分,比如知识和技能,但是其他的行为组成部分,比如态度、性格、思维方式、自我形象、组织适应度等,都隐藏在海面之下。

在态度、性格、思维方式等"冰山"表面以下的能力,直接影响知识和技能的运用。然而在复杂的工作中,这些行为偏好、动机和特征等比工作所需的技能和知识更重要。

可见的能力,如知识和技能,可以很容易地通过培训和技能练习发展。但是,行为能力是非常难以评估和发展的。它需要更多的时间和精力集中锻炼,如咨询、指导和发展经验等。

"冰山"最底层的动机和内驱力是指在一个特定领域自然而持续的想法和偏好,例如,成就、亲和力、影响力等,它们将驱动、引导和决定一个人的外在行动。动机和内驱力非常重要,但是往往被人们所忽视。动机和内驱力也是可以培养的,它"是一个过程,更是一种策略,你能够控制它,并且可以遵循正确的方法不断地创造它。"你的宝藏就是发现并激发你的动机和内驱力,并且在这个方向上,发展你的能力,人的价值常常就蕴藏在人的能力之中,特别是专业能力。

森林里有只小狮子丹比很善于学习。它仔细观察成年狮子在捕捉羚羊时的情景,发现狮子的动作很有爆发力,但持续力不足。如果羚羊奋力逃跑很长一段路程后,狮子就无法追上。

于是,丹比决定向羚羊学习,弥补狮子持续力不足的缺点。它改吃素食,用只吃青草的方式增加自己的耐力。然而,它忽略了一个重要的事实:自己正处于快速成长发育的时期,狮子若只吃青草会造成体能急速衰退,不仅失去原来该有的爆发力,也无法培养应有的勇猛了。

丹比的妈妈知道了,很心疼地教导它:"傻孩子,狮子和羚羊不同。如果我们把太多时间花在弥补先天不足,就没有时间好好发挥自己的优点了。你应该让自己成为一只勇猛的狮子,保持自己的优点,而不要太在意天生的缺点。若试图把自己改造成为羚羊,会扭曲生命原有的价值。"

塞内卡说过:"生命如同寓言,其价值不在长短,而在内容。"若想拥有满溢的生命,就得从生命的点滴开始,充实生命的内容,走自己想走的路,让生命焕发光彩。

(二)与时代合拍

梁建英,北京交通大学 2017 届校友,国家高速列车技术创新中心主任。她作为中国高速列车整车研制、系统集成创新领域的技术带头人,主持研制的 CRH380A 动车组创造了时速 486.1 公里的世界铁路运营试验最高速,主持研制的"复兴号"动车组实现时速 350 公里商业运营,使我国成为世界高铁商业运营速度最快的国家。作为高速动车组技术专家、技术带头人,她带领研发团队攻克高速动车组关键技术,成功研制出从"和谐号"到"复兴号",从运营时速 200 公里到 350 公里各个速度等级,适应各种复杂运营环境的中国高速动车组谱系化产品,助力中国高铁实现从"跟跑"到"领跑"的精彩蝶变,成为靓丽的"国家名片"。她带领团队自主攻关,历时 5 年成功在青岛研发出具有完全自主知识产权的时速 600 公里高速磁浮交通系统,标志着我国掌握了高速磁浮成套技术和工程化能力。她曾获评全国最美科技工作者、全国三八红旗手标兵、国家科技进步特等奖、中国青年科技奖等。

1972 年,梁建英出生在吉林的一个小镇,她的父亲是一位铁路工人。因为家离火车站非常近,她时常会和小伙伴们一起去火车站,时而看见火车鸣着汽笛,呼啸而过;时而看见火车徐徐进站,缓缓停靠。

回忆起童年,梁建英说那时候看到的离别、重逢、旅途……所有景象都与火车相关,"我每天坐在家里,透过窗户看到一列长长的车就这么轰轰隆隆地跑过去,感受这个车给这个房子带来的震动,我那时候都觉得这个真的是非常幸福的一件事情。"

高中毕业后,梁建英考入上海铁道学院(2000 年并入同济大学),每个学期往返学校都成了很艰难的事。那时候从吉林到上海中间要转车,全程需要 50 多个小时。车厢拥挤,吃东西、上厕所都非常不方便,梁建英感觉到极大的反差,旅途本身是一个美妙的事情,在当时那个年代却"变得有一点不太有尊严的体验"。打造舒适的乘坐环境就成为当时梁建英的梦想,"那个时候是充满憧憬的,也是希望能够用自己所学的一些知识,去创造这样的一个好的产品,来为我们广大的民众,也为自己提供一个比较安全、快速、便捷、舒适的乘坐环境。"

1995年，大学毕业的梁建英，被分配到中车四方股份公司。从那时起，她成为一名铁路列车设计师，开始了和中国铁路事业的不解之缘。

2004年，国家发布《中长期铁路网规划》，正式拉开发展高速铁路的大幕。中车四方股份公司引进时速200公里动车组，开始对高速动车组引进、消化、吸收、创新。

2006年，中车四方股份公司自主研制时速300公里高速动车组，梁建英担任项目主任设计师，第一次亲手设计高速列车。

2007年12月，梁建英团队成功突破空气动力学、系统集成、车体、转向架等关键技术，国内首列时速300～350公里动车组成功问世。

2008年，中车四方股份公司全面自主创新，研发CRH380A高速动车组。梁建英再挑大梁，担任主任设计师。CRH380A最高设计时速达380公里，是当时世界设计运行时速最快的动车组。这个速度等级，世界上也没有先例可循。为了摸透动车组在高速运行条件下的动态行为、性能和规律，梁建英带领团队开展海量的科学研究试验。

2010年，由梁建英主持设计的"和谐号"CRH380A成功问世。同年12月，CRH380A跑出了时速486.1公里的世界铁路运营试验最快速，"中国速度"震惊世界。

2013年，"复兴号"动车组研发项目启动，中国高铁又开启了新的征程。梁建英瞄准了高速列车技术的新高峰，为了拿出性能最佳的车头，她们设计了46个概念头型，从中反复选择，实施了23个工业设计方案，再遴选出7个头型，进行海量的仿真计算和试验，当最终方案出炉时，车头的数据打印成A4纸足足堆了1米多高。

2015年6月，"复兴号"动车组样车下线并开始试验。梁建英和研发团队从铁科院环形试验基地到大同线、哈大线、郑徐线，研发人员跟车跑遍了大江南北，经历了严寒酷暑。每天凌晨五点开始准备，白天跟车试验10个小时，晚上分析试验数据直到深夜11点，每天留给大家休息的时间不超过6个小时。最热的时候，"焖"在40多度的车厢里试验；最冷的时候，蹲守在零下20多摄氏度的雪地里试验。"复兴号"从样车下线到最终定型，一共做了2300多项线路试验，试验里程达到61万公里，相当于绕地球赤道跑了15圈，耗时整整一年半。当"复兴号"震撼问世时，整车阻力降低了12%，噪音降低了4－6dB，平稳性指标达到优级，一项项先进的指标，凸显了中国高速列车的新高度。

2016年，梁建英带领团队又开始一项新的技术攻关，研制时速600公里高速磁浮，为了突破关键技术难题，从项目启动到成套系统装备下线，梁建英团队自主攻关，历时5年历经1680余项仿真计算、4250余项地面台架试验和500余项线路试验，啃下了一块又一块"硬骨头"。

2017年，"复兴号"正式投入运营，于同年9月在京沪高铁以350公里的时速运营，使我国成为世界上高铁商业运营速度最快的国家。

截至2022年年底，中国高铁营业里程从2012年的0.9万公里增长到4.2万公里，稳居世界第一，"交通强国"的宏伟蓝图正在徐徐展开，这是属于中国轨道交通事业的新征程,梁建英是亲历者、实践者,更是推动者。

提及当初为何选择了这份职业,梁建英说,小时候很少去想未来会从事什么职业,其实是随着时间变化,在老师的建议、家庭的影响、时代的需要下顺其自然的结果,"有时候,兴趣爱好也是要去培养和打造"。

选择这条路后,她始终兢兢业业,不断努力。探索未知对梁建英等科研人员来说是极具魅力的事情,每次提到列车时,他们的眼睛里都闪着光。谈及列车的发展时,他们发自内心为中国高铁的发展感到骄傲。

回顾自己的职业生涯,梁建英认为,能走到现在,是赶上了国家高速铁路事业发展的好时机,是机遇让她有了展示才华的舞台,是团队让她获得了攻坚克难的力量。梁建英说:"中国高铁发展到今天,不是一人之功,也不是一个系统和一个专业之功,而是这个行业相关的所有人共同努力的成果。"她还说:"广袤的国土、巨大的客流量、复杂的地貌、国家的支持,你不做到世界最好,就对不起这个国家和时代。"

从梁建英的职业发展路径来看,她把自己的人生规划放在了大的时代背景下,她的成就源于敬业精神和专业能力,由于在大学期间学习了动力学专业,使得她有机会学有所用,加入到国家高铁建设中,可以说,她个人的成长与国家的发展是同频共振的,在她个人的职业生涯中,她选择的是努力、是坚持。

中国当代著名哲学家、教育家冯友兰说,在道德境界中的人,不论做什么事情,都是以服务社会为目的。他们清楚除了自己以外,还有一个社会,一个全体。他们知道个人是社会的一部分,个人与社会是部分与全体的关系。就像房子中的支"柱",因为有了房子,才有所谓的"柱",如果没有房子,柱则不成为柱,它只是一件大木料而已。

梁建英正是我国高铁这个"房子"中的众多"柱"之一,她用自身所学投身"交通强国"建设的大潮中,从一名工科大学生到普通技术人员,然后成长为总工程师、技术带头人,再到"国字号"技术研发负责人,她将个人发展融入中国的铁路事业发展之中,是新时代弄潮儿的表率!

(三)活出人生的意义

前面我们讲了职业价值观,"积极心理学之父"马丁·塞利格曼(Martin Seligman)认为,职业价值观中对自我实现的追寻更加有助于我们实现长久的幸福。有的同学会说,我们在未来的工作中,更需要的是知识和能力,自我实现有什么用呢?

自我实现指的是人对于自我发挥和自我完成的欲望,也就是一种使人的潜能得以实现的倾向。这种倾向可以使一个人越来越成为独特的那个人,成为他所能够成为的一切。在许多领域中,都越来越强调自我实现、价值、选择及更具整体观的对个体的看法。

人本主义心理学家马斯洛在20世纪40年代提出了需求层次理论,将人的需求分为五个层次,如图1-3所示。

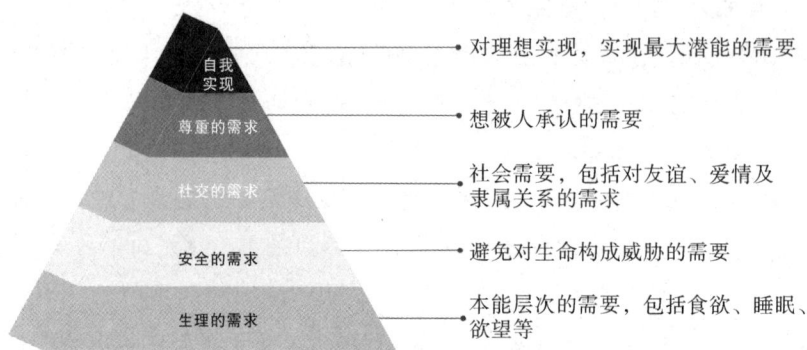

图 1-3　马斯洛需求层次理论

第一个层次是生理的需求。其指的是人有生理的物质需求,如吃饭睡觉,这些是生理需求,也是一定要满足的需求,如人饿了要吃饭,渴了要喝水。

第二个层次是安全的需求。人的生理需求得到满足以后就会对安全有比较大的需求。例如,我们刚开始工作的时候,收入相对比较低,我们就得租房子,后来收入也提高了,我们就可以开始买房子了,在很多人看来,买房子就是解决我们的安全需求,当我们有自己的房子时,就会感觉更加安全。

第三个层次是社交的需求,也称为归属与爱的需求。我们每个人都需要有团队,都需要归属感,在团队中工作会更有归属感,心里会更愉悦。我们也需要组建家庭,因为家庭成员可以给我们爱。

第四个层次是尊重的需求。人们在满足了前三个需求以后,就特别需要被别人认可、被别人尊重。

第五个层次是自我实现。自我实现指的是人们自我超越,不断追求进步的需求。

马斯洛的需求层次理论,将研究焦点放在心理健康的个体上,特别是那些所谓"自我实现"的人身上,尝试归纳出那些对生命感到满意、能发挥潜能又具有创造力的人的共同点。马斯洛发现,这些人之所以较不易受到焦虑与恐惧的影响,是因为他们对自己及他人都能抱着喜欢及接纳的态度。他们虽然也有缺点,但因为能够接受自己的缺点,所以他们较一般人更真诚、更不设防御,也对自己更满意。人本主义的心理学家及教育家相信每个人均具有自我实现的倾向,根据马斯洛的需求层次理论,当一个人较低层次的需求获得基本满足之后,便会转而尝试满足更高层次的需求,对生命的满意度也随之提高。

如果你处于刚步入职场的阶段,可能会更关注衣食住行,也就是马斯洛需求层次理论中所说的生理与安全需求的层面。但是,慢慢地,如果你发现了工作中的乐趣,就会在工作中找到归属感,在团队中发现相互依存、相互支持,彼此理解和接纳的感觉,而且越做越得心应手,那说明你已经开始进入事业的状态了。

工作的意义不仅在于满足生存的需要,更在于能为每个人的生活添加价值和色彩。

对事业赋予价值,我们收获的不只是来自金钱,更重要的是来自精神领域,如得到别人的尊敬、爱戴等。现实中,不存在十全十美的工作,就像世界上每个人都不是完美的一样。有的人终其一生都在寻找合适的工作,而成功的人则尝试在每个工作中去得到收获。一旦发现工作的价值与意义,即使单调、简单、乏味的工作,也会成就自我、满足自我。同时,也只有你对自己从事的事业赋予价值,自己才会有价值。而赋予该事件价值的大小,往往决定你从事的事业最终能够达到怎样的水平。

当工作体现了一个人生命的价值和意义时,工作就能实现自己的生命追求和梦想。我们知道,职业态度或职业感受有四个境界:敬业、勤业、精业、乐业。其中乐业是职业的最高境界,到了这一境界,把职业视为事业的基础,职业便成了志业,工作就成了一种乐趣,或是许多乐趣的源泉。敬业、勤业、精业是乐业的前提,如果我们能以业为乐,那么,我们在八小时以内也会像八小时以外一样充满情趣,会比不能以业为乐的人们拥有更长、更充实、更快乐的人生时光。乐业是对勤劳、聪明的人们的特别奖酬,他们收获的是一种幸福,一种崇高的情感。而无私奉献的人,将工作、职业视为志业,永远得到他人的爱戴,自己的生命也得以延长。

北宋理学大家张载的"横渠四句"——"为天地立心,为生民立命,为往圣继绝学,为万世开太平",一直传颂不衰,是因为它道出了人生的意义,即一个人活着要顶天立地;要心怀天下,为天下苍生安身立命;要弘扬传统文化;要以天下太平和谐为己任。

怎样活出人生的意义?回望中国共产党百年征程,历史早已给了我们答案。26岁从容赴死却不忘"让子孙后代享受我们披荆斩棘换来的幸福"的陈乔年;23岁放弃"学而优则仕",毅然跳进"农门"的袁隆平;29岁就参与研制中国第一台载人潜水器"蛟龙号"的"最牛潜航员"叶聪;24岁用生命捍卫"祖国界碑"的大学生戍边士兵肖思远。他们是奋斗在中国解放、建设、改革时期的一代又一代杰出青年的代表。

一代代热血青年,在进行职业选择时,实现了将个人小我融入社会大我。在兼顾个人福祉和社会需求中定位人生发展,这对青年人来讲是一条非常有前景并真正有希望"自我实现"的道路。正如马克思在《青年在选择职业时的考虑》文章的最后这样谈道:"如果我们选择了最能为人类而工作的职业,那么,重担就不能把我们压倒,因为这是为大家做出的牺牲;那时我们所享受的就不是可怜的、有限的、自私的乐趣,我们的幸福将属于千百万人,我们的事业将悄然无声地存在下去,但是它会永远发挥作用,而面对我们的骨灰,高尚的人们将洒下热泪。"

无论是本科阶段还是研究生阶段,我们都是在为未来的职业发展做前期准备,这个准备,不仅是在专业知识和能力方面,还在对自己和外部世界的探索方面,对外部世界的探索除了要了解经济社会发展的方向和趋势外,还要了解具体的行业、企业和职业,建议大家多看看其他人都做了些什么?或者都在做什么?这样,可以帮助大家了解自己做对了什么?还应该做些什么?

前文已经提到,有远大的志向非常重要。志向源于情怀,只有树立了学术情怀、专业行业情怀、为国为民担当的情怀,激发起强烈的使命感和责任感,才能有大志气。正所谓"立志而圣则圣矣,立志而贤则贤矣"。

同学们在未来的人生中会碰到各种选择,而职业选择将会是人生重要的选择,不同的人职业选择会有所差异,人生目标也会不同,但是,在通向未来的人生之路上,当你以报效祖国、服务人民为己任时,就能更好地把握规律,走出自己的节奏,从而积蓄力量,将小我融入大我,把人生理想融入国家富强、民族复兴的伟业之中,活出人生的意义,实现人生的价值,进而与未来共舞,引领社会发展、引领时代未来。

章节 结语

未来已来。我国科技日新月异,新工科应运而生。充分了解新工科的建设和发展,有利于我们设立人生奋斗目标,日积月累、厚积薄发,最慢的步伐不是跬步,而是徘徊;最快的脚步不是冲刺,而是坚持。找到你的宝藏,与时代合拍,活出人生的精彩。少年气,是历经千帆举重若轻的沉淀,也是乐观淡然笑对生活的豁达。

道阻且长,行则将至,行而不辍,未来可期。

延展 阅读

一、智能+专业、智慧+专业建设热潮来了

"Photoshop、Rhino、CAD 这些基础软件,在课上只是蜻蜓点水地学了一下,还不太会用,要求用这些软件设计图纸。"软件短板一直困惑着东部某高校建筑学专业本科生张韬。他还预备报考"智能建筑"的研究生,然而,所需的 Python、Grasshopper、Matlab 是更进阶的软件,这让他有些犹豫。

这个暑假,他准备前往广州参加短期培训,先解决"燃眉之急"。

越来越多的高校掀起了智能+专业、智慧+专业建设热潮。共有 31 个全新的专业被纳入高校 2022 年本科招生计划,智能+专业、智慧+有关专业占了近 1/4。

其中,北京交通大学新增智能运输工程、哈尔滨工程大学新增智慧海洋技术、西北农林科技大学新增智慧林业和智慧水利,这些专业都是在全国高校中首次设置的。

作为交叉学科的典型,智能+专业、智慧+专业遇到的质疑,也反映了当下交叉学科遭遇的困惑。

原专业改造能否实现智能化转型

智能+专业、智慧+专业与传统专业相互靠近,为什么不能通过传统学科改造,而是要通过新设专业的方式实现智能化转型?

在以人工智能、大数据为代表的新一轮科技革命和产业革命的催动下,"知识分科越

来越细,过去 360 行,现在可能已是 3600 行。"哈尔滨工程大学未来技术学院常务副院长张勇刚说。

市场这只"无形的手"正在悄悄改变学科内涵。比如,传统的海洋工程类专业学生研究船舶设计、海洋装备、海洋开发等,而智慧海洋技术专业的学生研究的是海洋智能系统、海洋智能感知、海洋大数据等。传统的林学专业的学生研究森林培育,而智慧林业的学生则研究利用物联网监测预警森林灾害。

"传统专业多重视科学原理,智能＋专业、智慧＋专业更倾向于解决工程问题。它们的人才培养出口并不一致。"西北农林科技大学智慧林业教授赵鹏祥总结道。

如果只是改造传统学科,首先遇到的问题是学科交叉带来的学分增加与学分上限的矛盾。依据我国《普通高等学校本科专业类教学质量国家标准》,工科专业的学分上限一般为 180 学分。"学分不能无限增加,绝大多数传统专业不可能为了学科交叉,把 4 年的本科阶段延长。"西北农林科技大学水利与建筑工程学院院长胡笑涛告诉《中国科学报》。

早在 12 年前,北京交通大学就尝试培养智能运输工程人才。在商议改革方案时,学校认为既要保留铁路运输、交通工程等传统特色专业,又要适应交通运输行业未来智能化发展。"问题在于,既不能大量削弱核心课程,也不能只添加两三门偏计算机、智能类的课程,那样无法满足智能化的真实需求。"该校智能运输工程专业教授董宏辉说。

于是,该校在交通运输工程专业之下,单独设置了交通运输(智能运输)专业方向。直到今年,交通运输(智能运输)才由一个专业方向变成了一个真正的本科专业。

科技革命的特征是智能化,反映在人才培养的设计上,传统专业的信息化相关课程只有不到 10 个学分,相比之下,智能＋专业、智慧＋专业相关课程却可以达到 30 个乃至更多学分。

比如,在课时安排上,对于智能、信息化相关课程与传统专业课的比例,北京交大的智能运输工程是 3∶1,西农的智慧水利是 4∶6,智能、信息化相关的课程占比较大。相应的,北京交大智能运输工程 80％的师资、西农智慧水利近 70％的师资来自信息和智能技术方面。

智能＋专业、智慧＋专业为何要设在本科阶段

有家长提出,本科是厚基础阶段,智能＋专业、智慧＋专业因涉及学科交叉,可能会导致学生基础不扎实。还有家长建议,智能＋专业、智慧＋专业最好放在研究生阶段,不应该本科阶段开设。

董宏辉带了多年学生,他的一个体会是,研究生阶段再去补智能、信息类的课程通常会很吃力。"要把智能＋专业、智慧＋专业学好,不是靠一两门课程就可以,而是需要一个课程体系。"

他将课程分为四大板块,其中两大重要板块是信息与控制、计算机人工智能。前者包括了信号系统、自动控制原理、数字电路技术等基础课程;后者包括了 C 语言、系统集成设计、人工智能、计算智能等基础课程。

如张韬所虑，软件短板也是跨学科考研中常遇到的一个问题。张韬的师兄如今在本校读研，他告诉《中国科学报》，自己在课题组里充当"小老师"，其中一项重要工作就是教跨专业考过来的学弟、学妹们使用各种软件。

胡笑涛指出，国外学生可以通过专业化软件编写、解决工程计算的实际问题，甚至用相关专业软件创业，而我国高校学生的专业化软件编程能力偏弱，多数专业的学生还处在学习、应用国外软件的阶段，自主开发创新能力远远不能满足社会发展需求。

"本科阶段以上课为主，学生可以系统学习知识；研究生阶段步入研究，学生上课时间仅有一年，如果本科阶段不打好基础，到了研究生阶段的确很难支撑一些深入的工作。"赵鹏祥说。

虽说学界对于本科是打好基础还是学科交叉仍有争议，但张勇刚指出："'打好基础'并不能简单理解为把一门学科知识学得很深、很透。我们认为的'基础'是在本科阶段系统学习、学生毕业之后具备进一步自我学习的能力。"

他补充道，也许有一天，智能化课程会变成基础性课程，就像计算机课程一样，50 年前没有编程，如今几乎所有的工程学科都要学习编程。

未来会不会出现智能＋专业、智慧＋专业"泡沫"

仅 2022 年列入《普通高等学校本科专业目录》的智能＋专业、智慧＋专业就有智慧能源工程、智能建造与智慧交通、智慧水利、智能地球探测、智能运输工程、智慧海洋技术、空天智能电推进技术、智慧林业。未来会不会出现智能＋专业、智慧＋专业"泡沫"？

学科是动态调整的，随着科技进步、学科发展和人才需求等变化，高校不断增设急需、紧缺及新兴的专业，撤销过时或就业率低的专业。因此，学科专业发展总会呈现新增、撤销并存的状态。胡笑涛举例道，如国内高校有水利工程专业，而在发达国家由于相关工程已建完，更多的是水资源方面的学科。

"智能化时代到来后，一些传统学科需要升级，但就目前而言，尚未到被'取代'的时候，二者的关系是'并列'的。"张勇刚说。

胡笑涛补充道，这时候需要有一个智能＋专业、智慧＋的新专业加以区别。但是，传统学科也有跨学科发展的需要。未来，当绝大部分专业的学科内涵都变为智能＋、智慧＋，再来一轮大面积摘去"智能""智慧"二字的专业改名，也是有可能的。

越来越多的智能＋专业、智慧＋专业的确让家长、考生第一眼看上去"傻傻分不清楚"。眼下要做的是"帮助家长、学生建立正确的认知，而不是让考生看名称盲目填报专业。"赵鹏祥说。

哈尔滨工程大学将智慧海洋技术纳入未来技术学院，进校后二次选拔，给学生增加了了解专业的时间与机会。北京交通大学把智能＋专业、智慧＋专业纳入大类招生范畴，大一时给学生宣讲专业特色，让学生在大二时再做出专业方向的选择。

"智能＋专业、智慧＋专业并不是适合每位学生的,高校要做的就是帮助学生找到更适合自己的方向。"赵鹏祥补充道。

二、光子算数——光子计算商业化的先行者

光子算数(北京)科技有限公司致力于让光提供更优质的计算能力,研发光子人工智能芯片及周边技术,包括芯片设计、底层驱动、数据传输等,打造完整的光子计算生态,为各领域的人工智能应用提供更高性能的硬件支持。

光子人工智能芯片自主可控,设计、加工、封装和测试全流程在国内完成。芯片加工采用国内成熟的130nm微电子工艺即可完成,摆脱了对国外高制程光刻机的依赖,无需在工艺制程上对国外进行追赶,是我国在芯片领域换道超车的核心技术。

光子人工智能芯片广泛用于自动驾驶、安防监控、工业物联网、无人机、企业服务器和大型数据中心等关键人工智能领域,为人工智能产业结构中的上层应用提供强大的底层算力支撑和物理载体,加速我国人工智能产业大规模快速落地。

核心成员

白冰 创始人/总经理 北京交通大学通信与信息系统 博士在读

白冰是北京交通大学电子工程学院博士研究生,澳大利亚国立大学学士学位、澳大利亚科廷大学硕士学位。他的研究方向包括硅基光子集成器件、非线性光学材料、板卡级光电异构计算架构、光电混合神经网络模型等,他参与承担多项国家自然科学基金项目,申请相关专利12项。

杨钊 联合创始人/FPGA技术总监 清华大学电子科学与技术 博士在读

杨钊参与863项目"可编程逻辑器件架构、阵列单元和工具链的研究与设计实现技术"。该项目是国家高技术研究发展计划(863计划)项目中的一块,目标是设计一款拥有自主技术积累的FPGA芯片,同时开发配套的CAD工具。他参加2013年亚太大学生机器人大赛国内选拔赛,获得国内总冠军。

源自"中国芯"的凝聚力

我们都知道,芯片被喻为国家的"工业粮食",是电子科技和智能设备的心脏,其重要性不言而喻。由于芯片研发及产业化具有投入大、风险大、周期长的特性,更属于典型的技术密集型产业,目前在全世界范围,掌握芯片核心技术并将其产业化的国家寥寥无几。我国虽然有占据全世界50%的芯片使用市场量,但是在芯片研发和产业发展上不占优势,其主要原因是核心技术。

自2013年以来,由于核心技术的限制,我国每年进口芯片价值超过2000亿美元,2017年更是达到2600多亿美元,而出口总额尚不足670亿美元。这一数据已经超过石油,芯片与石油一起成为我国进口金额最大的两种产品。

近年来由境外系统产生的安全不可控漏洞数量快速上升,安全事件频发,局势日益严峻,包括全球范围内信息泄露、系统篡改、域名系统攻击、工控安全、高级持续性威胁(APT)等事故不断。它们大多是因为我国的操作系统、数据库等软件及 CPU 硬件自主化程度低,由国外系统漏洞引发,无法实现完全可控。

自 2018 年 3 月,美国基于美贸易代表办公室公布的对华"301 调查"报告打响了中美贸易战以来,一系列事件中尤其"中兴通讯"事件更是凸显了中国在战略性高新技术产业实现自主可控的重要性,加快国产替代刻不容缓。

基于以上原因,我们集合在一起成立光子算数公司。我们立志成为光计算商业化的先行者,研发光子人工智能芯片,成为我们"中国芯"的强心剂。

敏锐的洞察力

2015 年,*Nature* 报道了世界首个光电混合集成 CPU,利用硅基光电子集成技术,在同一块芯片上集成了 7000 万个晶体管和 850 个光学元件,实现了光子、电子对数据的逻辑运算、存储、传输等功能。这标志传统电子架构向光电混合架构转变的开始,而这一转变,将解决电互连、电芯片所面临的带宽和能耗瓶颈,并且带来新的计算形式。

2017 年,MIT 首次实现了硅基片上光子神经网络,用于深度学习应用,并且训练过程不需要反向传播,而是基于前向传播,直接提取显性参数的梯度。在传统的计算机中,前向传输十分消耗计算资源,而在光子神经网络中,采用片上训练装置,幺正矩阵可以很容易地被参数化并且被训练,因此可以实现前向传输并节省资源。该芯片结构一经公布便迅速获得市场认可,产业化趋势明显,相关公司已经获得多轮投资。

人工智能技术正在深入生活的各个领域,发展人工智能技术已列入国家战略。我们根据已有信息整理的人工智能产业结构图,可以看到人工智能的最底层也是至关重要的一层人工智能专用芯片。一是数据量呈现指数级增长;二是随着摩尔定律走向终结,电子芯片在性能提升和功耗降低两方面都遭遇了瓶颈。这些问题需要有颠覆性的创新技术来实现。

2017 年 7 月,国务院公布了到 2030 年前把中国变成"人工智能领域的领先国家和全球创新中心"的详细战略,战略中指出:中国到 2030 年之前将成为人工智能领域的世界领袖。据预测,在生产中推广人工智能可使中国国内生产总值每年增加 1.4%,同时在工业中使用人工智能可大大加快军事工业的发展,加快军事技术装备的研制和投入。

有了理论支撑,技术非常具有前瞻性,又有国家政策强有力的支持,小伙伴们看到了奋斗的方向,看到了可以让理想绽放的舞台,并愿意为之付出自己的知识积累、青春和报效祖国的心。

历经磨难,坚定初心

2017 年,夏末秋初公司创立之前还没有自己的办公室,大家的声音、足迹遍布校园周围的咖啡厅,经常讨论至深夜。同年 11 月通过大家夜以继日的努力,完成了光子人工智能芯片的设计工作,同时经高校推荐,团队入驻了大创园并完成了工商注册。转眼到了 2018 年中,这个项目在研发上已经取得了阶段性的进展。接下来在中国科学院微电子所完成流片,并与中国电子科技集团第三十八研究所合作完成芯片光电混合封装。2018 年 10 月,搭建了光子人工智能芯片测试系统,完成光子人工智能芯片的矩阵计算功能测试。2018 年 12 月,在芯片中部署神经网络算法模型,完成图像分类、实例分割、目标检测等典型人工智能任务,在完成这个算法模型的部署过程中,大家更是齐心协力,在两次调整方案的时候大家没有灰心,而是积极迅速地调整策略、修正方法。经常是元器件、模型、方案堆满桌,那段时间办公室的灯永远都是园区里最后熄灭的,实验室里大家的热情温暖了整个冬季。功夫不负有心人,满意的成果在大家齐心协力中呈现。创始人白冰曾说:"要在传统芯片领域追赶国外太难了,但在适应人工智能场景的光子芯片等领域,我们与国外在同一起跑线上。这种技术不是弯道超车,而是换道超车。"他还说:"光不仅能照明,还能够计算。"白冰有个梦想,做光子芯片基础研发,与人工智能结合,把学术成果产业化,助力国产芯片自主创新。

发展规划

光子人工智能芯片可广泛应用于智能物流、智能交通、智能安防、智能医疗、智能金融等人工智能关键领域,为智慧城市提供全方位的高性能底层算力支撑,助力物联网基础设施、云计算基础设施、地理空间基础设施的建设,提高城镇化质量,实现精细化和动态管理并提升城市管理成效和改善市民生活质量。

目前公司在推进研发进度的同时,拟筹建光子计算技术研发中心及全球开放型光子计算支撑平台,以占领全球光子计算领域的技术制高点,并引领光子计算技术的学术和产业方向。

创业感悟

光子算数技术团队亲眼见证了国家经济、科技、文化等领域的飞速发展和变革,亲身经历了新时代"新"的冲击。我们很幸运,能在校园里就学以致用地为"新经济""新科技""新发展"助力,并且这一路走来得到了所在大学生创业园区老师们的关注和帮助,为我们解决创业中诸如财务、法律等很多方面的实际困难和问题,让我们把最大的精力投入创业中。同时也得到政府相关部门及社会各界的关注与支持,让我们平稳、顺畅地从学校过渡到参与商业运作中。有了这些动能,我们更加会义无反顾地继续发力,让光子计算为人工智能时代的发展提供强劲动力。

三、科学界天才少年曹原,拒绝美国绿卡,毅然回国,报效祖国

鲜衣怒马少年时,不负韶华行且知。曹原,1996 年生,他的学习生涯宛如"开挂"一般,一个月读完初一,三个月读完初二,不到半年读完初三,13 岁便考上高中。更令人惊叹的是,别人都是高中三年,而他只用了一年就读完了高中所有的课程。2010 年,14 岁的他参加高考,一举考出了理科 669 的高分,被中国科学技术大学少年班录取。从中科大毕业后,曹原随即前往美国麻省理工学院攻读博士及博士后学位。

2018 年 12 月,《自然》十大年度科学人物评选封面上,出现了以石墨烯碳环结构为设计要素的数字 10,并点出了赋予石墨烯超导能力的"魔角"。这项成果就是曹原的研究成果。2017 年,在曹原攻读麻省理工学院博士期间,他通过实验发现石墨烯的排列结构中具有非规超导电性的因子,他据此推测出:当两层石墨烯叠在一起发生轻微偏移的时候,材料的特性会发生剧变,并因此表现出超导体的性能。然而,当时诸多物理科学家对这个结论尤为不屑,他们想当然认为,无数顶级前辈历经 107 年都不曾解决的难题,怎么可能被这么一个名不见经传的中国学生解决,更何况他才 21 岁? 面对种种质疑声,曹原没有做出任何回应,而是潜心继续自己的科研。在理论转换为实验的过程中曹原遭遇了种种困难,在经历了一次又一次失败后,曹原依旧信心满满地说:实验失败是家常便饭,心态平和地对待失败就没什么压力,还有成功的希望。在不知道经历过多少失败与日夜不眠之后,终于,奇迹女神眷顾了他。当他把两层石墨烯材料旋转到特定叠加值时,即旋转到特定的"魔法角度"(1.1°)叠加时,超导体诞生了! 常人也许因此已经被喜悦冲昏头脑了吧,但曹原深知,在理论储备异常严苛的科学界成功一次或许是偶然,只有具备足够充分的理论水平才能证明它的有效性。于是,经过六个多月的反复试验后,曹原最终确立石墨烯传导的全方位理论!

2018 年 3 月 5 日,曹原把论文投给世界顶级科学杂志《自然》,收到曹原的投稿后,《自然》编辑部一片哗然,连版都没来得及排就在一天之内连续刊登了两篇曹原关于石墨烯超导理论的论文。次日,全球科学界四方雷动,无人不为曹原的论文倍感震撼。一位哥伦比亚大学物理教授惊呼:曹原为我们打开了新世界的大门,我们能做的太多了! 自卡莫林发现超导体 107 年后,自欧洲铜氧化材料止步 37 年后,曹原,这个名不见经传的学生以一己之力扭转乾坤,为电力物理学界在黑暗时代点燃了可以燎原的星星之火!

他的故事本可尽于此,留下一个天才科学家的称号足矣,但更令人钦佩的还在后面。曹原在美国麻省理工学院的时候,曾经得到过加入美国国籍的机会,然而一心要回国报效祖国的他毅然放弃留在美国,选择回国发展,为祖国的发展贡献自己的力量。回国期间,曹原还提出了"海外交流"计划,希望自己的学弟学妹也能和自己一样,能出国交流。学习国外的知识,再回来报效祖国。如此心系祖国,希望尽己之力为国增光,确实值得我辈青年学习!

红日初升,其道大光。潜龙腾渊,鳞爪飞扬。乳虎啸谷,百兽震惶。正如百年前梁任公意气挥毫写下:少年智则国智,少年强则国强,世界还是那个世界,但中国已不再是那个中国。如今的中国,少年英才辈出,他们为科研,为祖国奋力奔跑着。新时代的我们,也应该向他们学习,为科研,为祖国,献出自己的力量!

实践 练习

"发现年轮"是一种让你说出事实的方法——你是哪种类型的学生,你想成为哪种类型的学生。

这不是一个测试,这是一些没有陷阱的问题,问题的答案只对你自己有意义。

先介绍两个能让本练习得到最佳效果的建议。一是把它当作一个开始改变的机会。二是要放松。放松可以带来更为有效的自我评估。

"发现年轮"是这么操作的。本练习结束时,你也就填完了一个与图1-4所示的类似的圆圈。"发现年轮"的圆圈图是一张让你对自己做出评价的图片,所画的阴影部分离边缘越近,表示某项技能的评估越高。以图1-4为例,这幅图表示这位学生认为自己的记忆技能比较高,而目的技能比较低。

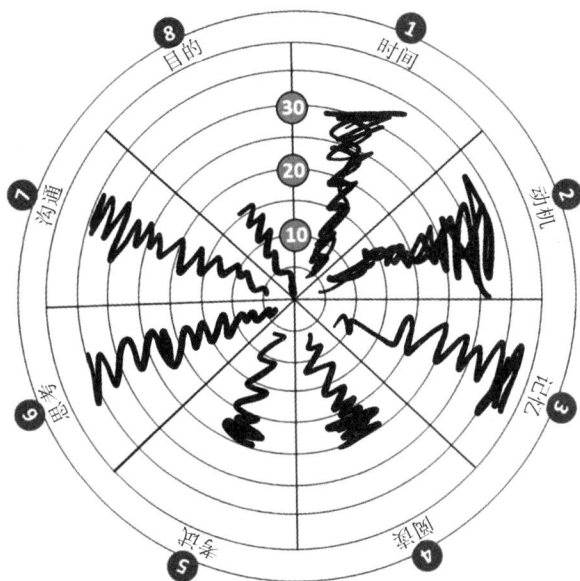

图1-4 "发现年轮"示意图

这里的"高"和"低"并不是为了让你对自己进行单一的正面或负面评价。发现年轮并不能对你进行定格,而只是一张显示你对自己学生身份的评价。要开始这个练习,先阅读下面的句子,并用下面的打分系统给自己打分,以示奖励。然后把每部分的分值加起来,再根据相应的分值在后面的"发现年轮"上进行涂黑。

5分:这句话完全或几乎完全符合我的情况。

4分:这句话基本符合我的情况。

3分:这句话有一半符合我的情况。

2分:这句话基本不符合我的情况。

1分:这句话完全不或几乎完全不符合我的情况。

(1)我会制定长远目标,并定期回顾目标。(　　　　)

(2)我会制定近期目标来支持长远目标。(　　　　)

(3)我会制订每日计划和每周计划。(　　　　)

(4)我会把每天要做的事分出轻重缓急。（　　）

(5)我会制订复习计划,因此考试前不用临时抱佛脚。（　　）

(6)我会定期进行娱乐活动。（　　）

(7)我会根据每一门课的具体要求调整学习时间。（　　）

(8)我每天都有充足的时间完成计划的任务。（　　）

时间总分＿＿＿＿＿＿＿

(1)我喜欢学习。（　　）

(2)我理解并会利用"多元智能"的概念。（　　）

(3)我把课业与上学的目的联系起来。（　　）

(4)我有评估自己的优势和弥补不足的习惯。（　　）

(5)我对自己目标实现的进展状况感到满意。（　　）

(6)我利用良好的学习方法来取得优异的成绩。（　　）

(7)我愿意考虑任何能帮助自己取得优异成绩的想法,虽然开始我不赞成这种想法。（　　）

(8)我时常提醒自己接受教育的目的。（　　）

动机总分＿＿＿＿＿＿＿

(1)我对自己的记忆力有信心。（　　）

(2)我善于记住人名。（　　）

(3)一节课结束后,我能概括出主要内容。（　　）

(4)我运用一些技巧提高记忆力。（　　）

(5)我在压力下能够回想信息。（　　）

(6)我能轻松又清楚地记住重要信息。（　　）

(7)出现记忆堵塞时,我能慢慢理顺思路。（　　）

(8)我能把新旧知识结合起来。（　　）

记忆总分＿＿＿＿＿＿＿

(1)我会预习并复习阅读材料。（　　）

(2)我会边阅读边给自己提问。（　　）

(3)阅读时,我会把重要段落标记出来。（　　）

(4)我阅读教材时,清醒又灵敏。（　　）

(5)我会把读书和生活联系起来。（　　）

(6)我会针对不同的阅读材料选择适当的阅读策略。（　　）

(7)我阅读时会认真做笔记。（　　）

(8)阅读中有不理解的地方时,我会把问题记下来,然后寻找答案。（　　）

阅读总分＿＿＿＿＿＿＿

(1)我考试时自信而平静。（   ）

(2)我善于把握考试时间,能够在规定时间内完成试题。（   ）

(3)我能预测考试题目。（   ）

(4)我能针对不同的考试采取不同的应试技巧。（   ）

(5)我能很好地理解问答题,并作出完整而又准确的回答。（   ）

(6)我从学期初就开始为考试做准备。（   ）

(7)我为考试所做的准备会持续一个学期。（   ）

(8)我的自我价值不是建立在考试分数的基础之上。（   ）

考试总分＿＿＿＿＿＿＿

(1)我常常在不经意间冒出灵感,找到解决问题的方法。（   ）

(2)我利用头脑风暴来找到诸多问题的解决办法。（   ）

(3)当我被一个创造性项目难倒时,会采用具体的方法来排除困难。（   ）

(4)我把问题和艰难的抉择当作学习和个人成长的机会。（   ）

(5)我乐于考虑不同的观点和多种解决问题的方法。（   ）

(6)我能发现常见的逻辑错误。（   ）

(7)我通过整合多种渠道的信息和思想来形成自己的观点。（   ）

(8)和别人分享我的想法时,我乐于接受他们的反馈。（   ）

思考总分＿＿＿＿＿＿＿

(1)我会坦率地告诉其他人真实的自己,包括真实的感觉和真正想要的东西。（   ）

(2)别人说我是一个很好的倾听者。（   ）

(3)我会在不伤害别人的前提下让别人知道我的不满和愤怒。（   ）

(4)我善于在新环境中交到朋友,建立有用的人际关系。（   ）

(5)我能接纳自己不喜欢的人,因为他们身上也有我能学到的东西。（   ）

(6)面对艰巨的写作任务,我能很快地展开调查研究,计划写作。（   ）

(7)我通常是先迅速完成初稿,再进行修改,使文章表达更流畅,条理更清晰。（   ）

(8)我知道如何准备和出色地完成演讲。（   ）

沟通总分＿＿＿＿＿＿＿

(1)我觉得学习是一辈子的事。（   ）

(2)我能把学校教育和自己今后想做的事结合起来。（   ）

(3)我在帮助他人的过程中学习。（   ）

(4)我的规划随着学习的进展及自己的变化与成长而不断调整。（   ）

(5)我知道自己人生的意义在哪里。（   ）

(6)我知道应对自己的学业负责。（   ）

(7)我会对自己的生活质量负责。（   ）

(8)我愿意接受挑战,即使不确定能否胜任。(　　)

目的总分＿＿＿＿＿

填涂"发现年轮"

根据每一项的总分,在图1-5"发现年轮"练习图的相应部分进行填涂。如果你愿意,可以用不同的颜色。比如,你可以用绿色表示尚需改进的地方。涂完以后,完成下面的日志。

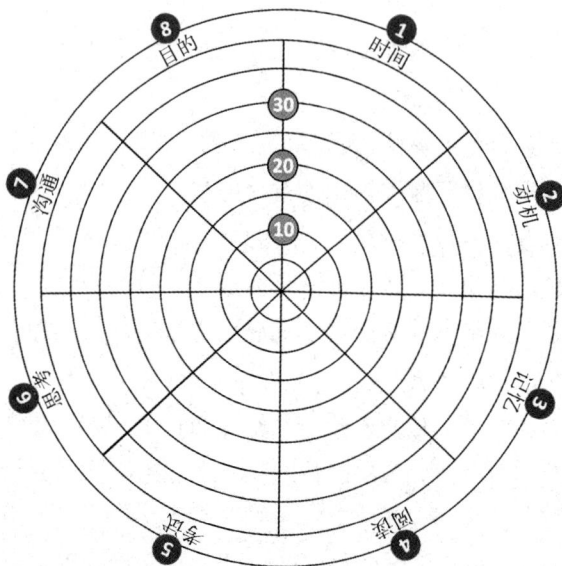

图1-5　"发现年轮"练习图

日志

发现/目标陈述

现在你已经涂完了"发现年轮",花几分钟时间好好看看它,想象它的重量、形状和平衡性。如果你用手滚动它会怎样? 如果你能举起它,会觉得轻还是重呢? 如果它沿着山坡滚下来,会发出什么声音呢? 会滚多远呢? 会左右摇摆吗? 观察的时候不要带有绝对好或坏的结论。

观察几分钟之后,请把下面的句子补充完整。不要怕没有东西可写,想到什么写什么。记住,这不是测试。

这个年轮准确地描述了我作为一名学生的能力,因为＿＿＿＿＿＿＿＿＿＿

＿＿＿＿＿＿＿＿＿＿＿＿＿＿＿＿＿＿＿＿＿＿＿＿＿＿＿＿＿＿＿＿＿＿＿

＿＿＿＿＿＿＿＿＿＿＿＿＿＿＿＿＿＿＿＿＿＿＿＿＿＿＿＿＿＿＿＿＿＿。

我的自我评价结果出乎我的意料,因为＿＿＿＿＿＿＿＿＿＿＿＿＿＿＿＿＿

＿＿＿＿＿＿＿＿＿＿＿＿＿＿＿＿＿＿＿＿＿＿＿＿＿＿＿＿＿＿＿＿＿＿＿

＿＿＿＿＿＿＿＿＿＿＿＿＿＿＿＿＿＿＿＿＿＿＿＿＿＿＿＿＿＿＿＿＿＿。

我最强的两方面是 _____

_____

_____。

我想要改进的地方是 _____

_____

_____。

我想全力以赴改进这些方面,因为 _____

_____

_____。

现在,选择你的一个发现,并说出你能如何从中获益,完成下面的句子。

为了让这个发现发挥出实际价值,我将 _____

_____

_____。

——资料来源 〔美〕戴夫·埃利斯《优秀大学生成长手册》

第二章

新工科的就业前景

天下者,我们的天下;国家者,我们的国家;社会者,我们的社会。我们不说,谁说?我们不干,谁干?

——毛泽东

思维导图

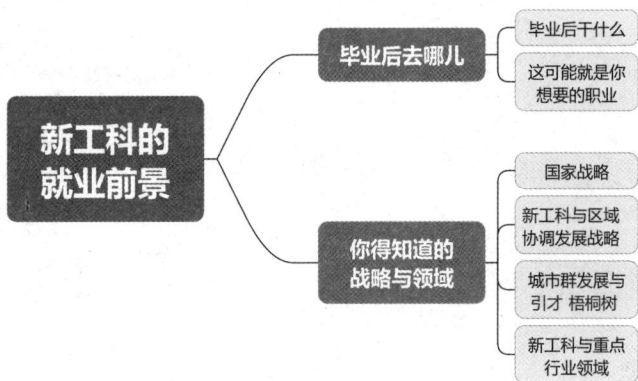

导读思考

阿耀是计算机科学与技术专业的大三学生,求职意向是信息技术类行业。他最近一直在了解、关注就业市场的人才招聘需求情况,他发现在信息化和智能化时代,现代农业、智能家居、智慧医疗、智慧交通、电子竞技及电商平台等不同行业、领域对计算机专业人才的需求非常大,但面对当前"火爆"的信息技术类就业市场,阿耀不知道该如何选择?阿耀自己在对各行业、领域的职位分析时,出现了这样的疑惑:体制内岗位发展稳定,但工作氛围相对压抑且待遇一般;互联网大厂薪资待遇丰厚,但工作强度大且存在中年危机。如果你是阿耀,面对类似问题,你会怎样选择?

▶ 第一节 毕业后去哪儿

一、毕业后干什么

大学生到了就业阶段,应该去哪里找工作呢?什么类型的岗位适合自己?自己擅长或意向的职业是什么?哪个岗位待遇好且职业前景棒?

(一)新经济形态知多少

"我们处在什么样的时代?"

"我们的生活正在或即将发生什么样的变化?"

"科技之于你我,会是……?"

种种疑问,可曾在你的脑海里闪现或萦绕?你是否为职业发展规划和发展前景感到困惑抑或是焦虑?

作为"地球村"的村民,在经济全球化大背景下,我们的认知和生活发生了显著的变化。特别是第四次工业革命的到来,随着互联网、大数据、新材料等不断发展,世界已经进入智能化、信息化、数字化、品质化的新技术革命时代,我们已经或正在体验全新的生活内容和生活模式。曾几何时,存留在科幻电影或玄幻小说中的很多场景已经成为我们生活的"应用常态"。在这样一个信息技术迭代加速和全面渗透的时代,新工科人才培养和科技多维应用催生了新技术、新业态、新经济及新产业,出现了新的经济社会形态。

"今天,手持一部智能手机和一个充电器,便可以来一场说走就走的旅行。"潇洒走一回的背后是大数据、移动支付和人脸识别等高新科学技术的应用和联动。

1. 原动力——新技术

新技术是科技创新和科研成果转化应用的直接产物,是催生新产业、新业态和新职业演变发展的原动力。新技术的"新"指的不是简单的工艺技能、产品技术或实验方法,而是指与前沿科技和现实应用充分结合的、在"供给侧"进行研发的、可替代或优化传统应用并得以推广而形成新的市场力量的新兴技术。这个新技术不仅仅是从"有"到"优"的升级转化,还包含从"无"到"有"的应运而生,诸如智能机器人、智能家居、云计算、无人机、物联网、移动支付、新兴材料等。新技术的产生往往围绕国家战略、公众需求、市场导向等因素开展,其赖以依存的互联网信息技术、学科交叉应用和综合性技术创新等则是以新工科为基础和支撑。在日常生活中,餐馆送菜的服务机器人、医院导诊的智能医疗服务机器人、英语口语测试的机器人"考官"……"聪明"的机器人正越来越突出"人"的特征,这进一步印证了"智能机器人"在未来产业经济发展和智能生活优化等领域具有极其广阔的应用前景。对于这位"新朋友",你了解多少呢?

智能机器人是指相对于具有一般编程能力和操作功能的机器人来说的,其"智能"性体现为在中央处理器作用下具有一定程度的自主能力,可在其环境内按照相关指令智能执行任务。从其外形构造维度可分为人形机器人和异形机器人等;从其功能应用维度可分为焊接机器人、农作物监测机器人和搬运机器人等。

机器人的智能化发展随着科技的进步不断迭代升级,如从最初的感知智能应用向自主认知智能升级,这与人工智能、互联网、大数据、新材料等技术的发展和融合紧密相关。下一阶段,智能机器人的发展在仿生结构、人机协作和智能识别等层面会让"智慧化"体现得越来越明显,高"智能化"机器赋能生产生活的速度不断提升。工业领域仍是机器人最主要的应用领域,焊接机器人、搬运机器人和喷涂机器人等"小伙伴"将会成为产业经济的"劳作主力"。

近年来,智能机器人的产业应用领域不断扩大,碧桂园的智慧建造工地(如高科技楼盘)、比亚迪的智能制造生产车间(如新能源汽车)、美的智能家居生产线(如变频空调)等现实场景,智能机器人这一新工种带来的产值增速喜人。

未来的机器人将更加智能和灵活。不久的将来,你会不会成为一名从事"智能机器人"研发人员?

"科技是第一生产力",新科技的研发和应用必然带动产业经济的发展和社会的进步,催生出新的产业模式和经济形态,我们统称其为新业态。那么到底什么才是新业态呢? 它是否具有时代属性呢?

2. 智能互联——新业态

新业态是具有鲜明时代特色和属性的概念,新时代背景下的新业态指的是在以大数据、人工智能和物联网等信息技术为代表的高新科学技术推动下,以市场需求为导向推进产业体系在"供给侧"进行演进和变革,使产品的供应链从"串联+并联"的链状模式或"多路径并行"的树状模式向"多中心联动"的网状模式转变,进而产生新的经济环节和市场活动方式,创造出新的经济增长点的新行业或新模式,诸如"互联网+"催生的互联网金融、在线教育、电子竞技、国潮、付费自习室等。通俗点讲,就是从消费者的需求出发,进行科技创新,多种资源和技术相互融合,产生新的产品和经济社会形态。

我们正处在一个"万物互联"的新经济形态体系,新业态的出现带动了生产力的发展和经济活动的活跃,以新生产流程、新产品、新商业模式为代表的新经济和新产业相继涌现。

3. 顾客导向——新经济

新经济也称信息经济、网络经济或互联网经济,指的是在互联网信息技术支撑和多维制度体系创新背景下,所产生的各类具备知识化、智能化、融合化、协同化等特点的智慧型经济活动的总和,是一种新型的数字化经济形态。新经济的产生和发展离不开科学技术进步、全球化推动和产业融合发展,诸如"滴滴"共享单车(新时代共享单车巨头:美团、滴滴、哈啰)为代表的"共享经济""阿里巴巴"淘宝网上商城(新时代网上商城巨头:淘宝、京东、拼多多)为代表的"平台经济""小红书"网络互动平台(新时网络互动平台巨头:小红书、抖音、哔哩哔哩)为代表的"社群经济"等。

4.理念转换——新产业

新产业又称新兴产业,是指在互联网推动下对即有的传统产业进行技术的改造升级和模式的迭代更新,同时依托新技术推进新兴产品制造和行业拓展,进而催生出新的产业链和产业集群的新的经济部门或行业。新产业具有高技术含量、高附加值、资源集约等特征,诸如生物工程产业、高分子材料产业、智慧交通产业和新能源汽车产业等。

提及新产业,则不得不提在学生群体和青年职场新人群体中享有一定知名度的电竞行业。电竞酒店、电竞网咖、亚运会正式比赛项目电子竞技的出现,让曾经被家长"嗤之以鼻"的互联网游戏俨然成为"登堂入室"的竞技类体育项目和产值增长潜力巨大的新兴业态,曾经对学业产生巨大干扰的电子游戏如今"旧貌换新颜"成为新的职业和产业。

电竞对于"00后"的大学生来说,显然是丰富业余生活的重要形式,特别是伴随着"智能手机＋5G＋移动手游"等融合性技术的研发应用,让游戏的体验感和获得感越来越好。《2021年度电子竞技产业蓝皮书》中提到,我国电竞产业总产值2020年约752亿元,2021年约1736亿元,增幅巨大且未来产值规模不断扩大。电竞与其他产业融合发展催生新的"电竞＋"新业态,如"电竞＋5G""电竞＋文旅""电竞＋直播经济"等,很多影视剧目与电竞的融合得到了Z时代的"捧场",而电子竞技类游戏自身的迭代和拓维,让电竞越来越成为很多职场人的优质"休闲"选择,且男女客户群"比翼齐飞"。

能让"误人子弟的互联网游戏"完成"非吴下阿蒙"的完美逆袭,这既有电子竞技行业本身的发展和进步,同时也与电竞衍生"产业生态"和公众意识、观念转变等因素有关。特别是,国家层面对电子竞技运动及电竞产业发展的支持占据重要作用,从2003年将电子竞技定位国家体育战略到2013年组建电竞国家队,再到2016年在高等职业学校设立"电子竞技运动与管理"专业,电子竞技的发展有了"长足进步"。

未来,随着VR等虚拟现实技术的突破,电竞用户有望在虚拟视觉空间中实现对大型场景的直接操控体验,这无疑是充满吸引力与颠覆性的游戏方式,其影响范围和辐射人群也必将不断扩大。而随着"电竞＋"产业联动赋能、融合共进发展模式的日渐完善和拓展,在产业延续、产业生态和产值空间方面也将有巨大的潜在发展空间。

让兴趣成为"职业",是多少人的梦想!如果你对电子竞技有兴趣,投身研发、测试和应用等"电竞＋"的产业浪潮建功立业也是很好的选择!

电竞产业的发展离不开5G基建、大数据中心和工业互联网等诸多软硬件设施的"辅助",而这些则是新基建的核心内容。

5. 赋能者——新基建

新基建是指以新发展理念为引领、以技术创新为驱动、以信息网络为基础,面向高质量发展的需要提供数字转型、智能升级、融合创新等服务的基础设施体系,包括信息基础设施、融合基础设施和创新基础设施三方面。信息基础设施是新基建的基础和核心,从5G网络、数据中心、人工智能平台、工业互联网四个维度实现数据从采集抓取到决策应用的全链条贯通。新基建既为传统产业数字化赋能,同时也催生出一系列战略性新兴产业,带动了产业生态的变革发展,进而形成新的就业机会和消费市场。

(二)新工科与新产业

作为一名新工科专业的学生,你计划去哪个行业做个优秀的"打工人"呢? 这往往是当前很多学生和家长关注的热点问题,甚至说在高考志愿填报时将其作为选择院校专业的重要考量因素,可见专业、就业、职业之间的关联度极深,而其更深层次的驱动因素则来源于产业的发展布局。

在世界范围内,想抓住"第四次工业革命"契机成为科技强国的国家众多,各国"摩拳擦掌",在不同的"赛道"聚焦发力,希望通过产业集聚发展抢占新兴产业的"市场份额",进而创造新的经济增长点并获得更大的"话语权"。我们选取几个典型国家与我国作横向视角的比对分析,帮助大家对其进行更加直观地了解和认知。

美国以新能源、生物医药和航空航天等产业为发力点,德国选择在节能环保、光学技术和生物技术等产业赛道凸显优势,日本则选择在云计算、医疗与护理和信息通信等产业赛道深耕。反观我国的新兴产业布局,"十四五"时期战略性新兴产业以提升产业创新能力、坚持开放融合发展为发展方向,以筑牢产业安全体系、破解产业发展"卡脖子"问题为核心任务,以集中优势资源实施重大攻关、打造世界级产业集群为主导路径,力争到2035年跻身创新型国家前列。

新工科专业与新产业到底有什么关联呢? 什么是新兴产业? 你学的专业到底能去哪些单位就业呢? 接下来我们将逐一解答。

在国务院2010年发布的《国务院关于加快培育和发展战略性新兴产业的决定》(国发〔2010〕32号)中明确了七大国家战略性新兴产业体系。

1. 新一代信息技术产业

其聚焦信息网络基础设施建设,以集成电路、新型显示、高端软件、高端服务器等为核心基础产业,不断推动新一代移动通信及下一代互联网核心设备和智能终端的研发及产业化。

我国目前已形成几大信息产业集聚区(见表2-1),分别是以北京为代表的京津冀系统发展区域、以山东为代表的环渤海地区、以上海为代表的长三角一体化区域、以广东为代表的粤港澳大湾区、以成都为代表的成渝经济圈、以西安和武汉为代表的中西部新一线城市及周边区域。

表 2 - 1 首批国家级战略新兴产业集群——新一代信息技术产业（部分）

区域	国家级产业集群	细分产业
环渤海区域	辽宁省大连市信息技术服务产业集群	信息技术服务
	山东省济南市信息技术服务产业集群	信息技术服务
京津冀协同发展区域	天津市网络信息安全和产品服务产业集群	网络安全
	北京市海淀区人工智能产业集群	人工智能
	北京市经开区集成电路产业集群	集成电路
长三角一体化区域	浙江省杭州市信息技术服务产业集群	信息技术服务
	上海市徐汇区人工智能产业集群	人工智能
	上海市浦东集成电路产业集群	集成电路
粤港澳大湾区	深圳市人工智能产业集群	人工智能
新一线城市	湖北省武汉市下一代信息网络产业集群	下一代信息网络

"十四五"期间重点发展的产业有物联网、通信设备、车联网、天地一体化信息网络和智能制造核心信息设备等。面向 2035 年的重点发展方向有下一代网络技术、信息安全、半导体、操作系统与软件、AI、大数据。

2.高端装备制造产业

为有效解决前沿技术、关键材料和核心零部件等"卡脖子"问题，更好地推进我国装备制造，特别是高端装备制造业发展，2015 年我国提出了"中国制造 2025"战略，如图 2 - 1 所示。

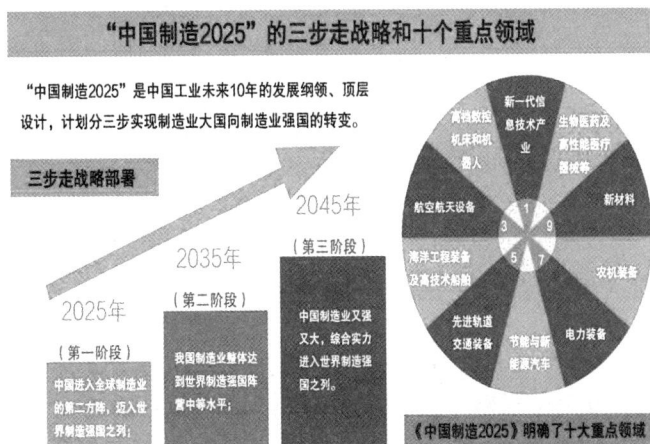

图 2 - 1 "中国制造 2025"的三步走战略和十个重点领域

当前,我国的高端装备制造发展聚焦航空装备、航天设备、轨道交通装备、海洋工程装备和以数字化、柔性化及系统集成技术为核心的智能制造装备,已初步形成以智能控制系统、工业机器人和自动化成套生产线为代表的智能制造装备产业体系。在航空装备领域重点发展大型运输机、大型客机、军用无人机等制式装备;在航天装备领域构建卫星遥感、通信广播和导航定位功能有机结合的一体化系统;在智能制造装备领域重点发展航空航天飞行器及航空发动机制造工艺装备、新型舰船及深海探测等海工关键制造工艺装备;在民生高端装备领域重点推进新一代智能农业装备科技创新;在医疗装领域备注重基础、对标应用,加快高端国产医疗装备的产业化等。其他产品装备主要有工业机器人、智能仪器仪表、传感器、控制器、工程机械成套设备、减速器、伺服电机、数控机床、3D打印设备、环境保护成套设备等,多数装备领域的市场产值规模都超千亿元。

3.新材料产业

新材料分为金属材料(生铁、不锈钢和铝合金等)、无机非金属材料(陶瓷、水泥和玻璃等)、有机高分子材料(塑料、橡胶和合成纤维等)、先进复合材料(玻璃钢、碳纤维、烧灼材料等)四大类,世界材料产业的产值每年的增长速度近30%。在世界范围内以美、日、德为代表的国家拥有新材料产业的众多头部企业,他们的碳纤维产能占全球总产能的近七成。新材料技术发展态势见图2-2所示。

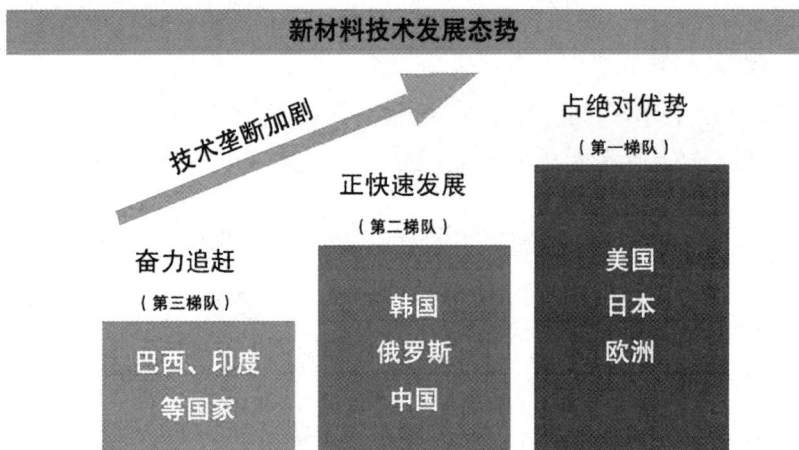

新材料技术发展态势

技术垄断加剧

占绝对优势
(第一梯队)

正快速发展
(第二梯队)

奋力追赶
(第三梯队)

巴西、印度
等国家

韩国
俄罗斯
中国

美国
日本
欧洲

图2-2 新材料技术发展态势

我国在新材料产业领域,大力发展稀土功能、高性能膜和半导体照明等新型功能材料,"东部沿海集聚,中西部特色发展"的区域产业集聚发展格局初步形成。具体来看,长三角一体化区域形成航空航天、新能源、新型化工等领域的新材料产业集群,粤港澳大湾区形成电子信息材料、改性工程塑料、陶瓷材料等领域产业链,京津冀协同发展区形成硅材料、磁性材料和特种纤维等领域齐头并进格局,内蒙古、云贵川、陕甘等区域也相继依托自由的有色金属或稀有金属资源进行了各类新材料产业的优势发展，如表 2-2 所示。

表 2-2　新材料产业集聚发展格局

区域	新材料产业
长三角一体化区域	航空航天、新能源、新型化工等领域的新材料
粤港澳大湾区	电子信息材料、改性工程塑料、陶瓷材料等新材料
京津冀协同发展区域	硅材料、磁性材料和特种纤维等新材料
中西部代表性城市	高性能稀土永磁材料、锡基新材料、钒钛新材料、硅基新材料等

"十四五"期间重点发展的产业主要是对先进无机非金属材料、先进金属材料、高分子及复合材料、新能源与节能环保材料、高端生物医用材料和纳智能等共性基础材料进行深入研发和生产制造。面向 2035 年的重点发展方向有电子信息材料创新体系完善，现代生物医用材料产业体系基本建成，稀土材料及制备的核心专利群取得有效突破等。接下来一起了解一下横跨"新材料"和"新能源汽车"两大新行业领域的新能源汽车"心脏"——动力电池。

随着新能源电动汽车的发展，动力电池的研发成为各大车企"竞相逐鹿"的主战场，核心点在于电池材料的研发应用。按电池材料分类，竞争主要集中在铅酸电池、镍电池和锂电池三个"赛道"。

其中，镍电池主要分为镍镉电池和镍氢电池，镍氢电池由氢离子和镍合成，由电解液、碱式氧化镍形成的正极与吸氢合金形成的负极组成。与镍镉电池相比，镍氢电池具有电量储备大、电池重量轻、电池使用寿命长和环境污染小的优势。镍氢动力电池在新能源汽车的实际应用中占据极其重要的地位，在镍氢电池的专利申请中，日本、美国和中国位居前列。由于我国没有将混动车型划入新能源汽车行列，政策支持和财政补贴等红利受限，故在该领域的研究仍处于缓慢发展阶段，代表性企业是吉利汽车集团和重庆长安汽车股份有限公司。除此之外，氢能源电池的发展已经进入快车道，未来发展高资源自给率、成本可控、市场化商用进程可落地的多元化电池技术路线是时代的必然选择。

电池作为储能的载体，关键在材料应用和储能技术研发。我国电池产业领域的知名品牌有宁德时代、比亚迪、超威、天能、国轩高科等，各大新能源电池供应商在储能赛道的比拼日趋激烈，该类企业的岗位需求未来会有一定的缺口，薪资待遇在各行业领域中靠前。各类电化学储能技术发展概况如表 2-3 所示。

表 2-3 各类电化学储能技术发展概况

发展程度	储能类型	特点
商用阶段	铅蓄电池	技术成熟度高,能量密度偏低、循环使用寿命较短,度电成本偏高,对环境腐蚀性强,自放电较大
	三元锂电池	技术成熟度高,能量密度高;耐高温性能较差,三元正极材料中镍、钴等元素价格高位,在大型储能中应用安全性有待提升
	磷酸铁锂电池	技术成熟度高,能量密度高、度电成本相对可控,耐高温性能稳定,在大型储能中应用安全性较高;耐低温性能有待提升
示范阶段	钠离子电池	钠元素存储量丰富,安全性能更好;钠离子体积更大、对储能电池正负极材料要求更高,需要更低成本、结构稳定的正负极材料配合
	钒液流电池	电池循环寿命长、易回收,全生命周期成本低,高温安全性能好,钒产量资源端有保障;能量密度和转化效率偏低,刚开启商业化,技术路径待成熟
	超级电容电池	介于电容器和电池之间的储能器件,既具有电容器可以快速充放电的特点,又具有电池的储能特性,电池充电速度快、工作效率高,循环使用寿命长、耐充;能量密度偏低,技术路径待成熟

4.生物产业

生物产业是依托生物技术和生物资源的研发,通过生命科学方法与现代生物技术手段,遵循自然规律和科学规律,在实现"天人合一"良好局面下,推动生物育种类、健康食品类、医药健康类、能源类和工业制造类等领域产品生产制造的经济模式。

随着现代生命科学快速发展,全球范围内生物技术与信息、材料、能源等技术的加速融合,带动了高通量测序、基因组编辑和生物信息分析等现代生物技术的突破和产业化演进。各个国家在生物产业布局上都有所侧重,其中美国着重提升生物基产品、生物能源和合成生物技术等生物经济的战略地位,德国着重在基础研究领域发力,日本则将生物技术和产业提升到立国战略层面。我国于 2022 年发布了首部生物经济五年规划,即《"十四五"生物经济发展规划》,对生物产业经济的重视提升到一个新的高度。目前,我国已形成了研发、制造与应用相对完善的生物产业体系,京津冀、长三角、粤港澳大湾区及以武汉为代表的中部地区生物产业城市群布局也基本形成,将在创新药物大品种生产、生物医药产业水平提升、生物医学工程产品研发和产业化、生物育种等方面予以重点推进。

"十四五"期间的重点发展方向为疾病预防、治疗技术与药物、中医药、化工与材料生物制造、生物反应器及装备技术等。面向 2035 年的重点发展方向是成为世界生物科学技术中心和生物产业创新高地，多个领域涌现出重大原创性的科学成果、国际顶尖的科学大师，成为生物技术高端人才创新创业的重要聚集地，具体如图 2-3 所示。

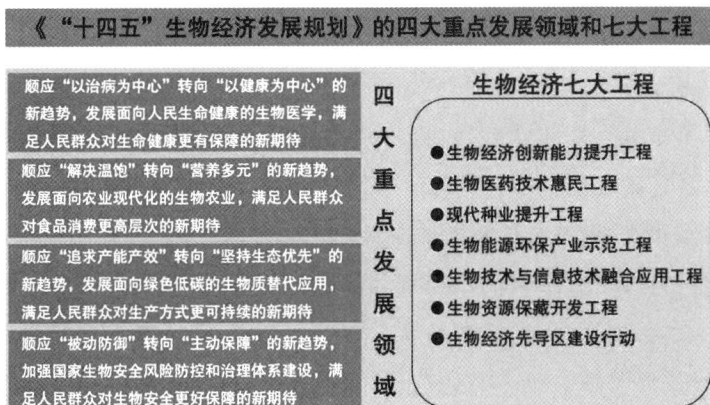

图 2-3　《"十四五"生物经济发展规划》的四大重点发展领域和七大工程

5.节能环保产业

节能环保产业也称绿色低碳产业，是指在"碳中和""碳达峰"背景下以实现能源资源节约、可再生能源应用和人类生活品质提升为导向，推进传统高能耗、高损耗、高污染类企业技术升级和产业优化，创新发展以新技术为支撑的战略性新兴产业，实现经济循环发展、保护生态环境目标的经济产业。从节能环保产业的具体形态来看，主要有节能技术和装备、高效节能产品、节能服务产业、先进环保技术和装备、环保产品与环保服务六大领域。

世界范围内，以欧美国家为代表的各国对节能环保产业都有极高的重视，美国在环保设备领域和再生资源产业规模方面领先全球且环保产业产值占全球环保产业总值的33%，以德国和法国为代表的欧盟将节能环保产业提升到国家战略层面予以重点实施，日本将洁净产品、节能产品和生物技术作为集中发展的环保产业。聚焦我国的节能环保产业布局，在高效节能技术装备及产品开发推广、重点领域关键技术突破、资源循环利用关键共性技术研发和产业化等方面重点布局，着重在资源综合利用水平、再制造产业化水平、污染防治水平等方面提升，积极推进煤炭清洁利用、海水综合利用。

"十四五"期间的重点发展方向为以提高环境质量为导向，在源头削减、过程控制和循环利用等污染防治全过程中积极发挥科技创新的关键作用，重点在污染要素和点源、主要生态破坏类型、污染物监测等方面进行关键技术的突破。面向 2035 年的重点发展方向是在突破大气污染、水污染和土壤污染防治与修复方面进行产业的重点发展。2020年,国家主席习近平在第七十五届联合国大会上宣布,中国力争2030年前二氧化碳排放达到峰值(碳达峰),努力争取2060年前实现碳中和目标。"碳中和""碳达峰"的目标对我们的产业布局和发展起着重要影响,节能减排、环保经济、绿色发展成为各行业产业迭代升级的新赛道,很多企业在进行创新尝试,诸如北京排水集团在全国污水处理行业,采取降碳、替碳、固碳三大创新举措助力碳中和。

降碳方面,通过实施优化"厂网一体化"运营调度、精细化运营管理、设备效能提升、智慧化管理模式,提升管理水平和效能,到2025年,实现北京排水集团处理每立方米污水电耗比2020年降低10%。

替碳方面,采用沼气热电联产、光伏发电、水源热泵、厌氧氨氧化、好氧颗粒污泥多种高效技术手段,推进碳减排。污泥处理中心均采用世界上最先进的"热水解＋厌氧消化＋板框脱水"技术路线,污泥在厌氧消化过程中产生的沼气,采用热电联产方式进行沼气全利用,减少水厂对外来电能的消耗。在清河、酒仙桥、小红门再生水厂建成光伏发电站,总装机功率18.5 MW,年平均发电量2400万kWh,减少污水处理厂外部电能消耗3%,年减少二氧化碳排放1.5万吨。厌氧氨氧化技术是当今世界最先进的颠覆性污水生物脱氮技术,北京排水集团在北京五个污泥处理中心建成世界最大规模厌氧氨氧化污泥消化液脱氮工程,实现年节省电能消耗1741万度,减少二氧化碳排放1万吨。

固碳方面,生态服务创新,不断实现碳抵消碳中和,大力推广再生水回用,促进经济循环低碳发展。北京市再生水利用量占城市水资源供应量的25%以上,北京排水集团大力发展再生水生产利用,每年生产高品质再生水10亿立方米,广泛用于工业用水、景观绿化、市政杂用、河道补水等领域,改善了城市水环境,创造了显著的生态环境效益,间接减少城市自来水处理设施的投资和运行,实现了碳抵消。

6.新能源产业

新能源是指正在被识别、研发和推广应用的新型能源,主要有太阳能、核聚变能、潮汐能、风能、地热能和生物质能等。在从新能源的识别到应用过程中所产生的一系列生产活动及产业形态则构成了新能源产业,其产业生态覆盖电池储能提升、太阳能光伏利用、太阳能燃料研发、氢能源制造和应用、能源互联网架构、能源互联装备技术等具体方向。

美国在光伏太阳能和风能利用方面具有全球领先优势,日本在核聚变能和氢能等方面的研发和应用走在世界前列,风能和水能成为德国下一阶段新能源发力的重要领域。我国风能、潮汐能、水能和太阳能资源丰富,且在核聚变能应用方面形成自主化优势,我们正处于新能源研发利用的快速发展阶段。其中,东南沿海地区在新能源产业研发和高端制造方面有着绝对优势,中部地区承担着核心材料研发、制造的任务使命,西南地区在水能和风能等新能源发电方面形成先位优势。

我国在"十四五"时期及面向 2035 年的新发展阶段,聚焦核聚变能的研发和利用,特别是在新一代核能技术和先进反应堆的科研攻关和产业化应用方面,积极开拓太阳能光伏光热发电的产业化和市场化路径,在海风和陆风等风电技术装备方面强化技术交叉和产业融合,加快构建适应新能源发展的智能电网及运行体系建设。我国在核聚变能源利用方面的成就世界瞩目,诸如石岛湾核电站。

2022 年,我国自主研发的第四代核电站石岛湾核电站亮相,它是世界上第一座采用球床模块式高温气冷堆技术的核电站,全球独一无二。高温气冷堆是在以天然铀为燃料、石墨为慢化剂、二氧化碳为冷却剂的低温气冷堆的基础上发展起来的。

球床模块式高温气冷堆的出现和应用,标志着中国彻底在核电领域掌握了自己的主导权。这一新技术是清华大学数十年来在核电领域的技术结晶,采用了国内外最高的技术标准,并且国产率高达 93% 以上。曾几何时,我国因铀矿储量相对较少,煤炭资源储备相对丰富且开发利用时间较早,煤电长时间占据我国电力生产领域的主导。

石岛湾核电站被称为世界首座商业规模"不会熔毁的核反应堆"。我国自主研发的球床模块式高温气冷堆具有的三大核心创新技术,即模块式反应堆设计,其核心思想是把一个百万千瓦的大反应堆拆分成 10 个小的模块,每一个模块都是一座可以独立运行的小反应堆;自主研制的"耐高温全陶瓷包覆颗粒球形核燃料元件",层层包覆的牢固结构、耐高温高压的强悍属性、严苛的质量标准检验,可以有效防止放射性物质泄漏,从而实现了把放射性物质牢牢包容起来这一核安全要素;反应堆不停堆在线换料,这种方式不但大大提高了运行效率,而且不用一次性装入过多核燃料,大幅减少了堆内的过剩反应性。

在正式投入发电之后,其每年源源不断为我国提供大约 14 亿千瓦时的发电量,完全可以满足我国一座大型城市的年用电需求。

7. 新能源汽车产业

新能源汽车是指使用清洁能源或可再生能源作为动力的汽车,可细分为纯电动汽车、增程式电动汽车、油电混合动力汽车、燃料电池电动汽车、氢发动机汽车等。纵观当前世界汽车发展格局,特斯拉作为新能源汽车产业的知名入局者,以一己之力扰动了全球汽车产业发展格局,美日韩等知名车企也纷纷入局新能源汽车行业,特别是在"碳中和"及"碳达峰"的背景下,很多西方国家已经将燃油车退出售卖市场的时间进程进行了明确,新能源汽车产业正迎来全新的潮流发展大势。我国的新能源汽车产业起步较早,目前呈现多品牌竞相发展的态势,其中广东、山东和江苏位居新能源车企数量前三名,占全国总量的三分之一。在未来的产业规划方面,上海有意打造万亿级产业规模的世界级汽车产业中心,江苏要着力实现新能源汽车产量占汽车生产总量比重超过 50% 的目标,浙江计划工业产值力争达到 1500 亿元。

我国在"十四五"时期及面向 2035 年的新发展阶段,以核心技术创新为依托形成自主、完整的产业链,全面实现产业商业化与高质量发展,汽车技术的电动化、智能化、网联化、共享化取得重大进展,在纯电动、插电式混合动力和燃料电池等新能源汽车年销量和保有量方面实现显著增长。提到新能源汽车我们一定要了解和认识这一行业领域的先行者——王传福和他的新能源汽车。

在当今的新能源汽车市场,既有大众、奥迪、奔驰等传统车企"豪门巨头"代表,也有小米、腾讯、华为互联网大厂为代表的各类造车新势力,当然最为知名的还属比亚迪、吉利和"蔚小理"。

截至 2021 年,比亚迪新能源汽车销售量已经连续 8 年位居全国第一,更是领跑全球新能源汽车市场。新能源汽车的时代发展大势,确确实实给比亚迪带来了新能源企业发展的"窗口期",但是处在风口的不仅比亚迪一家,比亚迪之所以这么优秀,离不开其创始人王传福的韬略与布局。

王传福出身贫苦的农村家庭,父母都是老实巴交的农民,他有 7 个兄弟姐妹。他的成长与成才是"寒门出贵子"的代表,但这一切确实跟他自己的努力、勤奋和眼光相关联。一路求学,成为北京有色金属研究总院最年轻的副处长,到 28 岁辞去公职自主创业,王传福用实干续写着"传奇"。

王传福选择将镍镉电池这一新能源电池研发作为其创业的开始,1998 年成为主流手机厂供货商,镍镉电池出货量成为世界老大。2002 年,比亚迪正式进军汽车行业,并全资收购了北京吉普的吉驰模具厂,开始了自己从"零"到"壹"的造车之路。2003 年,比亚迪收购了秦川汽车,成为国内继吉利之后第二家民营轿车生产企业。比亚迪的汽车电池布局开始于 2005 年,2006 年电动车 F3e 研制成功。2008 年,比亚迪推出了全球首款量产的插电式混合动力车型,开启了自己的"王朝时代",旗下秦、宋、唐等众多新能源车型,在市场中获得了消费者的极大认可,王朝系列车型的诞生,让比亚迪在 2015—2017 年间连续三年斩获全球新能源乘用车年度销量的冠军,比亚迪"龙头企业"的品牌形象渐渐有了雏形。

现如今的比亚迪是全球唯一一家同时掌握电池、电机及芯片等核心技术的新能源车企,其自主研发的刀片电池和 IGBT 芯片,都取得了新能源汽车市场的良好反响,这也是比亚迪提升市场竞争力、占据更多市场份额的强力保证。随着新能源汽车时代的到来,新能源汽车自主研发、掌握核心技术的比亚迪可能正是带着我们在汽车领域实现弯道超车的领路人。

二、这可能就是你想要的职业

(一)新工科专业毕业生供需现状与趋势

在最近一次就业指导课上,当老师问及同学们的职业理想是什么时,凯源同学脱口而出"钱多、活少、离家近"。其他同学也纷纷描述了自己的就业意愿和理想职业,主要有以下几个特点:"朝九晚五""最好安排寒暑假""宇宙的尽头是公务员"。你觉得这些工作是你的理想职业吗?什么工作是你最中意的?"Z世代"大学生求职的关注点如图2-4所示。

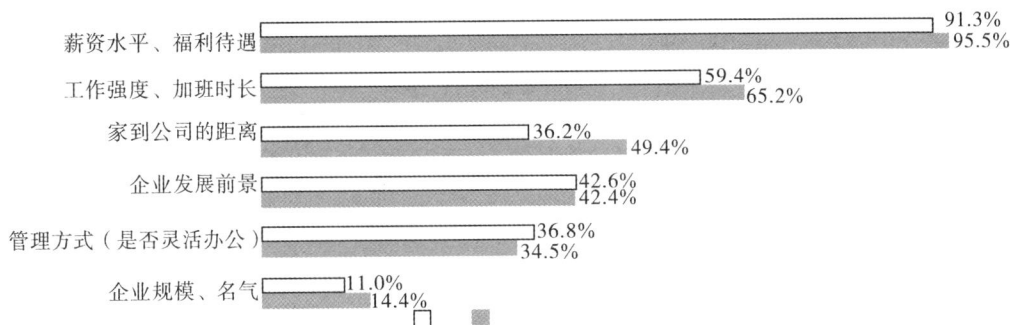

图2-4 "Z世代"大学生求职的关注点

从B站用户对职业的关注度来看,程序员、公务员、教师、设计师和金融行业从业人员高居"热搜榜"前五位。

作为当前求职主力的"95后"及"00后"应届毕业生,受互联网因素的影响,在择业领域选择上对互联网相关的行业及职业有着"高昂热情"。

以信息技术为代表的新行业的创新发展和迭代更新,催生出众多新业态、新职业和新岗位,进一步激发了"Z世代"大学生的浓厚兴趣。智联研究院发布的数据显示,以2021届应届毕业生就业意向为例,在IT、通信、互联网等信息技术类行业领域就业的毕业生比例超过25%,在以土木施工为代表的智慧建造类行业就业的毕业生占比近11%,在以抖音等新媒体为代表的文娱行业就业的毕业生占比8.7%,在以互联网金融为代表的财会金融行业和新能源汽车制造为代表的智能制造行业就业的毕业生占比都超过7%,2021届应届毕业生就业意向如图2-5所示。

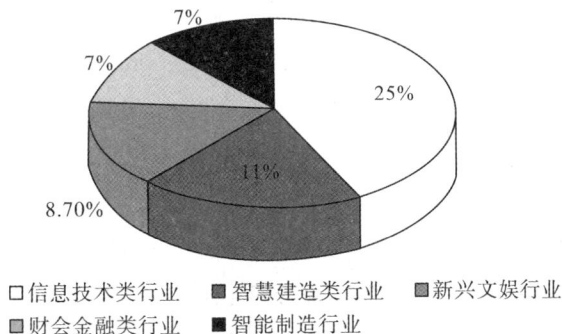

图2-5 2021届应届毕业生就业意向调查饼状图

调查发现,近87.3%的"00后"愿意进入国企工作,超70%的新工科专业毕业生有意向从事新兴职业。不同年龄段对国企的热衷度如图 2-6 所示。

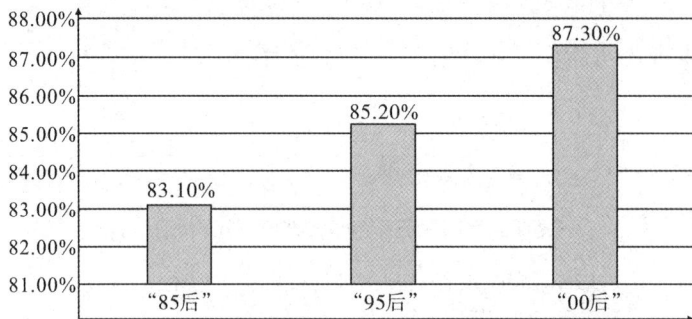

图 2-6　不同年龄段对国企的热衷度调查柱状图

　　我们以 2021 年各行业领域就业招聘数据为例进行分析,在用人单位招聘岗位供给端,互联网信息技术类、电子商务类、智慧建造类、咨询服务类等行业领域的用工需求位居前列;在毕业生求职需求端,互联网/电子商务、房地产/建筑和计算机软件业等职位的求职需求较为旺盛,在"互联网＋"产业赋能的时代发展大势下,软件研发和人工智能等岗位的人才需求旺盛,特别是 Java 开发工程师、算法工程师和架构师等岗位处于"高薪且竞争小"的红利期。

　　以华为为代表的全球领先的信息与通信技术(ICT)解决方案供应商常态化大额招录计算机相关专业的信息类人才以满足研发任务的需求,以工商银行为代表的银行金融业需大量信息技术类人才推进"互联网金融"产业的迭代升级,以牧原股份为代表的新型农牧业急需算法工程师进行养殖模式的智能化设置。

　　从信息技术类人才流向和区域产业布局发展来看,软件研发类人才偏好流向北上广深大城市、新一线城市和省会核心城市等区域,运维人才则更多在四五线城市择业、就业。

(二)理想职业的招聘门槛

　　你可曾为你的"理想职业"画像? 什么样的职业是你最想要的?

　　我们所处的时代是一个时时刻刻都在变化、在创新、在迭代的时代,唯一不变的只有变化本身。现阶段,各行业领域用人单位的人才需求呈现多样化的态势,作为智能化时代的新工科专业毕业生,就业市场呈现多元化的招录需求。用人单位人才选聘的标准有哪些? 什么样的人才能成为"最靓的仔"? 科技型人才、创新型人才、复合型人才、实干型人才和应用型人才是新时期 HR 在人才选聘时喜欢要的,而科技创新能力又是大家最为看重的能力。可能你觉得一纸简历根本无法反映出用人单位关注的这些能力,其实不然,现在的简历模式、智能化笔试面试和体系化招录机制已经能实现对应聘者的全方位考核。

　　理想职业到底是什么样的? 我们需要从新职业中去探究。现如今,我们所知晓的智慧建造、智能制造和智慧交通等新名称是传统产业的"智能化"升级,人工智能、大数据、云计算、虚拟现实等新名词是高新技术催生的新产业,而新技术、新产业、新业态和新行业的出现催生出新职业。

什么是新职业?新职业是新旧动能接续转换、产业结构深度调整和科技赋能产业发展的时代产物,反映了社会需求和就业观念的变革,与传统职业相比其具有就业竞争更大、从业质量更高、薪资待遇更优和职业发展前景更好等特征。根据中国就业培训技术指导中心联合阿里钉钉发布的《新职业在线学习平台发展报告》数据,未来新职业人才需求规模庞大,其中人工智能人才缺口近 500 万、云计算工程技术人员缺口近 150 万、物联网安装调试员缺口近 500 万、农业经理人缺口近 150 万、建筑信息模型技术员缺口近130 万、工业机器人运维员缺口近 125 万。

新职业人才需求缺口巨大,但这并不代表着新工科毕业生就能轻松就业、择业。从事新职业需要具备物联网、创新思维、机器学习、运筹学、数字素养和大数据等现代技术和思维,原有的"靠一张文凭换一份好工作"的时代已经渐行渐远,单纯靠学术性知识和技能是无法适应和满足新时代岗位人才需求的,而"智能化"技能则成为当前新工科大学生提升就业求职"成功率"的必备。除此之外,用人单位在人才招聘时更倾向于招揽心智成熟、创新实干的"斜杠青年",除了教育背景、专业学识、从业技能等"硬实力"外,用人单位在情商和逆商等"软实力"方面也极为看重。责任心、抗压能力、人际沟通能力、逻辑思维、语言表达能力、团队适应能力等个人品行素养,成为用人单位制定人才准入门槛、人才选聘签约和后续人才梯队建设时比较看重的因素。由此可见,想要自由拥抱"理想职业"必须准备好"技能包",打造好"金刚钻"。用人单位看重的人才素质比重如图 2-7所示。

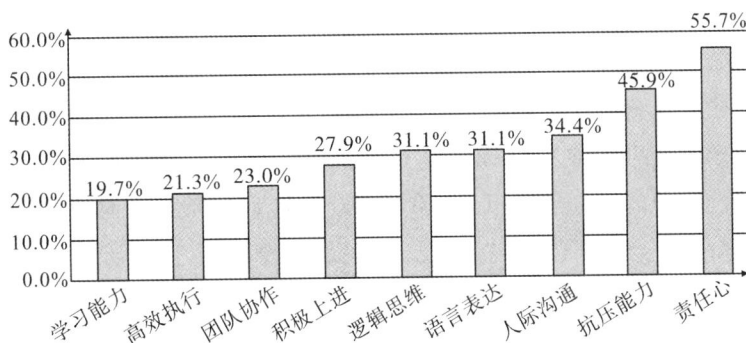

图 2-7　用人单位看重的人才素质比重图

自 2019 年起,人力资源和社会保障部联合相关部门陆续发布新职业及从业技能标准,本书从《人力资源社会保障部办公厅 市场监管总局办公厅 统计局办公室关于发布人工智能工程技术人员等职业信息的通知》(人社厅发〔2019〕48 号)中,选取与新工科专业从业领域相关的职业做简要介绍,重点明确各岗位的工作职责和任务,以便我们对各类新职业的从业技能标准有所了解。

1. 人工智能工程技术人员

该类人员的工作职责和任务是分析、研究人工智能算法及深度学习等技术并加以应用;研究、开发、应用人工智能指令及算法,规划、设计、开发基于人工智能算法的芯片;研发、应用、优化语言识别、语义识别、图像识别、生物特征识别等人工智能技术;设计、集成、管理、部署人工智能软硬件系统;设计、开发人工智能系统解决方案。

2. 大数据工程技术人员

该类人员的工作职责和任务是研究和开发大数据采集、清洗、存储及管理、分析及挖掘、展现及应用等有关技术;研究、应用大数据平台体系架构、技术和标准;设计、开发、集成、测试大数据软硬件系统;大数据采集、清洗、建模与分析;管理、维护并保障大数据系统稳定运行;监控、管理和保障大数据安全;提供大数据的技术咨询和技术服务。

3. 建筑信息模型技术人员

该类人员的工作职责和任务是负责项目中建筑、结构、暖通、给排水、电气专业等建筑信息模型的搭建、复核、维护管理工作;协同其他专业建模并做碰撞检查;通过室内外渲染、虚拟漫游、建筑动画、虚拟施工周期等进行建筑信息模型可视化设计、施工管理及后期运维。

4. 集成电路工程技术人员

该类人员的工作职责和任务是对芯片设计进行规格制定、需求分析;编制设计手册、制订设计计划;对芯片进行规格定义、RTL 代码编写、验证、逻辑综合、时序分析、可测性设计;对芯片进行设计仿真以及逻辑验证;对芯片进行后端设计、总体布局与模拟版图设计;对芯片进行后端仿真、版图物理验证、时序/噪声/功耗分析、全局完整性分析与验证;根据生产工艺进行芯片生产数据签核与输出验证。

5. 企业贸易合规师

该类人员的工作职责和任务是制定企业合规管理战略规划和管理计划;识别、评估合规风险与管理企业的合规义务;制定并实施企业内部合规管理制度和流程;开展企业合规咨询、合规调查;处理合规举报;监控企业合规管理体系运行有效性;开展评价、审计、优化等工作;处理与外部监管方、合作方相关的合规事务;开展企业合规培训、合规考核、合规宣传及合规文化建设。

6. 增材制造(3D 打印)设备操作员

该类人员的工作职责和任务是安装、调试增材制造设备;操作增材制造设备进行生产,负责增材制造设备的运行管理;负责增材制造设备的故障排查、设备维修及保养;为客户提供设备操作和日常保养培训;协助客户解决设备常见问题并收集客户反馈意见建议;分析研究增材制造设备生产过程中的技术问题。

此外,新工科专业中的热门专业就业前景如表 2-4 所示。

表2-4 新工科专业中的热门专业就业前景示例(选取部分专业)

序号	专业名称	专业简介	就业方向
1	计算机类	为大类学科,最基础专业为计算机科学与技术,研究如何更好地设计、制造计算机,更好地开发计算机的新系统、新软件、新功能	人工智能、大数据、物联网等IT类企业
2	机械设计制造及自动化	机械设计、机械制造和机械自动化三大模块	可在航天、航空、船舶、矿山装备、运载设备、家居电器、移动设备等广泛的行业领域应用,既可以是设计研发类岗位也可以是设备制造类岗位
3	机器人工程	新兴专业,新工科专业的典型代表,研究机器人的智能感知、优化控制与系统设计、人机交互模式等,注重智能机器人的产业化应用	就业前景广阔,主要从事机器人工程领域内的机器人整机、核心零部件、控制系统设计等相关工作
4	数据科学与大数据技术	大数据的应用涉及生活的方方面面,是交叉学科的典型代表,各类新工科专业的基础和支撑之一	行业增速快,具体岗位有大数据分析师、大数据研发工程师、大数据维护工程师等
5	电子信息工程	上至神舟飞船的控制系统、宇宙空间站的控制电路,下至深海潜艇的超声波检测仪,以及身边的日用电器,都有该专业的身影	就业面较广,移动通信、轨道交通通信、制造商、互联网大厂等会"抢购"这方面人才
6	微电子科学与工程	研究半导体器件物理、功能电子材料、固体电子器件等,是集成电路设计和芯片设计等支撑专业,俗称"电子产品的脑细胞"	就业以集成电路、芯片制造等半导体产业领域的企业为主
7	航空航天类	涵盖飞行器设计与工程、飞行器动力工程、飞行器环境与生命保障工程、无人驾驶航空器系统工程、智能飞行器技术等专业	设计建造飞行器、航空航天系统内的科研院所等,就业领域待遇好、社会价值大

序号	专业名称	专业简介	就业方向
8	船舶与海洋工程	研究各类船舶设计、性能、结构、建造,研究制造各类海上运载器等	从事船舶设计、研究、试验等方面的高级工程技术人才,以设计研究单位、造船厂、研究院等单位为首选,还有装备制造类相关的行业或信息产业有关的单位
9	光电信息科学与工程	多学科交叉专业,是微电子之后的"技术领跑者",是推动新基建和5G时代的重要技术	就业以科研单位、高等院校、国防军工类企业为主,日常见到的光纤入户、光电探测器和光电通信是这一专业的代表性研究成果
10	新能源材料与器件	研究开发新能源转化和利用的关键材料及器件的设计、制造,代表性成果:太阳能电池材料、储氢材料、固体氧化物电池材料等	就业领域较为前沿且宽泛,包括新能源汽车、高端装备制造、电力系统、航空航天、信息技术和智慧交通等
11	土木工程	土木工程在新工科专业体系中改名为"智慧建造",技术含量较高,不用"搬砖"。运用数、理、化等基础科学知识,力学、材料等技术科学知识及工程技术知识,研究设计和建造工业与民用建筑、隧道与地下建筑、公路与城市道路及桥梁等	专业就业覆盖面广,专业就业对口率高,任何基础设施建设都离不开该专业。需求较大,从项目一线开始工作成长的毕业生更是"香饽饽"
12	软件工程	以计算机科学与技术学科为基础,培养能够从事软件开发、测试、维护和软件项目管理的高级专门人才,注重动能技能和上手能力,偏实操	在"互联网+"大潮下,软件工程专业的毕业生就业范围广,需求量大,从业薪资起点高,去向覆盖IT企业、金融领域、移动通信、新零售、电商平台、现代农牧业、电子竞技类游戏开发等各行各业
13	材料科学与工程	其研究和应用的领域从民生制造到航空航天工程全覆盖,与新工科的各专业的交叉融合度较高	专业覆盖面广,包括在相关企业从事设计、新产品开发、高等学校、科研单位等工作,特别是在新能源和高端装备制造领域的应用较高

续表

序号	专业名称	专业简介	就业方向
14	交通运输工程	培养能够研究生产交通运输设备，组织、规划和管理交通运输生产，实现经济和社会效益的专业人才	就业范围较广，可在国铁集团、城市轨道交通企业、物流公司、交通管理行政类单位、科研院所和高等学校等领域就业，特别是在"交通强国"战略导向下，在"智慧交通"建设中对交通运输类人才的需求缺口较大
15	建筑学	着重培养从事建筑规划和建筑设计的高级技术人才	就业方向主要是规划设计、房地产开发、规划管理等
16	食品科学与工程	研究食品原料和食品，上至神舟十一号航天员吃的特质食品，下到老百姓餐桌上的一粒米，都属于该学科研究的范畴	就业主要集中在"大食品行业"，从事科学研究、技术开发、品质控制、经营管理和市场营销等工作

▶ 第二节　你得知道的战略与领域

一、国家战略

量子计算机、国产大飞机 C919、"复兴号"动车组、"神威·太湖之光"超级计算机、射电望远镜 FAST、"墨子号"量子通信卫星、"天宫二号"太空实验站……这些成就让世界瞩目，让地球村的"村民"震惊。

科教兴国战略、可持续发展战略、依法治国战略、人才强国战略、西部大开发战略、"一带一路"建设、京津冀协同发展、长江经济带发展……这些战略的实现离不开科技的创新发展和新工科人才的贡献，新工科专业人才正处于"卖方市场"的良好机遇期，舞台已搭建完成，期待新时代新工科大学生一展身手！

我们之所以能在各领域取得让世界瞩目、令国人自豪的优异成绩，离不开国家战略的布局和引导。"国家战略"到底与学业、就业和职业有什么关系呢？

在不同的历史发展阶段，为筹划指导国家建设与发展、维护国家安全、实现国家总体目标，综合运用政治、军事、经济、科技、文化等国家力量，在战略体系最高层所制定的政策及发展规划称之为国家战略。我国在城市区域发展、行业领域产业升级和新兴战略性产业布局等方面制定了一系列国家战略。

(一)交通强国战略

截至 2021 年底,我国交通运输行业发展成绩喜人,铁路营业里程突破 15 万公里,其中高铁超过 4 万公里;公路总里程 528.07 万公里,其中高速公路里程 16.91 万公里;内河航道通航里程 12.76 万公里,港口生产用码头泊位 20867 个,颁证民用航空运输机场 248 个。我国的交通运输事业发展正"开足马力,全力向前"。

2019 年 9 月,中共中央、国务院印发了《交通强国建设纲要》,从 2021 年到本世纪中叶,分两个阶段推进交通强国建设。

到 2035 年,基本建成交通强国。现代化综合交通体系基本形成,人民满意度明显提高,支撑国家现代化建设能力显著增强;拥有发达的快速网、完善的干线网、广泛的基础网,城乡区域交通协调发展达到新高度;基本形成"全国 123 出行交通圈"(都市区 1 小时通勤、城市群 2 小时通达、全国主要城市 3 小时覆盖)和"全球 123 快货物流圈"(国内 1 天送达、周边国家 2 天送达、全球主要城市 3 天送达),旅客联程运输便捷顺畅,货物多式联运高效,智能、平安、绿色、共享交通发展水平明显提高,城市交通拥堵基本缓解,无障碍出行服务体系基本完善;交通科技创新体系基本建成,交通关键装备先进安全,人才队伍精良,市场环境优良;基本实现交通治理体系和治理能力现代化;交通国际竞争力和影响力显著提升。

到本世纪中叶,全面建成人民满意、保障有力、世界前列的交通强国。基础设施规模质量、技术装备、科技创新能力、智能化与绿色化水平位居世界前列,交通安全水平、治理能力、文明程度、国际竞争力及影响力达到国际先进水平,全面服务和保障社会主义现代化强国建设,人民享有美好交通服务。

交通强国战略的推进和实现需要依托多技术融合和多产业交叉,在战略目标导向下催生出诸多新业态和新职业,在新工科人才的需求方面存在较大缺口。交通强国战略涉及的学科专业和技能有数字技术、人工智能、智能制造、新材料、新能源等,覆盖的产业领域有新能源汽车、民用飞行器、船舶、高速铁路、城市轨道交通、磁悬浮列车和城市智慧交通路网等。交通强国的另一大体现是横跨欧亚大陆的"钢铁长龙"——中欧班列。

中欧班列是指连接中国、欧洲和"一带一路"沿线国家的国际铁路联运班列,车辆的编组辆数、编组结构、编挂次序和运营线路都事先予以规范和固定。2011 年 3 月,首趟中欧班列从重庆发出开往德国杜伊斯堡。

目前,中欧班列运行路线有 3 条西部通道发车于我国中西部城市(例如郑州、武汉、西安等),经阿拉山口(霍尔果斯)出境;中部通道发车于我国华北地区城市(例如北京、天津、石家庄等),经二连浩特出境;东部通道发车于我国东南部沿海地区(青岛、上海、大连等),经满洲里(绥芬河)出境。三条线路在出境后,分别途经哈萨克斯坦、俄罗斯、白俄罗斯、波兰等国与欧洲各国实现陆路贸易往来,在中欧班列铁路实际运输中因各国轨距不同,需要中途换车。

中欧班列以稳定、高效和快速的物流服务,逐渐成为支撑全球产业链、供应链的"运输大动脉",极大地带动了欧亚大陆贸易的发展。特别是在疫情期间,在空运、海运受阻的情况下,中欧班列成为贯通疫情防控的"物资运输生命线",保障国际物流运输的畅通。

截至 2022 年初,中欧班列已铺画出运行线路 78 条,联通 23 个国家 180 个城市,累计开行突破 5 万列、运送货物超 455 万标箱、货值达 2400 亿美元。"上合示范区—明斯克""义新欧""苏新欧"和合肥至德国汉堡等跨境电商专列先后开通,"跨境电商 B2B＋中欧班列(渝新欧)＋境外企业/海外仓"的新模式为经济贸易发展带来新的活力和增长点。

(二) 乡村振兴战略

农业、农村、农民问题是关系国计民生的根本性问题。近年来,每年的中央 1 号文件都是"三农"问题,解决好"三农"问题始终是全党工作的重中之重,党的十九大报告提出乡村振兴战略。乡村振兴的制度框架和政策体系已经形成和健全,未来发展的目标是推进农业农村现代化基本实现,进一步改善农业结构并提高农民就业质量,全面推进乡村治理体系更加完善。

乡村振兴背景下的产业领域面较广,主要包括现代特色农业、农业生产性服务业、农产品加工业、休闲农业和乡村旅游等。在农业农村部、国家乡村振兴局联合印发的《社会资本投资农业农村指引(2022 年)》中,对标全面推进乡村振兴、加快农业农村现代化目标任务,从 13 个方面明确鼓励投资的重点产业和领域,分别是现代种业、现代种业、农业农村绿色发展、农业科技创新及数字乡村和智慧农业建设等。

在乡村振兴战略导向下良种育种技术、智能化农业机械装备研发制造、农产品深加工产业、农业物联网数字化建设、新型农产品平台化销售及社会主义现代化新农村建设等都需要新工科专业作为支撑,在信息科技人才、农业专业人才、智能制造人才和数字化建设人才等方面有着巨大的人才需求空间。"科技＋农业""智能＋农村""绿色＋产业"已然成为乡村振兴战略下推进社会主义新农村建设融合性发展的热门词汇,新时代下广袤的农村大地正成为年轻一代大有作为的新平台。

近年来,寿光大力发展"智慧农业",推动蔬菜产业现代化发展,坚持以"智慧化"促进农业产业升级,为农业赋予新动能。同时,寿光融合应用物联网、大数据、云计算、人工智能技术,大幅提升蔬菜产业机械化、智能化作业水平,蔬菜大棚变身成"绿色车间",蔬菜园区变身成"绿色工厂"。一部手机、一个平台,利用精准高效的数字化操控平台实现"慧种地"。

寿光采用"投资商＋运营商＋家庭农场"的运营模式,按照"种植标准化、监管智慧化、管理组织化、营销品牌化、服务融合化"的运营理念,全程实施标准化管理模式,被全国蔬菜质量标准中心认定为"2号试验示范基地"。

在寿光市的全国蔬菜质量标准中心试验示范基地内,"设施蔬菜智脑"正在实现蔬菜种植体系科学化、智能化运转。通过探索以云为承载、数据分析为驱动,构建设施农业算法引擎,助力蔬菜生产种植、灾害防控、产量预测、品质溯源、商品流通的全程精细化、智能化管理,助力农业高质量发展。百度智能云在硬件设备、通信、数据、感知、算法等多个领域提供助力,从设备、关键数据、统一应用、AI服务、品质订单五步层层递进,由下至上深度创新,用技术实现蔬菜种植从种子到产品全流程智慧化管理。

(三)创新驱动发展战略

党的十八大提出实施创新驱动发展战略,强调科技创新是提高社会生产力和综合国力的战略支撑,必须摆在国家发展全局的核心位置。

创新驱动的核心要义在于让创新成为引领发展的第一动力,战略目标为:2020年基本建成中国特色国家创新体系,进入创新型国家行列;2030年发展驱动力实现根本转换,跻身创新型国家前列;2050年成为世界主要科学中心和创新高地,建成世界科技创新强国。

创新驱动发展战略是推进新技术、新产业、新业态和新职业发展的原动力,涉及各个行业领域和区域产业布局的发展。

二、新工科与区域协调发展战略

玉玉同学来自广西,学的是通信工程专业,未来想回南方某市就业,在最近的一次就业意愿调研中,玉玉想去粤港澳大湾区找工作。一是离家不是很远,二是粤港澳大湾区华为、腾讯等部分企业与其专业匹配度较高。但玉玉对粤港澳大湾区的整体规划、产业布局和企业发展情况不甚了解,她不确定这样的规划和分析是否正确?通信工程相关的用人单位大多分布在哪些区域?哪一个区域的产业集聚更明显?

从个人成长和职业发展的角度来看,区域发展对我们的择业和就业去向影响较大,不同的区域在产业集聚、政策支持和地缘关联方面有着各自的特色和差异,接下来我们一起对区域发展战略和就业的关联性进行研读分析。

区域协调发展战略是指积极推进西部大开发、东北全面振兴、中部地区崛起、东部率先发展,形成东中西相互促进、优势互补、共同发展的新格局,建立更加有效的区域协调发展新机制。区域协调发展战略的提出,进一步深化了以京津冀协同发展、长三角一体化发展、粤港澳大湾区建设、成渝地区双城经济圈建设等为代表的区域城市建设和产业群集聚,为我国经济社会的发展注入新的活力。

(一)京津冀协同发展

京津冀协同发展是国家三大战略之一,其核心是以北京为核心联动北京、天津、河北三地作为一个整体全方位协同发展,要有序疏解非首都核心功能,要在调整优化城市布局和空间结构、京津冀现代化交通网络、生态环境保护、产业优化升级转移和公共服务、共建共享共管等重点领域率先取得突破,努力形成京津冀目标同向、措施一体、优势互补、互利共赢的协同发展新格局。

"一核、双城、三轴、四区、多节点"是京津冀城市群的骨架,其中京津"双城"联动发展的协同度进一步加强,在轨道交通建设、创业园区协作和协同创新发展等方面取得重大进展。京津、京保石、京唐秦是京津冀区域的主要通道,也是主要的产业发展带和城镇集聚轴。《京津冀产业协同规划(建议稿)》提出,下一阶段要共同聚焦新一代信息技术、生物医药、高端装备和汽车制造等三地优势产业,联手打造世界级先进制造业集群,在全国范围内率先聚集打造垂直整合的产业链集群和上下游紧密协同、供应链集约高效的新产业生态。在产研协同和产业专业方面,京津冀三地协同发展持续深化,创新驱动已成为面向未来打造新首都经济圈的需要。实施京津冀协同重大发展战略,打破了只管自家"一亩三分地"的格局,三地携手"一起向未来",如河北京车智能制造基地。

该基地坐落在保定满城区,是一座国际一流、高度智能化的轨道交通车辆制造基地,是在京津冀三地产业协同发展方面具有示范性的轨道交通车辆制造示范基地,是北京研发、河北转化和产业化的典型案例。满城区依托项目先导紧抓产业集群建设,以京车项目为中心构建了 21 平方公里轨道交通产业园,集聚并建设一批轨道交通设备、智能配套设施和智慧物流在内的行业头部企业。抢抓"两新一重"机遇,按照"产业高端化、产品系列化、配套本土化"原则积极延长产业链,打通设计咨询、装备制造和运营维护等全产业链。

(二)长三角一体化发展

长三角一体化发展战略的提出是"长三角地区"全面发展的又一次升级,其中"一体化"的提出则代表着更深层次的改革、更高层次的对外开放和更广范围的协同合作。

以上海为城市代表的长江三角洲地区是我国经济发展最活跃、开放程度最高、创新能力最强的区域之一,该区域拥有良好且优质的产业基础,聚焦基础设施、科创产业、生态环境、市场体系和公共服务等重点领域,基本建成以科技创新为引领的现代化产业体系。随着虹桥国际开放枢纽、G60 科创走廊、皖北承接产业转移集聚区、宁马宁滁等一批跨界区域率先突破,长三角一体化发展在科创产业融合、基础设施互通、生态环境联治、公共服务共享等领域取得显著成果。长三角企业家联盟推动组建了 9 个产业链联盟,积极推进跨区域产业对接协同,诸如芯片制造类企业实现在南京、无锡和宁波等地的跨区域布局。除此之外,最为知名的就是 G60 科创走廊,其源起于上海市制造业集聚的松江区。

2016 年,依托贯穿松江区全境的 G60 高速沿线产业园,启动建设 G60 上海松江科创走廊。2017 年,松江、嘉兴、杭州正式签署《沪嘉杭 G60 科创走廊建设战略合作协议》,进入"沪嘉杭 G60 科创走廊"新阶段。进入新时代,长三角一体化被提到了新的高度,松江区顺势而行,提出以沪苏湖高铁建设为契机,深化拓展高铁时代的 G60 科创走廊新阶段。2019 年,G60 科创走廊纳入《长江三角洲区域一体化发展规划纲要》,上升为长三角一体化发展国家战略的重要组成部分。

从"源起松江"到"联通嘉杭"再到"九城共建",以苏杭为引领,松江 G60 脑智科创基地、安徽合肥综合性国家科学中心、苏州市国家生物药技术创新中心、之江实验室等一批重大研发平台正在建设或已建成,人工智能、高端装备制造、生物医药、互联网金融等产业飞速发展,给越来越多的新毕业大学生和高素质人才创造了实现人生价值的沃土。

(三)粤港澳大湾区建设

粤港澳大湾区是珠三角九市联动港澳推进全面开放新格局和"一国两制"事业发展的新尝试和新实践,力争推进粤港澳产学研协同发展,进一步完善广深港、广珠澳科技创新走廊和深港河套、粤澳横琴科技创新极点"两廊两点"架构体系。

粤港澳大湾区是世界级的制造业集聚区,产业体系健全、链条完整。在广州、深圳、香港和澳门四大"核心城市"的引擎推动下,广州、深圳以新一代信息技术、高端装备制造为主,东莞、佛山以智能制造转型升级综合改革试点,产业协同发展格局初步形成。粤港澳大湾区整体布局了六大重点产业,即新一代信息技术、高端装备制造、新能源汽车产业、生物医药产业、人工智能产业和新材料产业。具体来看,产业集聚初步突显成效:在高新技术企业和新兴产业维度,已经形成一批科技创新能力突出且领先世界的创新型企业,一大批新一代信息技术、高端装备制造、生物医药、新材料等企业汇集,诸如华为、腾讯、中兴、华大基因、大疆等;在传统产业迭代升级的智能制造领域,以佛山、珠海和东莞为代表,在即有的制造业发展优势基础上,积极推进产业向智能制造、数字化科技创新升级等方向发展,诸多企业位居智能电器行业头部位置,诸如美的、格兰仕、TCL、格力等。

三、城市群发展与引才"梧桐树"

放眼全国,各地的"抢人"大战从未平息,提供创业金、住房同、落户,甚至利用解决配偶工作、子女入学等,对人才的重视度、渴望度和精准度,以及"招揽金凤凰"的举措层出不穷!

从产业、区域和人才流动的视角来看,人才的流动与产业布局、区域发展有着密切的关联,"人随产业走、人才区域集聚"的逻辑依然比较清晰。据统计,"95 后"人才吸引力城市 30 强如表 2-5 所示。

表 2－5 "95 后"人才吸引力城市 30 强

排序	城市	人才吸引力指数	排序	城市	人才吸引力指数
1	北京	100	16	无锡	36.2
2	深圳	86.6	17	天津	35.5
3	上海	84.3	18	珠海	35.4
4	广州	70.7	19	厦门	34.3
5	杭州	69.4	20	重庆	34.2
6	南京	56.3	21	东莞	34.1
7	成都	55.1	22	宁波	32.8
8	苏州	52	23	合肥	32.2
9	武汉	45.1	24	中山	31.1
10	郑州	42.2	25	嘉兴	28.1
11	济南	41.7	26	常州	28
12	西安	39.3	27	绍兴	26.2
13	青岛	38.7	28	沈阳	26.1
14	长沙	38.5	29	湖州	25.3
15	佛山	37.8	30	金华	25.1

（一）一线城市代表——北京市

北京市作为首个 GDP 突破 4 万亿的城市,其产业布局和发展对京津冀协同发展战略下的区域产业集群产生了显著影响。在疏解非首都功能的大背景下,北京市的产业调整、疏散和优化布局更多地体现了"有所为有所不为"的智慧,从行业集聚来看主要在人工智能、高端制造业和生物医药等新兴产业。作为全国唯一的全市区域的人工智能创新应用先导区,北京市 2020 年发布的《加快新型基础设施建设行动方案(2020—2022 年)》中,在新基建产业布局维度明确把推动人工智能、5G 等新一代信息技术和机器人等高端装备与工业互联网融合应用作为第一要务,将大数据及人工智能在交通、教育、医疗以及城市运行等重点行业予以深度研发和应用。同时,在算力、算法、算量等基础设施建设,人工智能操作系统架构与研发,高端智能芯片及半导体产品的研发与产业化等方面做了明确的规划和布局。在 2021 年发布的《北京市"十四五"时期高精尖产业发展规划》中,又进一步对"人工智能＋实体经济"的深度产业融合发展的新业态发展进行了布局规划,下一步将在人工智能联动芯片、信息消费、城市运行等领域进行重点推动。量子信息与量子计算、类脑智能计算、深度机器学习等跨领域研发的"AI"产业集群的形成,对新工科专业毕业生和高端技术人才的需求,在未来很长一段时间内将维持在"需求旺盛"的状态。

北京人工智能产业联盟发起于2021年,2022年在北京市民政局正式完成登记注册。集聚了诸多行业领域头部单位,主要有华为技术有限公司、小米集团、北京字节跳动股份有限公司、百度集团、京东集团、京东方科技集团股份有限公司、北京鲲鹏联创信息技术有限公司、北京市大数据中心、智源人工智能研究院、滴滴出行科技有限公司、中科寒武纪科技股份有限公司、北京第四范式智能科技股份有限公司等。

以下列举部分省市的热招特色职位供学生参考,详见表2-6。

表2-6　部分省市的热招特色职位(2022)

省市	热招的特色职位	省市	热招的特色职位
北京市	互联网软件工程师	四川省	质量管理/测试工程师
	算法工程师		质量检验员/测试员
	网络与信息安全工程师		机械工程师
	系统架构设计师		认证/体系工程师/审核员
	网络工程师		互联网产品专员/助理
	软件研发工程师		电子/电气工程师
江苏省	机械设备工程师	陕西省	通信研发工程师
	质量检验员/测试员		硬件工程师
	电气工程师		嵌入式软件开发
	机械工程师		机械维修/保养
	质量管理/测试工程师		质量检验员/测试员
	算法工程师		无线/射频通信工程师
浙江省	质量管理/测试工程师	湖北省	电池/电源开发
	质量检验员/测试员		质量检验员/测试员
	机械工程师		半导体技术
	机械结构工程师		网络与信息安全工程师
	认证/体系工程师/审核员		质量管理/测试工程师
	互联网产品专员/助理		互联网产品专员/助理

(二)典型省份代表——山东省

以济南和青岛为城市代表的山东在"新旧动能转换"的产业优化大潮中,在优势行业和龙头企业布局方面形成了代表性产业集群。在国家发改委 2019 年公布的第一批 66 个战略性新兴产业集群名单中,济南市信息技术服务产业集群、青岛市轨道交通装备产业集群、青岛市节能环保产业集群、淄博市新型功能材料产业集群、烟台市先进结构材料产业集群、烟台市生物医药产业集群、临沂市生物医药产业集群等 7 个产业集群在列(见表 2-7),数量居全国首位。海尔集团公司、海信集团有限公司、浪潮集团有限公司、歌尔股份有限公司、中国重型汽车集团有限公司、中车青岛四方机车车辆股份有限公司、万华化学集团有限公司等企业,已然成为传统行业企业"智能型"升级迭代的典型代表。

表 2-7 山东"雁阵形"产业集群

产业名称	属地	集群名称
新一代信息技术	青岛	青岛工业互联网产业集群
	济南	人工智能技术创新与产业发展融合集群
高端装备制造	青岛	电力装备产业集群
	威海	威海市先进装备与智能制造产业集群
	日照	日照汽车零部件产业集群
	济宁	济宁工程机械智能装备产业集群
新能源	青岛	青岛市新能源汽车产业集群
新材料	聊城	聊城市先进有色金属材料产业集群
	潍坊	潍坊市高端铝材加工与创新应用产业集群
	淄博	淄博市聚氨酯产业集群
高端化工	滨州	滨州市石化芳烃高分子材料产业集群
	聊城	聊城市精细化工及化工新材料产业集群
	枣庄	枣庄市煤化工新材料产业集群
	东营	广饶县橡胶轮胎产业集群
现代高效农业	烟台	烟台市葡萄与葡萄酒产业集群
	滨州	阳信县绿色肉牛产业集群
	菏泽	曹县林木制品家居产业集群
医疗健康	淄博	淄博市新医药产业集群

(三)强势区域代表——粤港澳大湾区

以深圳为代表的广东省在粤港澳大湾区的区域产业布局中,因其工业互联网发展早、升级快、体系成熟等优势,对机械类和电气类工程师等人才的需求旺盛,形成了以华为技术有限公司、比亚迪股份有限公司、富士康工业互联网股份有限公司和正威国际集团有限公司为代表的智能制造类产业集群。除此之外,粤港澳大湾区还有广州汽车工业集团有限公司、美的集团股份有限公司、珠海格力电器股份有限公司、TCL 科技集团股份有限公司、中国国际海运集装箱(集团)股份有限公司等知名智能制造类企业。该区重点产业岗位人才需求情况如表 2－8 所示。

表 2－8 粤港澳大湾区重点产业岗位人才需求情况(2022)

行业领域	专业技术岗	营销岗	技能岗
高端准备制造产业	38.05％	23.74％	32.86％
人工智能产业	49.02％	31.72％	13.64％
行业领域	专业技术岗	营销岗	技能岗
新材料产业	33.49％	25.20％	35.04％
新能源汽车产业	37.88％	27.90％	27.05％
新一代信息技术产业	54.43％	25.28％	15.82％
生物医药产业	41.31％	41.29％	12.25％

四、新工科与重点行业领域

布布同学是软件工程专业的应届毕业生,想利用暑期就业实习的机会提前接触相关行业,为秋招求职应聘奠定基础。父母及亲友建议她重点关注各行业的头部单位,特别是在国家战略导向背景下的具有较大影响力的企业。她本人想进入一些在全球范围内有知名度的国内企业,但面对众多优质用人单位的招聘信息,她不知道怎么进行选择?

下面梳理一下新工科专业对应的具有突出代表性的行业或企业。

(一)不得不说的那些靓丽"名片"

进入新时代,国家高度重视科技创新、融合发展和品牌建设,实现了"中国代工到中国创造""中国效率到中国质量""国民品牌到世界品牌""中国模仿到中国引领"的高质量发展,特别是实现了"Made in China"到"Intelligent Manufacturing in China"的飞跃和提升,"中国制造"到"中国智造"的"一字之差"彰显了中国新时代风采。

1.高速铁路

"高铁走出去"已经成为我国智能制造领域的靓丽名片,我国的高速铁路建设技术已经处于世界领先水平,构建了应对各种复杂地质和多变气候的全领域技术体系。我国目前已形成成套的高铁运营管理技术,构建了涵盖不同速度等级、成熟完备的高铁技术体系,诸如 200～250 公里/时和 300～350 公里/时两个速度领域,特别是运营时速达到 350 公里/时是世界高铁运行速度最快的。我国是唯一一个高铁成网运行的国家,高铁营业里程超过 3.8 万公里,已占全球高铁总里程的 2/3 以上。

中国高铁走出去的步伐正在加快,如雅万高铁是中国首个海外高铁项目,是印尼首都雅加达与第四大城市万隆之间的高速铁路线,也是东南亚第一条最高设计时速 350 公里的高铁,线路全长 142.3 公里(其中桥梁长度 83.8 公里,隧道长度 16.82 公里)这是中国“高铁走出去”的第一步也是关键一步。雅万高铁是世界范围内第一个由政府搭台、企业对接合作的高铁项目,该项目的设计、施工、运维等环节都是由中国予以整体提供。

除此之外,土耳其安伊高铁、委内瑞拉迪纳科—阿纳科高铁、俄罗斯莫斯科—喀山段高铁等的建成和在建,无不证明:中国速度正在影响全球。同时,我国在重载铁路、高原高寒铁路技术亦在全球领先。我国高铁领域典型代表性企业有中国国家铁路集团有限公司(下设 18 家铁路局)、中国中车股份有限公司、中国铁路通信信号股份有限公司、中铁物流集团和京沪高速铁路股份有限公司等,招聘的专业学科有交通运输工程、通信工程、自动化、信息工程、智能装备与系统、计算机科学与技术、物联网工程、电气工程、岩土工程等。

2. 中国航天

中国航天事业起步于 1956 年,从 1970 年第一颗人造地球卫星“东方红一号”发射成功到空间站建设,中国航天科技在不断进步,航天科技产品和科研项目在不断迭代,中国航天的伟大成就已经让世界瞩目。随着神舟载人航天、天链卫星、长征系列运载火箭、天问一号、嫦娥探月工程和天宫空间站建设等事业的发展和推进,在空间技术、空间应用和空间科学等维度取得显著成果。目前,我国在轨工作的各类卫星超过 500 颗,航天科研体系、航天技术与服务深度融入经济社会发展,有 4000 余项技术成果被广泛应用于国民经济的各个行业,直接带动了以通信和导航为代表的卫星技术、新一代信息技术、生命科学、高端装备制造、新材料和太空育种等科技研发、工艺创新和产业升级。除此之外,我们日常生活中用到的脱水蔬菜、气垫运动鞋、纸尿布、记忆海绵和太阳镜等都源自航天科技。

中国航天科工集团有限公司是我国航天事业和国防科技工业的中坚力量,前身为 1956 年 10 月成立的国防部第五研究院,现辖属 23 家二级企业,控股 7 家上市公司,企事业单位 500 余户,居全球防务百强企业前列。在业务板块建设层面,聚焦“防务装备产业、航天产业、信息技术产业、装备制造产业、现代服务业”五大主业板块。其人才招录对应的学科专业类别有航空航天类、信息科学类、电子通信类、智能制造类、国防军工类、电气类、人工智能类等,需求的专业覆盖范围极广。

3. 消费级无人机

消费级无人机作为 21 世纪高端智能制造业的典型代表,被越来越多地应用到农业、航拍、巡检、消防救灾、物流等领域,其催生的产业规模和产值体量也越来越被世人认可。高水平的科创能力、高投入的研发、高产出的专利技术和多维联动的工业化智能制造产业能力,让我国的消费级无人机研发和产业化生产技术处于全球领先地位,在全球消费市场中占有巨大的市场份额。目前,我们已有大疆、零度智控、普宙、极飞科技和易瓦特等消费级无人机品牌,未来无人机行业产值将突破千亿元。其中,大疆作为行业龙头老大,在2021年时已销售到世界范围内的100多个城市。

作为无人机产业应用龙头企业的大疆,由汪滔等人于2006年创立,聚焦无人飞行器控制系统和无人机解决方案的研究创新和产业化生产,同时在手持影像系统、机器人教育和新能源汽车研制等多个领域进行产业生态布局。作为一家技术驱动型的企业,大疆在影像表现、飞行避障和续航里程等方面不断强化,未来将继续依托技术能力对产品进行快速的迭代升级。

4.量子通信

量子通信是公认的将成为下一代通信技术的先驱,它可以构建一个任何人都无法中途窃听、绝对安全的通讯渠道,将广泛地应用于军事保密通信及政府机关、军工企业、金融、科研院所和其他需要高保密通信的场合。我国自主研发的世界首颗量子科学实验卫星"墨子号"的发射,让我国成为世界上首个实现卫星和地面之间的量子通信的国家,我国已构建出天地一体化广域量子通信网雏形。

2017年,"京沪干线"(连接北京、上海,全长2000余公里的量子通信骨干网络,途经济南和合肥)建成并开通,依托"京沪干线"和"墨子号"量子卫星构建的天地链路,使我国成为全球首个构建出天地一体化广域量子通信网络的国家,实现了洲际量子保密通信。

在产业领域,合肥城域量子通信试验示范网、北京金融信息量子通信验证网、济南量子保密通信试验网和中新(重庆)科技城一批重大项目的建成和投产,预示着我国在量子通信领域的产业发展进入快车道。

5.5G时代

虽然我国在移动通信领域的起步和发展曾处于追赶世界先进国家的状态,但随着5G技术的研发和应用使我国在世界移动通信领域的话语权发生了根本性转变,成功打破欧美国家领衔世界移动通信领域发展的格局。在"5G时代"背景下,我国的5G技术已经超越美国,在专利申请数方面领先全球。

华为作为全球最大的电信设备供应商,曾经深受美国的"无理制裁"和"卡脖子",华为5G在全球范围内进行业务快速发展时,美国忌惮华为的5G技术污蔑华为"危害网络安全",一方面切断芯片供货,另一方面联合其盟友终止使用华为5G技术和设备。就是在这样的困境下,华为依靠强大的自主知识产权"突出重围",成为5G的领先者,专利数量更是全球最多。截至2022年5月,华为5G基站出货量超过120万(占全球54.5%),5G To B的合作数量3000余个。

除此之外,中兴通讯的 5G 专利数量排名全球第三,两家企业所占全球市场份额达 50% 以上。下一阶段,5G 的商业化应用项目将是建设的重点,"5G＋工业物联网"项目正在各地如火如荼地开展,5G 已应用于多个机场、港口、火车站及国外企业,华为、中兴将继续以技术领先世界的姿态"入场"。

6. 北斗卫星导航系统

北斗卫星导航系统经历了从军用到民用的研发、应用历程,在自主建设和独立运行"三步走"战略的推动下,最终建成了北斗三号卫星(30 颗)、北斗二号卫星(15 颗)以及许多个试验卫星和备份星同时在轨的全球卫星导航系统。依托硬件研发和建设的先进技术,北斗卫星导航系统已被国际民用航空组织、世界通信标准组织和国际海事组织等接受并纳入其标准体系,与 100 多个国家签署了合作协议。在产业生态方面,卫星导航专利申请位居全球首位,芯片、软件、终端和板卡等产业链完善,总产值增速明显,形成了一个初具规模的北斗导航产业集群。

2022 年,兵器工业集团、航天科技和中国电科等 12 家中央企业联合成立中央企业北斗产业协同发展平台,将进一步推进北斗系统应用的规模化、产业化和国际化。北斗星通、海格通信、合众思壮、振芯科技、中国卫星等企业作为北斗旗下的代表性企业,整体发展态势良好。

对这些具有典型代表性和突出影响力的行业、产业和企业有了基础的认知后,相信布布同学在职业规划和就业选择时可以更有针对性和倾向性了。

(二)不同岗位每年能挣多少"米"

你希望自己的收入水平处于薪资体系的哪个"段位"?

据国家统计局数据,全国年主营业务收入在 2 000 万元以上的工业企业,其就业人员年平均工资正逐年增长,其中 2019 年 75 229 元、2020 年 79 854 元、2021 年 88 115 元。在就业人员年平均工资方面,城镇非私营单位明显高于城镇私营单位,见表 2－9 所示。

表 2－9 不同性质单位就业人员年平均工资差异

单位:元

年份	城镇非私营单位就业人员年平均工资	城镇私营单位就业人员年平均工资
2019	90 501	53 604
2020	97 379	57 727
2021	106 837	62 884

不同岗位、行业类别就业人员的年平均工资呈现整体增长的势头,但增长额度和增速存在一定差距。在岗位平均工资最高与最低的差异比方面,呈现整体稳定的态势,具体来看:2019 年 2.63,2020 年和 2021 年都是 2.66。本书着重选取五类岗位(行业类别)就业人员的年平均工资作为分析对象,帮助读者进一步了解不同岗位的薪资差别,见表2－10所示。

表 2 - 10　五类岗位(行业类别)就业人员年平均工资

单位:元

年份	中层及以上管理人员	增速/%	专业技术人员	增速/%	办事人员和有关人员	增速/%	社会生产服务和生活服务人员	增速/%	生产制造及有关人员	增速/%
2019	156 892	8.10	105 806	9.40	70 926	11.20	60 015	9.20	59 586	8.00
2020	164 979	5.20	112 576	6.40	75 167	6.00	61 938	3.20	62 610	5.10
2021	180 630	9.50	125 035	11.1	82 512	9.80	68 022	9.80	68 506	9.40

从区域发展的视角分析,东部地区的平均工资最高,西部地区和东北地区紧跟其后,中部地区的平均工资最低。本书以国家统计局公布的 2021 年数据为例做详解,见表 2-11 所示。

表 2 - 11　2021 年不同区域五类岗位(行业类别)就业人员年平均工资

单位:元

区域	规模以上企业就业人员	中层及以上管理人员	专业技术人员	办事人员和有关人员	社会生产服务和生活服务人员	生产制造及有关人员
东部地区	97 801	210 100	143 786	93 353	74 762	71 576
西部地区	78 597	149 570	104 000	69 907	59 980	67 801
东北地区	76 705	146 457	90 495	73 038	64 539	65 934
中部地区	70 012	127 581	89 112	63 509	54 365	61 288
合　计	88 115	180 630	125 035	82 512	68 022	68 506

在全社会各行业领域岗位薪资方面,信息传输、软件和信息技术服务业行业领域的岗位年平均工资高居榜首,见表 2-12 所示。

表 2 - 12　信息传输、软件和信息技术服务业行业就业人员年平均工资

单位:元

年份	中层及以上管理人员	专业技术人员	办事人员和有关人员	社会生产服务和生活服务人员
2019	315 922	186 880	114 170	104 251
2020	338 908	199 228	123 557	121 406
2021	386 705	225 938	136 772	128 032

在生产制造及相关行业领域,从业者年平均工资最高的具体行业是电力、热力、燃气及水生产和供应业。2019—2021 年的数据分别是 100 574 元、115 134 元和 109 193 元。

从用人单位的性质来看,国有企业、外商投资企业和澳台商投资企业的从业人员的年平均工作位居所有性质用工单位的前三名。

在信息化飞速发展的大背景下,随着"互联网＋"产业赋能、联动,信息传输、软件和信息技术服务业、智能制造等行业的岗位薪资水平与增速维持在较高的水平。除此之外,因国内外形势的转换变动和在线消费需求旺盛,催生新了技术创新、科研成果产业化应用和新职业涌现,带动了互联网＋新产业相关领域岗位薪资的增长,诸如抖音等短视频行业、互联网金融、在线教育和快递物流等。

章节 结语

作为新工科专业的毕业生,正处于时代发展大势之巅和经济产业发展潮头,生逢盛世! 在招生—培养—就业一体化的人才培养模式下,各高校的专业设置和培养计划制订与国家战略引导、社会发展所需紧密关联,学好专业知识、强化实习实践、注重科研创新能力培养、关注产业前沿发展态势,好就业、就好业自当"水到渠成"!

延展 阅读

未来产业发展呈现新趋势

未来产业是指引领重大变革的颠覆性技术及其新产品、新业态所形成的产业,具有高成长性、战略性、先导性等显著特征。中国社会科学院工业经济研究所副研究员渠慎宁在人民日报发表的《未来产业发展呈现新趋势》一文中提到未来产业发展正呈现出以下新趋势。

发展方向将更加绿色化和多元化。为了应对新冠疫情、气候变化、能源危机等全球共同挑战,更多国家在数字领域重点瞄准人工智能、量子技术、区块链、网络安全和大数据等,在健康领域聚焦生物技术、数字医疗、制药技术等,在绿色低碳领域聚焦清洁能源、绿色交通等。

创新模式将更加数字化和开源化。在疫情防控期间,远程办公、虚拟社交、在线会议等数字手段改变了传统研发合作、知识交流以及技术培训的组织形式,并正在重塑未来产业技术创新的路径。英国工商业联合会在 2020 年 7 月对 375 家英国创新技术公司的调查问卷发现,90％以上的公司已完全接受数字工具的使用,并希望将这种工作习惯保持下去。同时,全球大量开源科学平台相继涌现,科研成果的预先出版机制广为流行,不仅解决了学术论文正式发表周期较长的问题,还可广泛分享给业内其他机构,共同加速各国科学研发。科学开放性还鼓励研究机构加强线上合作交流。

各国政府更加重视发挥产业政策和创新政策的作用。近年来,不少国家推出综合性战略,通过提供研发补贴、开展技术培训、培育企业家精神、发展科技服务业、保护知识产权、鼓励研发合作等多样化的政策手段,进一步激发未来产业的创新动力,推动解决科技成果转化障碍。此外,由于未来产业存在高度不确定性,在前沿技术产业化的过程中,技术路线、主要用途、领先企业都可能出现新的变化,一些国家也特别提出,将加大对跨学科研究团队的支持,尽可能创造出更多样、更新颖的未来产业技术。

中国"十四五"规划纲要提出:"在类脑智能、量子信息、基因技术、未来网络、深海空天开发、氢能与储能等前沿科技和产业变革领域,组织实施未来产业孵化与加速计划,谋划布局一批未来产业。"加快推进战略性新兴产业和未来产业,在全球竞争格局中走出中国特色的未来产业发展之路,必将赢得更大的发展主动权。

实践练习

通过对以下问题的调研和思考,同学们对新工科和新职业将有全方位的了解和认知,信息获取可广泛依托网站、微信公众号、纸质图书、走访调研和电话采访等形式。

(1)你所学专业的核心课程有哪些?请依序列举最为重要的5门课程。

_____

_____。

(2)你所学专业的前沿发展态势如何?

_____

_____。

(3)同专业的师兄师姐的就业去向落实情况如何?(可查看学校就业质量报告或咨询辅导员老师)

_____

_____。

(4)同专业的师兄师姐的就业去向有哪些?

_____

_____。

(5)同专业的师兄师姐主要就职于哪些行业?

_____

_____。

(6)同专业的师兄师姐流向的行业有哪些重点用人单位?

_____

_____。

(7)你所学专业对应匹配的行业领域应是哪些用人单位？

_____

_____。

(8)你所学专业对口的职业及岗位是什么？

_____

_____。

(9)你个人意向的工作区域有哪些？

_____

_____。

(10)你个人意向的行业是什么？

_____

_____。

(11)你个人最想去的用人单位有哪些？

_____

_____。

(12)你个人最想从事的工作岗位是什么？

_____

_____。

(13)你对自己的职业生涯有什么样的规划？

_____

_____。

(14)你意向的行业领域在不同区域的产业布局情况如何？

_____

_____。

(15)国家政策层面对你意向的行业有哪些新规定？

_____

_____。

(16)主流媒体对新工科和新职业的报道有哪些？

_____

_____。

(17)你所在院校面向你所学专业组织开展的校园招聘活动情况如何？

_____

_____。

(18)常态化面向你所在学校所学专业开展招聘的用人单位有哪些？

_____

_____。

(19)你提前参加校园各类招聘会(宣讲会、大中型双选会等)了解到的应聘求职动态有哪些？

_____

_____。

(20)你向就业指导教师和专业课任课教师寻求就业咨询和就业指导情况如何？

_____

_____。

第三章

新工科大学生的自我修养

博学之,审问之,慎思之,明辨之,笃行之。

——《礼记·中庸》

思维导图

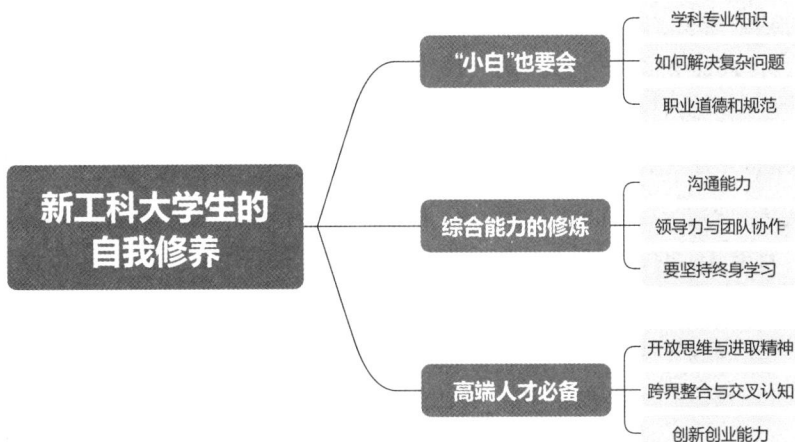

导读思考

经过对新工科领域的初步探索,木木终于确定了自己的专业——智能建造,他立志成为一名智能建造师。他查询了相关的资料,了解到智能建造是为适应以"信息化"和"智能化"为特色的建筑业转型升级国家战略需求而设置的新工科专业,旨在培养我国智能智慧项目建设所需的专业技术人员。该类人才不仅对专业技术要求高,还对个人的综合素质有很高的要求。

然而在刚进入大学的第一年,木木又陷入了迷茫,自己所学的理论和实际应用相差很大,自己又缺乏对社会的整体认知,他不禁对自己的大学规划产生了新的思考:要成为一名专业的智能建造师,究竟需要具备怎样的个人素质和专业技能? 如何针对性地进行提升？怎么才能学好专业课？是否要选修第二专业？应该在大几的时候去实习？怎样与身边的同学和老师相处来提升自己的综合素质？这些都成了困扰木木的问题。

▶ 第一节 "小白"也要会

新工科人才的培养对学生自身的专业知识和解决问题的能力提出了更高要求，中国工程教育专业认证协会秘书处在其发行的 2020 版《工程教育认证通用标准解读及使用指南》中提出关于问题分析的要求："能够应用数学、自然科学和工程科学的基本原理，识别、表达并通过文献研究分析复杂工程问题，以获得有效结论。"并对其内涵做出了解释：其一，学生应学会基于科学原理思考问题；其二，学生应掌握"问题分析"的方法。

新工科重在培养人才的工程思维，把复杂问题简单化，结合实际循序渐进。同时，新工科时代的人才，要具备创新、跨界和开放三大能力。这与我国新工科人才培养质量通用标准对学生跨学科和系统思维的要求不谋而合，此外，该标准与《华盛顿协议》接轨，对工科学生的基础知识、综合素养以及创新意识做出了明确要求。

因此，新工科人才除了要对数学、自然科学、工程基础、专业基础和专业类课程做到熟知和灵活应用，还应该学会基于科学原理思考问题，掌握"问题分析"的方法，能够针对复杂工程问题，开发、选择及使用恰当的技术、资源、现代工程工具和信息技术工具，基于工程相关背景知识进行合理分析与解决。此外，未来的职业发展还将面临新技术、新产业、新业态、新模式的挑战，学科专业之间的交叉融合将成为社会技术进步的新趋势，所以学生必须建立终身学习的意识，具备终身学习的思维和行动能力，要以应聘为场景，多去接触和了解社会，与社会对工科人才的需求接轨，作国家和社会需要的高质量人才，即工程师必备职业素养，参见图 3-1。

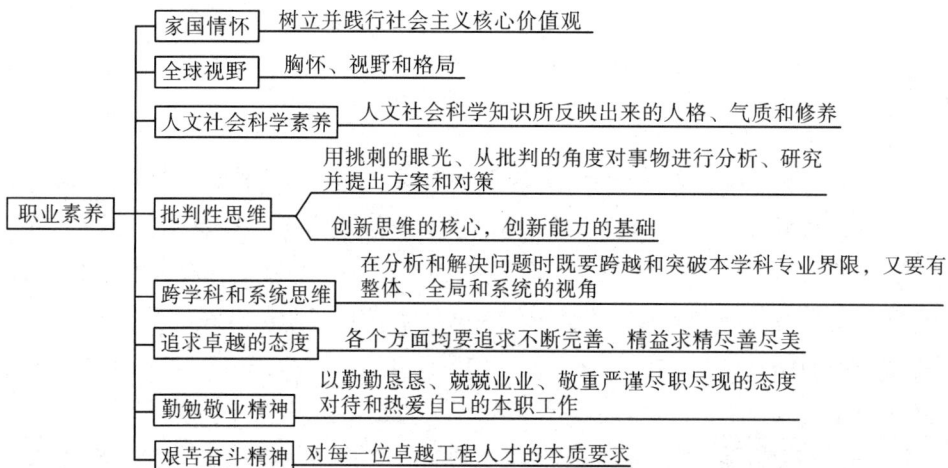

家国情怀	树立并践行社会主义核心价值观
全球视野	胸怀、视野和格局
人文社会科学素养	人文社会科学知识所反映出来的人格、气质和修养
批判性思维	用挑刺的眼光、从批判的角度对事物进行分析、研究并提出方案和对策
	创新思维的核心，创新能力的基础
跨学科和系统思维	在分析和解决问题时既要跨越和突破本学科专业界限，又要有整体、全局和系统的视角
追求卓越的态度	各个方面均要追求不断完善、精益求精尽善尽美
勤勉敬业精神	以勤勤恳恳、兢兢业业、敬重严谨尽职尽现的态度对待和热爱自己的本职工作
艰苦奋斗精神	对每一位卓越工程人才的本质要求

图 3-1 职业素养关键词总结

一、学科专业知识

(一)什么是学科专业知识

学科专业知识包括基础知识和专业知识。对新工科人才来说,基础知识指的是具有从事工程工作所需的数学、自然科学以及经济管理等人文与社会科学知识。其中,数学、自然科学知识要根据工程学科专业所在行业对应的专业领域来确定。工程问题的复杂性和综合性所需要的多学科交叉融合,使得卓越工程人才的基础知识要从数学、自然科学拓展到经济管理等人文与社会科学,这也是针对"未来工程发展趋势及特征分析"中"多学科交叉融合"特征提出的。经济管理知识主要指工程经济、工程预算、项目管理、决策分析、质量管理、生产组织、运作管理、产品营销和售后服务等方面的知识。人文与社会科学知识包括文学、历史学、哲学、管理学、经济学、政治学和社会学等方面,具体内容要根据本学科专业当前和未来发展需要取舍。

专业知识指的是掌握解决复杂工程问题所需的工程基础、工程专业和相关学科知识,了解本学科专业的前沿发展现状和趋势。其中,工程基础知识包括大类专业基础和专业方向基础知识两方面,可以考虑将计算机技术、信息技术和网络技术等内容列入其中。工程专业知识包括本专业领域不可或缺的专业理论、方法和技术。相关学科知识是针对"未来工程发展趋势及特征分析"中"多学科交叉融合"特征提出的,主要是指那些影响、渗透或融入本学科专业的学科知识或解决复杂工程问题所需的其他学科知识。

学科专业知识关键词可参考图 3-2。

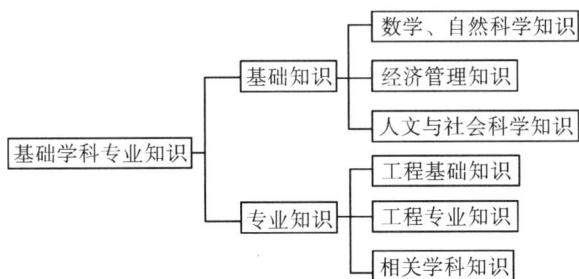

图 3-2　学科专业知识关键词总结

(二)学科专业知识的重要性

掌握学科专业知识十分重要。当今是知识经济时代,科技是第一生产力。增强学生社会竞争力是高校发展的内在要求,而对于学生来说,增强自身竞争力最重要的是专业课程知识,这也是工作者在工作岗位上的立足之本。让我们来看下面的故事。

阿伟考上了一所省内普通大学,学机械专业。当时阿伟特别想学金融专业,但他觉得,既然被机械专业录取,那就好好学习,不辜负"大学"这个美好的词,他坚持认真学习。

他说："我没有时间可以浪费，父母的血汗钱更不能浪费。"

阿伟的父母都是农民，自己和妹妹都在上学，家庭经济情况更显拮据。上大学时，他就努力靠自己的专业知识赚钱挣学费。他帮别人做过设计，去机械加工厂做过兼职，去机械配件商店做过销售，并且尝试创业。在那时，他总感觉专业知识学得不够好，所以他更加勤奋地学习。

四年后大学毕业，他到一个国企工作，工厂建在县级市的一个小山坡上，每月工资两千多元。他没有嫌弃工作环境艰苦，也没有嫌弃工资低，认为自己在国企工作很好。在工作之余，他继续坚持做自己上学时的创业工作。前两年的确挣了一些钱，妹妹大学毕业后考取了研究生，学费都是由他负责。由于年轻阅历少，在签一个合同时被人骗了。在那段时间里，他找大学的老师了解专业知识，找律师咨询法律知识，最后追回了资金。从此，他就暂停创业，专心工作。

有一次，阿伟回家帮父母收割庄稼，自己制作了一台简易卷扬机，由几根钢筋焊接而成。随着卷扬机的转动，玉米被扔到房顶上。

30多岁时，阿伟已经是单位的中层管理者，有时在单位进行培训学习，有时在北京做展览，有时又到上海安装机械。他熟悉本单位的产品，也了解相关企业的产品性能，他说："上大学时专业基础知识扎实，学习新知识就会显得容易。"

由此可见，对于将来打算从事本专业工作的同学来说，学好本专业的知识是安身立命之本。如果你连本专业的知识都没学好，是很难在这个专业领域获得职业发展的。对于那些未来可能不会从事本专业工作的同学来说，学好本专业的知识也同样重要，因为学习某个专业，其本质是掌握某个学科的基本知识结构。大学开设专业课程，就是为了帮助学生迅速掌握该学科的基本知识结构，这是最系统最有效的一种方法。同学们就算以后不从事该专业的相关工作，只要认真学习了专业课程，就会获得系统掌握某类学科知识结构的能力。这样一种能力，是一种可转化技能。也就是说，我们可以用此技能，有效地学习其他专业的知识。这也是为什么不少职场精英，在不同的专业领域都能获得成功的重要原因。因此，不管将来我们是否从事本专业的工作，学好专业课知识，都是非常有必要的。

那么，学科专业知识的具体内涵是什么？可以从胜任未来工程工作和解决复杂工程问题的角度理解：首先，这些知识能够用来表述具体的复杂工程问题；其次，能够针对具体的复杂工程问题建立数学模型并求解；再次，能够用这些知识和数学模型分析、解释复杂工程问题；最后，能够形成用于复杂工程问题的解决方案。

以北京交通大学本科生20级工程管理专业培养方案为例，学生要学习的学科专业知识有自然科学基础知识、经济管理专业基础知识和专业知识。

其中，在自然科学基础知识方面，学生应具备合理的数学、自然科学和计算机知识结构，能够将数学、计算机知识和技能用于分析、解决复杂经济管理问题；在经济管理专业基础知识方面,学生应具备合理的经济管理专业基础知识,并能够用于分析经济管理问题;在专业知识方面,学生应具备合理的工程管理专业知识结构,掌握工程管理专业基本方法与工具,能够从事工程管理运作、应用研究与管理工作。

(三)学科专业知识如何提升

如何提升学科专业知识?主要从以下四个方面考虑。

1. 不断学习,与时俱进,丰富自己的专业知识

新时代赋予新任务,新任务须有新作为。大学生要不断丰富专业知识、锤炼专业作风、培育专业精神,不断增强适应新时代发展要求的专业化能力,成为又博又专、底蕴深厚的复合型人才。不断积累专业知识很重要,大家在不同的岗位,会面对不同的情况和问题,要坚持干什么学什么、缺什么补什么,持续更新专业知识、掌握专业方法,不断健全基本知识体系、改善知识结构、提升综合素养。我们已经进入了终身学习的时代,从长远来讲,大学生要树立终身求知、终身学习的理念。在大学阶段,同学们要学习和掌握专业知识,同时要为今后继续学习、终身学习奠定良好基础。

工程师,除了为工作的现实需要而学习,还要善于为未来的发展和职业的晋升而规划自己的学习。

小蒋刚毕业时在一家企业做生产制程工程师,有时会和研发部的工程师一起交流,一些技术的决定由设计工程师做,于是,他决定要成为一名设计工程师。要成为一名结构设计工程师,首先要学会软件工具,他去买了一本 Pro-e 的书。遗憾的是当时他并没有电脑,纯理论的学习,学得非常辛苦,即便如此,他依然觉得日子很充实,因为关键是自己的那种学习精神非常可贵,那种对自己的规划,然后行动起来,这种不断学习的行动力对他来说很重要。

产业有周期,企业有生命周期,新科技不断发展,这要求学生要保持一颗谦虚和敏锐的心。从小蒋的视角来看,他看到了产业转移和工具的革命,比如说画图从手绘到 CAD,特别是 3D,许多机械工程师适应不过来,还有模拟电路到数字电路的革命,也是许多电子工程师一下子适应不过来,如果不注意与时俱进,就会非常被动。小蒋也见过有一些原本资深的工程师,因为他们的知识技能跟不上社会的新需求而不得不去从事其他工作。

学习是最重要的工作,它就是我们的核心竞争力,是我们永远不能委托的事情。它是长期绩效和成功的核心驱动力之一。

2. 找准专业书籍,点对点强化,提高自己的动手实践能力

在当今飞速发展的信息时代,谁掌握了最新信息,谁就掌握了主动性。这是因为信息已经成为推动世界经济高速发展的新的原动力,它已经广泛渗透到各个领域,成为继物资、能源之后的"第三级资源",因此专业知识的查找能力也至关重要。

在实践方面，不管是在哪个领域，都需要勤动手多实践，尤其是不同的工作项目，每次处理完之后，都要进行总结，从中总结共性、个性和方法，不断增加自己在这个领域内的经验值。作为一名高校大学生，可以通过参加实习来培养与提升自身的素质和能力。通过参与专业实习项目，学生们能够接触许多新的事物，学习到新的知识，开阔自己的视野，扩展自己的见闻。实习期间，不仅能够积累新的知识，还能进一步重温和掌握在学校已经学到的专业知识，巩固专业基础知识。经过重复性的学习，对知识的掌握会更加深刻。

工科背景的大学生小王在暑期实习中参与了数控机床实训。在实习过程中，他学了很多专业知识：现代机械制造工业的生产方式和工艺过程，工程材料主要成形方法，主要机械加工方法及其所用主要设备的工作原理和典型结构，工夹量具的使用以及安全操作技术和新工艺、新技术、新设备在机械制造中的应用等。

小王说，就业单位不会像老师那样细致入微地把要做的工作告诉他们，更多的是需要他们自己去观察、学习。不具备这项能力就难以胜任未来的挑战。

小王回忆实习中面临的种种挑战，他说："这次实习，让我明白做事要认真小心细致，不得有半点马虎。同时也培养了我坚强不屈的本质，不到最后一秒决不放弃的毅力……随着科学的迅猛发展，新技术的广泛应用，会有很多领域是我未曾接触过的，只有敢于去尝试才能有所突破、有所创新！"

3. 更新观念，转变方式，用新颖的理念去学习

创新学习是一种以求真务实为基础，采取创造性方法，积极追求创造性成果的学习。在学习过程中，不仅要善于组合、加工、消化已有知识，而且要力求有所发现、有所发明、有所创造。要破除迷信、解放思想，勇敢地追求真理，掌握客观事物的发展规律，养成科学的创造性思维的习惯，为将来的工作打下良好的基础。

电信专业的小程同学即将升入大三，对在校学习的体验她有了几分思考，问其在大学学到的最重要的东西是什么，她毫不犹豫回答："是创新！"

问起缘由，她打开了话匣子："大一的时候，我在写实验报告时往往都是对于现有的实验思路照猫画虎，照搬照用，没有自己的批判性思考。这样虽然完成了课堂任务，但回想起来又好像什么都没有学到，这让我感到很迷茫……大二以后，我开始以批判性思维看待已有的实验报告，由此我发现了许多好奇的问题，带着这些问题，我一步步探索，不仅收获了成就感，还加深了我对电信知识的理解！"

小程接着说："这个难忘的教训，也让我把创新思维运用到创新创业比赛中，并真正感受到了比赛对于学习的意义。创新，真的很重要。"

就大学生而言，坚持创新实践，就应该紧密结合专业学习和业余文化活动，从丰富学习内容、改进学习方法、提高学习效率、锻炼综合素质、增强创造能力、推出创新成果等方面做起，努力成为对国家和社会有贡献的创新型人才。只要大家有勇气、有能力，用心思

考、留意去做,创新机会便无处不在,创新之举总会有所收获。

4.加强自我反思,提高自己的专业水平

一方面,明确反思方式。一是内省式反思,即通过自我反省的方式来进行反思,可通过反思日记、成长自传等方式完成;二是学习式反思,即通过理论学习或通过与理论对照进行反思;三是交流式反思,即通过与他人交流来进行反思,可用观察交流、专家会诊等方法,积极听取他人的意见和建议。另一方面,明确反思方法,主要推荐自我提问法和行动研究法。在自我提问法中,学生可以这样自我提问:我的学习是有效的吗? 学习过程中是否出现了令自己惊喜的亮点环节,这个亮点环节产生的原因是什么? 哪些方面还可以进一步改进,我从中学会了什么等? 在行动研究法中,学生可以围绕某一问题广泛收集有关文献资料,在此基础上提出假设,制定解决这一问题的行动方案,展开研究活动,并根据研究的实际需要对研究方案作出必要的调整,最后撰写出研究报告。

通过一系列的行动研究,不断反思,学生的专业能力和学习水平必将有很大的提高。提升学科专业知识的方法可参考图3-3。

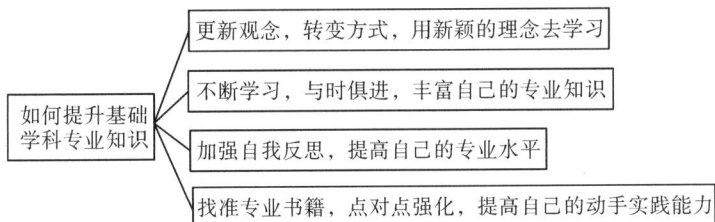

更新观念,转变方式,用新颖的理念去学习

不断学习,与时俱进,丰富自己的专业知识

如何提升基础学科专业知识

加强自我反思,提高自己的专业水平

找准专业书籍,点对点强化,提高自己的动手实践能力

图3-3　提升学科专业知识方法总结

二、如何解决复杂问题

(一)什么是复杂问题

2016年,世界经济论坛发布了"2020年人才市场最看重的10项技能",其中排名第一的是"解决复杂问题"的能力。面对越来越多元的全球化环境,如果没有强大的适应能力和解决问题的能力,终将会被社会所"淘汰"。

什么是复杂问题? 从客观上来讲,复杂问题涉及多个领域、多个层面、多个时段的相互关联因素,具有高度的综合性,其往往是使用常规方法、单一逻辑或浅层思维无法解决的问题。从主观上来讲,复杂问题是指问题的难度超出了你当前可调用的资源、技术和经验范围,超越了你所具备的知识、眼界和能力,你需要付出较高强度的智力努力,如智慧、才华、毅力等,而非简单体力劳动就能解决的问题。

解决复杂问题为什么重要?

工程教育认证标准中提到的"复杂工程问题",英文为complex engineering problems,指的是复杂工程问题,而不是复杂工程的问题。"复杂工程问题"通常具备以下特征。

（1）必须运用深入的工程原理，经过分析才可能得到解决；

（2）涉及多方面技术、工程和其他因素，并可能相互有一定冲突；

（3）需要通过建立合适的抽象模型才能解决，在建模过程中需要体现出创造性；

（4）不是仅靠常用方法就可以完全解决的；

（5）问题中涉及的因素可能没有完全包含在专业工程实践的标准和规范中；

（6）问题相关各方的利益不完全一致；

（7）具有较高的综合性，包含多个相互关联的子问题。

在学习、工作和生活中会经常遇到复杂问题，如果没有解决复杂问题的思路和方法，那么就会影响做事效率，让自己处处受挫，甚至感到痛苦不堪。所以，掌握正确解决复杂问题的思路和方法，对大学生的学习、工作、生活大有裨益。为什么大企业愿意花重金去聘请那些顶尖人才？顶尖人才的贡献往往是最具有革命性的，一个人可以胜过几百人的团队。就像华为愿意花几百万的年薪去聘请天才少年一样，5G的突破是一个跨时代的进步，这说明对复杂问题的突破，在于找到关键性要害。能解决关键性问题的人，才是最具有价值的人才。因此，当遇到难度系数较大、貌似难以完成的艰巨任务时，正确的反应不是抱怨和退缩，而是欣喜和庆幸，庆幸终于有了一个足够复杂的任务，可以突破自我、一展才华。要知道，只有遇到超出当前能力的问题，才能培养起解决复杂问题的能力，突破"眼高手低""高分低能"的困局，心智才能逐步走向成熟和独立，未来才能独当一面、挑起大梁。

（二）解决复杂问题的方法

1. 做到单点突破

面对复杂问题，要从单点突破。20世纪70年代，中国想要恢复经济发展，谈何容易。但邓小平当时对这个复杂问题进行分析后，决定先从交通入手，通过改善全国的交通状况来逐渐恢复经济。因为交通对经济发展的作用至关重要，而中国地大物博，从哪里开始整顿交通最合适呢？

经过仔细分析后，邓小平决定从徐州的铁路入手，因为徐州的地理位置是当时中国最重要的交通枢纽。说干就干，当时他派去了经验最丰富的交通部部长。一段时间后，徐州的交通状况有了极大的改善。在徐州的这一成功经验，也可以用在其他城市中去落地，这就是单点突破的开始。

《邓小平时代》一书中是这样描写的："中共领导人在全国推行新方案时，经常说'由点到线，由线到面'。在徐州实现了重大突破后，邓小平决心把这个在点上取得的整顿经验推向其他铁路枢纽，然后再利用铁路的经验去整顿其他部门。"

这就是"复杂问题单点突破"的极佳典范。经由一个点的突破和成功经验，逐渐解决复杂问题的各个方面。这个规律同样可以用于个人成长和学习方面。比如,学习英语这件事,想要提高英语水平,这件事本身可以看作是一个复杂问题。而把它进行拆解,就可以分成语法、听力、阅读、口语、写作和单词这几个模块。

单点突破就是在一段时间内,把某个模块做到熟练,练到不再是短板,然后再进行下一个模块的训练。否则,总是感觉这块也学不好,那块也学不好,静下心来花一段时间专心把一个模块搞定,然后再进行其他模块学习会更好。

再比如,个人成长这个话题,每个人都想进步,都想变得更好,但是怎么样才能变得更好,这也是一个复杂的问题。完全可以从一件小事做起,从养成一个好习惯开始,进行单点突破。如每天读 30 分钟的书,然后坚持两个星期,再增加到 60 分钟,然后再坚持两个星期,当养成读书的习惯后,想要对输入进行有效的输出,那么可以从每天记录 10 分钟读书心得开始,坚持两个星期。这样依次对输入和输出两个模块进行单点突破,那么时间一长,个人成长也是自然而然的。或者进行每日复盘,一个月内,就把复盘这件事做好,可以是学习复盘,也可以是工作复盘。把复盘这件事作为单点突破的开始,然后再逐渐延伸到其他能力和方面的培养,这也是解决复杂问题的方案。

因此,"复杂问题单点突破"这个方法不仅可以用来管理社会和国家,同样也可以用于个人成长和学习。

关于解决复杂问题的能力,我们进一步从思考层面寻求提升方法。一般情况下,我们可以将问题分为简单问题、局部复杂问题、系统复杂问题,而对应的思考方法是线性推理、结构化思考、系统性思考。

简单问题,我们只需要区分"事实"和"假设"就可以。如今天开会时,领导一直找你的错误。你觉得这就是事实,但其实这只是你的一种假设。事实是开会的时候,领导发现了你工作中的问题,并对你进行了纠正,这才是事实。因此,只有区分清楚事实和假设,才能进行逻辑分析,而逻辑分析是解决复杂问题的基本能力。

2.进行结构化思考

当然遇到更复杂的问题,仅靠逻辑分析是不够的,我们还需要具备结构化思考的能力,运用金字塔的原理,把问题分解成 3~7 个子结论,每个子结论又有 3~7 个论据,以此类推。大问题被分解成小问题的过程,就是结构化思考。

结构化思考是指通过某种结构,将复杂的问题拆解成一个个可以轻松解决的小问题。这就是一个梳理思路的过程,因为其形状像金字塔,故称为"金字塔结构"。

比如"如何将 200 毫升的水,装进 100 毫升的杯子?"

使用结构化思维,就可以从三个方面拆解问题:杯子方面容积不够;水是液态的,会流动;环境方面有重力,水会往下流。

然后针对每个拆解后的小问题,提出解决方案:针对杯子容积不够的问题,可以使用两个杯子,或使用可膨胀的杯子来解决;针对水会流动的问题,可以把水冻成冰块来解决问题;针对环境存在重力的问题,可以在真空环境下解决问题。

由此,就可以形成"问题—问题拆解—解决方案"的金字塔结构。

但是结构化思考在处理全局性的问题时,却往往会忽视要素之间带来的影响。这就需要用系统思考的方法。系统思考的关键是明确系统的目的、要素和关系在不同层次、不同时空尺度下对应的特点,进而寻找解决问题的杠杆解。如物流工程专业有一个经典问题是物流中心的选址,它就是一个系统性的复杂问题,如何做好选址? 市场、交通等方面会对选址带来哪些影响? 这些要素之间会引起怎样的波动? 这些都是需要进行系统性的思考,只有在全面系统分析之后,才能找到应对的有效策略。

在一次课堂上,老师对在座的50位学员说:"今天我们来做一个游戏,大家面前都分别放了一个大小和颜色相同的气球,请大家在气球上用笔写上自己的名字。"

随后工作人员把气球收集起来,放到隔壁房间里。带着大家移步到堆放气球的房间后,老师说:"请大家在5分钟内分别找出写着自己名字的气球。"

学员们便争先恐后地寻找,可是因为人多拥挤,互相碰撞,现场一片混乱。5分钟很快过去了,没有人能在规定时间内找到自己的气球。

老师接着说:"好,下面请大家随便找个气球,然后分别读出名字并递给他。"结果,不到3分钟,大家全都高高兴兴地拿到了自己的气球。

做完游戏后老师问:"为什么刚才5分钟都找不到,现在不到3分钟就全部解决问题了呢?"

学员们争先发言:因为老师的引导、是方法不同、是思维方式不同……

老师说:"都有道理,但首先还是思维方式起作用。其实这背后已用上了系统思维。"老师接着对刚才的游戏进行分析:系统的要素之间、系统与要素之间是具有关联性的。我们可以把这个游戏看成由学员子系统和气球子系统构成的一个系统,那么这两个子系统中的要素之间的关联是一一对应的,采用方法时就要考虑到这一特点;第一次游戏中每个人都仅仅以自己作为一个系统进行思考,而第二次游戏则把整个班作为一个整体的系统进行思考,这是思维的层次性不同;第一次仅仅靠自己单独思考,第二次发挥了与其他人沟通、协作的作用来解决问题,则是开放性思维的体现。

因此,面对复杂问题,需要进行系统性的思考,并在全面系统分析之后找到应对的有效策略。系统性思考意味着我们需要弄清楚问题所处的层次或维度,在不同时空尺度下所展现的特点,每个阶段下关键的要素是什么。

小吴自述,他刚毕业工资很低,为了多赚钱,他不停地加班。虽然他很想去上培训课,或者考证,然后换份工作,但他觉得自己没有时间。可如果辞职了,他又没钱养活自己,也就没钱去学习和考证了。于是,就一直做着现在这份工作,但他也不想就这样下去,不知道该怎么办。

这个问题乍一看似乎是个死局,但如果小吴有系统性思考的习惯,他可能一眼就看出这个系统的结构了,也很快就能找到这个问题发生的根源,并能找到问题的根本解法。

因为现在的工作工资低,所以就只能靠增加工作时长增加收入(O);因为每天工作时间长,所以可用于学习的时间就很少(O);学习的时间少,就没办法读书、考证、换工作,就没办法提升自己的技能与学历(S);没办法提升技能、拿到学历,只能找工资很低的工作(S),然后继续这样。

这个系统显然是一个由增强回路控制的系统。他该如何打破这个死局呢?其实,他可以试着减少现在的工作时长,虽然这会让他的工资变少,但只要能满足他起码的生活,并能够让他读书就行了。然后,他就可以用周末和业余的时间去读书了。这样,等他拿到证书,就有机会打破这个循环了。当然,打破这个循环的过程会非常辛苦,但却值得。

因此,当我们做决策的时候,要进入长线的思考状态,找到关键性的问题,从而发现有效策略。

三、职业道德和规范

(一)违反职业道德和规范的危害

职业道德是所有从业人员在职业活动中应该遵守的基本行为准则,是社会道德的重要组成部分,是社会道德在职业活动中的具体表现,是一种更为具体化、职业化、个性化的社会道德。下面的事故向大家讲述了违反职业道德和规范的危害。

从2003年底到2004年2月,短短的两个月时间,某地连续发生了两起重大人员伤亡事故。

在某地"12·23"井喷事故中,有忽视生产安全不履行监督职责的班组长,有违反操作规程的一线技术工人,还有平时准备不足而在抢救时忙中出错、指挥失当,造成井喷失控,使事故扩大的企业高级管理人员。这起事故造成重大人员伤亡。

某地"2·15"火灾惨剧,竟是因商厦一名工作人员随手扔出的一个没有摁灭的烟头引起。烟头引燃了仓库,结果大火烧死几十人。这名火灾肇事者最后被判刑7年,宣判前,他向记者说:"如果世界上有后悔药,就是用我的命去换,我也干,哪怕因此仅能挽救一个在火灾中丧生的人也值得。"

(二)职业道德和规范的内涵

1.诚信

诚信是一种重要的品质,它能使你具有强大的亲和力,能让别人接纳你。生活中,你诚实正直,势必受到尊敬,拥有好的人缘;学习中,你诚实正直,同学就乐意与你合作,你未来的领导也会垂青于你。

孔子所言"人而无信,不知其可也"及《易经》"人之所助者,信也"讲的就是诚信。一般来说,诚信有两个方面含义。一是指为人处世真诚诚实,尊重事实,实事求是;二是指信守承诺。诚信是社会主义核心价值观在个人层面的一个基本准则。学术诚信，为人正直是学术规范中最重要的内容之一。而诚信作为新工科核心素养之一，既是对社会主义核心价值观的继承与发展，也是学科学术发展的必然要求，这是对当代大学生学术诚信的最根本要求。

我们在试验过程中，应做到详实记录数据，做到有理有据，要有据可查，数据要可重复，保证数据的真实可靠。绝不要修改或者让和谐数据现象发生，修改和和谐数据本身就是学术诚信问题。

我们不能在实习过程中弄虚作假，不可以随便找单位盖个章，就说自己实习了。这是自欺欺人的表现，也是对自己不负责任的表现。

2. 敬业

《韩非子·喻老》指出敬业就是专心致力于学业或工作。敬业就是人们对所从事事业具有高度的事业心、责任感和崇高的荣誉感，就是爱岗、爱厂、守业、乐业的奉献精神。不管何种职业，都需要专心致志、勤奋认真的态度，这种态度就是敬业。从这个意义上讲，敬业就是通过专心于职业而实现自己的人生价值。对学生而言就是爱校、爱学、乐学、善学的精神状态，这种状态就是敬业。在社会主义核心价值观中敬业是公民个人层面的价值准则。敬业也是大学生需要培养的素质，特别是对新工科背景下的工科大学生尤其重要。

针对敬业精神的培养，我们主要从实验室学习和专业实习入手。一是严格遵守实验室规定，积极承担自己在项目中的任务，不向导师瞒报进度。二是工业见习及毕业实习。工业见习及毕业实习是新工科学生工程实践能力培养的重要环节。我们将敬业精神贯穿于工业见习和毕业实习的全过程，和实习导师一起跟班。工作人员什么时间上班，我们就什么时间上班，工作人员上夜班，我们也上夜班，工作人员的工作要求就是我们的实习要求，这样的方式可以锻炼我们爱岗敬业的优良品质，也让我们明白按时上下班就是爱岗敬业，认认真真实习、做好平凡的工作就是爱岗敬业。通过上述两种方式的爱岗敬业的教育，让爱岗敬业精神内化为个人行动。

3. 友善

孟子有云："爱人者，人恒爱之；敬人者，人恒敬之。"强调了尊重、理解他人的重要性。尊重他人，理解他人是成就卓越、获取成功的必备品质。

懂得尊重、理解他人，其实就是尊重、理解自己。懂得尊重，是做人最起码的一种道德要求。做到了尊重和理解他人，则是一种境界、一种美德、一种修养。这是人生必不可少的基本素质，是对他人人格与价值的充分肯定，同时亦是赢得他人对自己尊重的基础。

龚自珍的"万人丛中一握手，使我衣袖三年香"及陈寿的"勿以恶小而为之，勿以善小而不为"无不说明要与人友善。友善被列入社会主义核心价值观，是社会主义价值体系生活化、大众化的重要体现。友善不仅是社会主义核心价值观的重要内容，还是我们做人、做事、成家、立业,以及走上成功的重要法宝。在生活中友善的人总是给人留下良好的印象,一个友善的举动也会让人感到温暖和感动。

尊重、理解他人的首要前提就是换位思考,多从他人角度、他人立场思考及分析问题,这是尊重、理解他人的基础。创新创业大赛是综合性的大赛,要求学生具有综合的工程设计能力,一个人是很难独立完成的,要求团队成员紧密合作、精诚团结、相互信任、相互尊重和理解。在工程中由于分工的原因,我们可能只看到自己作的贡献、自己的努力,总认为自己做的是最多的,自己是最努力的,没有从别人的角度、别人的立场分析及思考问题。如果这样的话,大赛项目就很难完成。因此,我们要学会换位思考,从他人角度、他人立场分析及思考问题,要尊重理解队友。

友善还体现在宿舍文化建设上。宿舍是校园生活中最小的集体,我们要营造和谐、友善的宿舍文化。大学宿舍的舍友大都来自不同地区。在生活、学习上存在很大的差异,因此难免有磕磕碰碰,对事物的看法不一致,会存在一定的矛盾。这就要求我们在处理问题时要本着友善的态度,对待舍友要友善,像对待自己的亲人一样,友情是我们人生的重要宝贵财富。

4. 爱国

要“取义成仁”,不能“趋利忘义”,“君子喻于义,小人喻于利”。这都是工程伦理的范畴。工程伦理是调整工程与技术、工程与社会之间关系的道德规范,对工程师的伦理行为和工程建设起着引导、规范、开拓等重要作用。工程伦理准则包括五个方面:以人为本、关爱生命、安全可靠、关爱自然、公平正义。因此,现代工程要求工程师除了具备专业技术能力外,还要具备在利益冲突、道义与功利矛盾中作出道德选择的能力;除了对工程进行经济价值和技术价值判断外,还必须对工程进行伦理价值判断;除了具备专业技术素养外,还应具备道德素养;除了对雇主负责外,还要对社会公众、环境以及人类未来负责。

邓小平所言:“我是中国人民的儿子,我深情地爱着我的祖国和人民。”及华罗庚“锦城虽乐,不如回故乡;乐园虽好,非久留之地。归去来兮。”无不表现出高尚的爱国情操。爱国是公民必有的道德情操,是中华民族最重要的传统,也是社会主义核心价值观最主要的部分。爱国是各族人民重要的精神支柱,体现了人们对自己祖国的深厚感情,反映了个人与祖国的依存关系,是人们对自己故土家园、民族和文化的归属感、认同感、尊严感及荣誉感的统一。

我们不能做有悖于道德观念及法律法规观念的事。如豆腐渣工程,这些都是违背工程伦理道德的,甚至是触犯了我国的法律。我们在面对关乎工程质量、工程水准等方面的问题时,要服务大局,从工程长远利益着眼,严把工程质量关。同时,我们在科技开发过程中,还要注意技术开发细节、技术文件及技术规范的涉外保密工作。特别是涉及国家利器、国之重器、国家核心利益技术时,更应该履行好新时代大学生应有的职责。我们要牢记,在学习专业知识的时候,更应该明确我们所学知识及技术的服务对象是中国人民。专注服务对象就是爱国主义的表现,只有通过我们的砥砺前行、艰苦奋斗,我们才能有更好的能力去服务我们的国家、服务我们的民族。

如何提升职业道德和规范?首先,树立正确的人生观是提升职业道德修养的前提;其次,职业道德修养要从培养自己良好的行为习惯着手;最后,要学习先进人物的优秀品质,不断激励自己。职业道德修养是从业人员形成良好的职业道德品质的基础和内在因素,只知道什么是职业道德规范而不提升职业道德修养,是不可能形成良好职业道德品质的。

提升职业道德修养的方法多种多样,除上述方法外,还有以下几种:学习职业道德规范、掌握职业道德知识;努力学习现代科学文化知识和专业技能,提高文化素养;经常进行自我反思,增强自律性;提高精神境界,努力做到"慎独"。

▶ 第二节 综合能力的修炼

工程项目的研发和实施通常涉及不同学科领域的知识和人员,因此我们除了锻炼好自己的专业技能外,还需要具备在多学科背景的团队中工作的能力。例如人与人之间如何进行有效交往与沟通,以及团队的协作与领导等,都是体现综合素质的重要方面。此外,面对日新月异的市场更新迭代,作为一名工科人才,还应当培养自己终身学习的能力,从而应对市场的变化,以提高自身的可持续发展性,顺应时代对新工科人才的需求。

一、沟通能力

(一)人际相处的"润滑油"

所谓沟通能力,是指一个人与外界交流信息的能力。美国石油大王洛克菲勒曾说:"假如人际沟通能力也是同糖或者咖啡一样的商品的话,我愿意付出比太阳底下任何东西都珍贵的价格来购买这种能力。"可见,沟通能力有多么重要!

沟通是人与人之间的思想交流,也是传情达意的重要过程,看起来似乎很简单,其实有很深的学问。如果你在沟通过程中不能正确有效地传递信息,不仅无法达到沟通的最初目的,还可能给彼此的交往带来负面影响。相反,如果我们具有出色的沟通能力,就可以在生活中化解各种矛盾,维护家人、朋友之间的良好关系,还能在工作中最大限度地运用自己的工作经验、专业知识,发挥个人能力,并因自身具备的沟通能力,迅速给他人留下深刻的印象。沟通能力虽然如此重要,但在实际生活中我们发现,并不是每个人都知道怎样跟别人沟通才有效,也就是说,很多人并不具备这种能力。我们可以从下面这则故事感受不同沟通方式带来的影响。

　　小明、小张和小美被分到一组做课程设计,小张是组长,小明分到的任务是数据处理。可是小明之前没有学过这个软件,于是小明对小张说:"这个软件我根本不会用,你为什么分这么难的任务给我?"在小张面露尴尬之时,同桌的小美提出:"不如我们一起来研究一下这个软件吧,就当补充课外知识了。"小明和小张听了觉得有道理,决定一起学习,攻克难关。一场风波就这样轻而易举地被化解了。

　　其实我们仔细想一下就会发现,这两位同学要传达的信息是一样的,都是想表达这个任务有困难,但很显然,后一位同学更会沟通,既准确地传达了自己想表达的内容,又很好地照顾了其他同学的情绪和感受,也让别人更愿意接受。从中我们也可以看出,沟通是一门艺术,在与他人沟通时,语言表达能力和表达技巧显得尤为重要。具备良好、高效的沟通能力,不论是对我们的工作还是社交,都有非常重要的意义。一个人要在社会上立足,依靠的是综合能力,包括智力、毅力、才学、机会等不同因素。但同时我们也看到,在信息传递、互动瞬息万变的今天,即使你有真才实学,如果没有高效的沟通能力,你也很难遇到"伯乐",社会竞争力自然也不如那些会沟通的人。

　　在樊登读书团队,樊登经常鼓励各部门之间要保持积极的沟通,增进信息共享,以便每个部门中的每个人都吸取到不同的经验。他也会积极听取员工的意见和建议,并给予他们充足的机会,让他们发挥自己的聪明才智和积极性。这样既增加了彼此间的了解,还提升了员工的个人能力,如果有一天他们走上其他的工作岗位,良好的沟通能力也能让他们在竞争中脱颖而出。

　　沟通能力是加速事业成功的关键。不论是细致的洞悉力、持久的坚持力,还是良好的团队凝聚力,都能快速缩短我们与成功之间的距离,而高效的沟通能力更是促成事业成功的重要因素之一。绝大多数在行业中取得成功的人,都是依靠自己与众不同的交际和沟通能力获得上级的认可与信任,得到下属的支持与尊敬。所以沟通大师卡耐基说:"现在的成功人士,有80%以上是靠沟通力打天下的。"

　　在现代快节奏的职场中,是否能说,是否会说,是否具有出色的沟通能力,将决定一个人在工作中的成功和失败。我们细心观察一下就能发现,那些被认为工作能力强的人,在与人交流时都能做到思路清晰、表达具体,并能准确地关注到对方的需求,这无形中为沟通的成功打下了基础。沟通是人际关系的润滑剂,是人际关系的基础,借助沟通,人与人之间可以交换信息、相互了解并建立彼此信任的关系。有效的沟通之所以对社交很重要,就在于沟通能打开社交中双方的心扉,并能化干戈为玉帛,协调人与人之间的关系。沟通本身就是学习的过程,每个人的思维角度、处世方法等都不同,面对不同的人,我们也要采取不同的沟通方式。很多时候,运用我们惯用的思维方式并不一定能全面地分析和解决问题,此时多与他人交流,集思广益,才有可能消除误会,增进了解,改善关系。如果缺乏必要的沟通,就可能会产生更多的矛盾,影响人际关系。

(二)改变沟通的方式

人们常说,"世界上有两件事最难:一件是把别人的钱放在自己口袋中,另一件是把自己的思想放入别人的脑袋中。"这两件事都离不开良好的沟通。在生活中,每个人都有自己的沟通习惯、风格或偏好,我们很难改变别人的沟通习惯。但为了让沟通更顺畅,我们可以适当改变自己的沟通方式,尝试用不同的方式与他人沟通,这样沟通才会更高效。

著名职业经理人唐骏在担任微软中国区总裁时,曾与比尔·盖茨进行了一次关于行程安排的沟通。有一次,比尔·盖茨要来中国,想把行程安排在2月,但这时刚好赶上中国的春节,大家都放假了,所以唐骏就与比尔·盖茨的秘书沟通,希望能把行程修改一下。但秘书告诉唐骏,比尔·盖茨先生的行程提前一年就安排好了,不能修改。虽然唐骏努力向秘书解释理由,秘书仍然坚持无法修改。最后,唐骏只好与比尔·盖茨直接通电话,而比尔·盖茨的说法与秘书一样:"行程一年前就安排好了,改不了。"唐骏忽然急中生智,对比尔·盖茨说:"是的,我知道您的行程是一年前就安排好的,但您知道吗? 我们的春节是五千年前就安排好了的。"最终,比尔·盖茨只好在"五千年前就安排好了的春节"的压力下,改变了自己的行程。

在这个案例中,唐骏没有说一堆大道理,而是准确地找到沟通的切入点,巧妙地说明了春节在中国人心中的重要性,从而顺利地让比尔·盖茨改变了行程。这就是一种良好、有效的沟通方式。但同时我们也看到,在每天的工作和生活中,总有些不那么和谐的沟通,比如否定式沟通:不管你说什么,对方都会否定你,"不是""不对""你这是错的";打断式沟通:你的话还没说完,对方就打断你,开始表达自己的观点,"我觉得""我的想法是这样的";追问式沟通:你报了哪几门考试? 考了多少分?

类似以上的沟通方式,很容易导致沟通效果不佳或陷入僵局。事实上,真正好的沟通的关键在于怎样在对方面前恰当地表达自己。有人可能觉得这很容易,"不就是把自己要说的话说清楚吗?"这只是其中的一方面,要知道,沟通是双向的,你不仅要把自己想说的话表达清楚,还要时刻关注对方的情绪和反应,并能够接收到对方反应中的有效信息,继而做出更加合适、有效的反馈。但是,很多时候我们都不能准确地表达自己的感受,而只是一味地说出自己的看法。

比如,晚上10点小美正准备睡觉,舍友突然传来一阵叮叮咣咣的搬东西声,小美忍无可忍,去找舍友沟通,希望她马上停止:"现在都半夜了,你搬东西制造这么大声音,不知道会打扰别人休息吗?""你这么晚搬东西,也不顾别人是不是需要休息,太没公德心了!"很明显,小美对这件事有强烈的感受,但在与对方沟通时,小美却没能表达出自己的真实感受,只是在指责。如果对方是个不讲理的人,他们之间很可能会爆发一场"战争"。那么怎么沟通才有效呢?"你在搬东西吧? 这让我感觉有些吵。""你一定要今晚搬的话,如果能够轻一点儿,我觉得可能更好。"以"我"的角度来与对方沟通,如"我觉得""我感觉"

"我认为"等,不仅能清晰地表达出小美的感受,沟通效果也会更好。

表达时要直接、精确。有些人说话喜欢绕弯子、暗示,要么就说一些模棱两可的话,因为有时"委婉"或"含蓄"被认为是一种美好的品行,但并不建议你在沟通中经常运用这种方式。对方不可能对你说的每一句话都能按你期望的那样去理解,一旦理解错了,就可能导致沟通失败。深夜电台主持人有一种沟通策略,叫作"运用深夜电台主持人般的声音"。深夜电台主持人的声音是什么样的呢? 大家应该都在夜里听过一些电台节目,这类深夜节目的主持人的声音往往都特别温柔、缓慢、深沉,让人听起来感到心安和信任,因此也愿意与他(她)对话。从某个层面上来讲,这种沟通方式之所以有效,是因为我们对他人内心的理解并不是思考出来的,而是对感受瞬间的把握。所以当我们运用这种声音来与对方交流时,就会释放出温暖和可接受的信号,沟通就会很容易进行下去。总而言之,真正好的沟通一定能让沟通双方彼此接收到准确的信息,能理解对方所要表达的真实意图,能接受对方的观点,并使对方采取相应的行动或做出某种改变。

沟通时掌握正确的方法也是非常重要的。沟通能力涉及沟通前的准备、对情绪的把控、对需求的关注,以及表达方式、表达的语音语调、表达的信息等,要有效地掌握这些内容,使之在沟通中充分发挥效用,就必须掌握正确的学习方法。在大多数时候,我们的沟通都是一种暴力沟通,即沟通双方忽视彼此的感受和需要,而将冲突归咎于对方。在这种情况下,沟通就会变成一种指责、命令或强迫,最终成为一种无效沟通。

在一次小组作业里,小美和别的小组的同学交流时,说起了自己工作的烦恼。她说自己的组长一意孤行,完全不听从组员的意见,每次都是把自己的要求往群里一发,让大家照着改,如果提出什么意见就是和他作对,后来自己索性也不再提意见了。

这种沟通方式有效吗? 不能说完全无效,但是完全损害了小组成员的主观能动性,无法发挥集体的智慧,反而会因为缺乏意见的反馈走入歧途。

(三)沟通的原则

沟通一定要掌握正确的方法。所有的关系缺少了沟通,都会成为一个人的"独角戏"。因此,在沟通过程中,我们应当谨记一些原则。

1.真实性原则

沟通的过程就是对有意义的信息进行传递,如果你传递的信息没有意义,哪怕整个沟通的过程很完整,这样的沟通也会因为缺乏实质内容而变成无效沟通,或者说这种沟通只能叫聊天。另外,从经济学角度来说,无效沟通也是对资源的浪费,包括时间、精力、渠道、金钱等,有时还可能产生负效益,即沟通的成本大于产出。所以,要提升沟通能力,就必须确保你的沟通内容是真实而有意义的,沟通内容也应至少对其中一方是有用或有价值的。

2.完整性原则

在沟通中,你传递给对方的信息必须完整无缺,不能让信息被干扰或被曲解,否则就可能导致沟通失败。

3.时效性原则

整个沟通过程必须在沟通发生的有效期内完成,否则沟通就失去了意义。

4.同一性原则

你的沟通对象必须能了解、体验或理解你所发出的信息的真正意义,因为每个人的经历、经验、知识水平都不同,对信息的解读可能也会不同,理解一旦出现偏差,沟通就可能无效。

5.目标性原则

沟通双方都要有明确的目标,目标模糊或不明确,很容易导致沟通失败。

此外,很多人可能觉得,沟通能力是与生俱来的,有的人天生就外向,"嘴巧""能说",有的人天生就内向,"嘴拙",不善于交流。这么说太绝对了,而且会说话也不等于会沟通,因为沟通不是单向的,而是双向的。并且沟通能力也不是一种天生的能力,它是一种经过后天刻意的科学训练就能够掌握的软实力。经过多年培训经验和生活阅历的积累,掌握高效沟通能力的关键在于对问题进行正确的思路转换。比如,当对方的想法与你的想法相左时,要引导对方与你的思路一致,你就要先对对方的想法表示理解、尊重和认可,然后再将自己的想法表达出来,以求寻找共同思考的角度。掌握了沟通技巧,沟通就会变得很容易,而要掌握沟通技巧,就要不断学习和刻意训练。

二、领导力与团队协作

(一)领导力的内涵

一滴水只有放进大海里才永远不会干涸,一个人只有当他把自己的事业和集体的事业融合在一起的时候才能最有力量。

成功的背后离不开出色的领导力和优越的团队合作能力。《华盛顿协议》对工科学生的合作学习能力做出了明确要求:合作学习对学生能力和素质培养的作用有学科专业和社会学两方面,并规定了八种解决复杂工程问题所必需具备的能力和素质,这些能力和素质均能够在一定程度上通过合作学习方式得到培养和提升,这是显而易见和形成共识的。合作学习对成员分工合作及轮流担任不同角色的要求,在学生社会能力的培养和提高上具有显著的贡献,这是研究性学习区别于传统学习方式的优势之一。学生社会能力概括为人际交往能力、组织管理能力、团队合作能力等方面,从广义领导学的角度而言,这些能力可以统称为领导力。

领导力是指一系列行为的组合,这些行为将会激励人们跟随领导去要去的地方,不是简单服从,其在很多领域都有着极大的作用。根据领导力的定义,我们会看到它存在于我们周围,在管理层、在课堂、在球场、在政府、在军队、在上市跨国公司、在小公司直到一个小家庭,我们可以在各个层次、各个领域看到领导力,它是我们做好每一件事的核心。

小李参加了金融科技大赛，由四名成员组成一队，他自荐担任队长。在了解项目比赛要求后，主动给小队成员分配各自需要完成的任务，并且通过小组会议，给每位成员确认会议流程，交流各自的想法，讨论如何做好分工合作，保证比赛不出差错。

与此同时，还询问他们愿意在团队中担任的角色。这样做有利于在遇到困难时及时纠正，才会更有效率，才能取得优异的结果。提出团队目标后，积极努力训练比赛内容，要求成员当日任务当日完成。最终，通过四个人的团结合作，团队取得了全国三等奖，并且得到了老师的表扬。一直秉承着竭尽全力的态度，以身作则去完成每一件事情，一定会有意想不到的结果。

功以才成，业由才广，领导的才能是领导团队取得成功的关键因素。要成为一个合格的领导者，必须具备下面几个方面的领导力。

（1）对应于群体或组织的目标和战略制定能力（前瞻力）；

（2）对应于或来源于被领导者的能力，包括吸引被领导者的能力（感召力）

（3）影响被领导者和情境的能力（影响力）；

（4）对应于群体或组织目标实现过程的能力，主要包括正确而果断决策的能力（决断力）；

（5）控制目标实现过程的能力（控制力）。

具备并提升上面这五种领导力对领导者而言非常重要，但这些领导能力并不处于同一层面。在五种领导力中，感召力是最本色的，一个人如果没有坚定的信念、崇高的使命感、令人肃然起敬的道德修养、充沛的激情、宽厚的知识面、超人的能力和独特的个人形象，他就只能成为一个管理者而不能修炼为一个领导者，因此，感召力是处于顶层的领导力。但是，一个领导者不能仅仅追求自己成为"完人"，领导者的天职是带领群体或组织实现其使命，要求领导者能够看清组织的发展方向和路径，并能够通过影响被领导者实现团队的目标，就此而言，前瞻力和影响力是感召力的延伸或发展，是处于中间层面的领导能力。领导者不能仅仅指明方向就万事大吉，在实现目标的过程中随时都会出现新的意想不到的危机和挑战，这就要求领导者具备超强的决断力和控制力，在重大危急关头能够果断决策、控制局面、力挽狂澜，也就是说，作为前瞻力和影响力的延伸和发展，决断力和控制力是处于实施层面的领导力。

（二）横向领导力

罗杰·费希尔和艾伦·夏普在《横向领导力》中提出了培养横向领导力的三个基本步骤和五个策略，具体介绍如下。

1.培养横向领导力的三个基本步骤

（1）提升个人技能。

影响和改变他人是一件不容易的事情，但我们自己的行为是能够控制和改变的。

我们希望团队中的其他人能够作出更大的贡献，那么我们自己必须先发挥出更大的能量，更通俗地来讲就是我们希望别人做得好，首先自己得做好，我们要先提高个人技能，再去影响他人，这些技能可以提高我们的合作能力，正所谓有了金刚钻才能去揽瓷器活儿。

（2）理解"良好的合作"。

我们知道那些没完没了无结果的会议是"反面教材"，但合作效率很高的团队应该具有怎样的表现呢？这个步骤的关键就是我们要对目标，对"良好的合作"有一个清晰明确的认识，反之，我们就很难走出低效的怪圈。

（3）掌握"参与式"领导方法。

"参与式"领导方法是促使他人给出良好表现的基本技巧，主要是指在工作过程中，采用"提问、作答、行动"的技巧，改进团队的合作方式。

抛出合作过程中遇到的问题，大家一起思考解决方案；说出你的看法，邀请大家接受、运用或修改这些想法；将你的想法付诸行动，作为进一步改进的基础。

2. 培养横向领导力的五个策略

（1）目标整理：把团队拧成一股绳。

列夫·托尔斯泰曾说："要有生活目标，一辈子的目标，一段时期的目标，一个阶段的目标，一年的目标，一个月的目标，一个星期目标，一天的目标，一个小时的目标，一分钟的目标。"

不论是企业还是个人，都需要有一个明确的目标。企业有使命、愿景、价值观，个人在工作上常常会认为目标是别人给予的，领导让你做什么，怎么做，你就当成是自己的目标。不要只是被动地反应，要主动向前看。领导给你分配任务，这是过去的原因，你应该展望未来，为自己制定一个目标，比如你想在这个项目中得到什么呢？你想学到什么分析方法？你想获得什么技能？你会从中受益匪浅。

不要做理想化的目标，要做具体可执行的目标，没有可执行的梦想，一切都是空谈。把笼统的目标变成实实在在的目标，距离成功就又近了一步。

（2）思考整理：迅速找到解决问题的方法。

当我们有了清晰的目标后，还会遇到无法解决的难题，在这种情况下，就要有条理地思考原因，寻找解决方案。《横向领导力》一书中介绍了一种系统思维框架法，即思考四象限饼图（见图3-4），上半部分是关于原因和总体方法的概念性思考，下半部分是关于实际问题的思考，左边是关于过去的思考，右边是关于未来的思考，可以利用饼图来组织思维，制订出扎实的计划来解决问题。

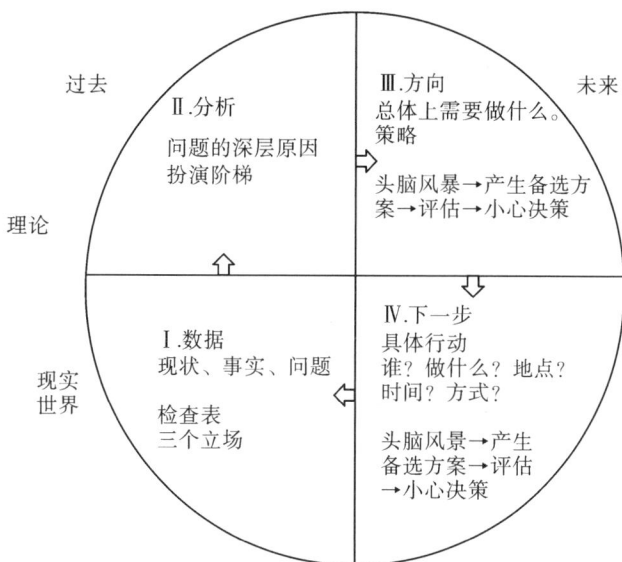

图 3-4　思考四象限饼图

（3）计划修正：不断修正计划，使其趋于正确完美。

计划赶不上变化，计划永远不可能达到完美的状态，人们最容易陷入两种误区中：一是一定要等到计划雕琢完美才开始行动；二是一旦开始行动就不再考虑如何改善工作方式。计划修正就是要将思考与行动相结合并且要及时总结，按照准备—行动—总结—准备的顺序工作，每次总结之后，产生新的信息，再投入新的工作中，制订新的计划并付诸实践，不断重复这个循环，会发挥出更大的力量。

（4）激励管理：让团队成员保持专注。

带薪摸鱼、会议中开小差……必须承认的一点是，在很多情况下，我们没有把精力充分投入工作中。理想完美的状态是：团队中每个人都能充分发挥自己的潜力，大家都能认识到自己工作的重要性，每个人都力争把工作做好。如何向理想目标趋近呢？尽量提供具有隐性价值的工作（尊重、自主性、影响），为每个人提供发表意见的机会，大家共同承担工作的责任等。

（5）反馈艺术：不断提升团队工作效率。

我们能发现别人身上的问题，却对自己身上的问题视而不见，这时候如果别人能提出反馈，这对我们的帮助是比较大的。如果团队成员都能实现有效的反馈，大家相互支持、相互指导，工作效率会得到极大的提高。反馈是有技巧的，本来出发点是好的，结果没反馈好，被曲解成指手画脚，这样就不妙了。常见的反馈技巧有以下三种。

技巧 1：将你的感激表达出来，不要吝啬说谢谢，一句"谢谢你，辛苦啦"，就可以提高他们的工作效率，让他们更容易接受你的建议。

技巧 2：先对有效的工作方法给予肯定，再提出待改进的地方。我们往往忽视正常的工作表现,而一旦出现问题,就开始格外关注。

技巧3:采用对话的形式交流。横向领导力最重要的支点就是沟通力,当你给别人提出意见时,你也是存在缺陷和偏见的,你的想法也并不完美。不妨在给别人提建议时,问问对方如何看待自己的表现。"我想向你提出一些建议,在此之前,我想听听你对于改善自身表现有着怎样的看法。"

(三)良好的团队合作

领导力的发挥离不开团队的紧密合作,一个合作良好的团队有哪些特点,我们可以结合下面的例子来看。

竹子的第一大特点是群生。人们看到的往往是一片竹林,而不是孤零零的一棵竹子。对一棵竹子而言,它面对的只有死亡。这说明团队成员之间,只有大家抱团才能生存和发展下去,否则,这个团队只有死亡。

竹子的第二大特点是虚心。所有的竹子都是中空的,都是能容得下其他人的,都是能向其他团队成员虚心学习的。

竹子的第三大特点是一节一节生长。竹子生长一段,就接一个箍,再生长一段,再接一个箍。这说明,竹子是会总结和反思的。所以,对团队成员来讲,也要学会总结和反思,才能不断地成长和发展。

那么如何培养自己在团队中的协作能力呢?主要有以下几个方面。

1.相互平等,相互尊重

当每一个团队成员都处于相同的起跑线上时,他们之间就不会产生距离感,他们在合作时就会形成更加默契、紧密的关系,从而使团队效益达到最大化。在团队中没有高低之分、地位之差和资历之别,尊重是团队成员在交往时的一种平等的态度。平等待人、有礼有节,既尊重他人,又尽量保持自我个性,这才是团队合作能力。团队中的每一个人都在不同的成长、生活、工作环境中逐渐形成与他人不同的个性、性格,但他们每一个人也同样都有渴望被尊重的需求,而与其资历深浅、能力强弱无关。尊重意味着尊重他人的态度和意见、尊重他人的权利和义务、尊重他人的成就和发展。尊重还意味着不要求别人做你自己不愿意做或没有做过的事情。只有团队中的每一个成员都尊重彼此的意见和观点、尊重彼此的技术和能力、尊重彼此对团队的贡献,这个团队中的成员才会赢得最大的成功。尊重能为一个团队营造出和谐融洽的气氛,使团队资源形成最大程度的共享。

2.相互欣赏,相互包容

三人行,必有我师。每一个人的身上都会有闪光点,都值得我们去挖掘并学习。要想成功地融入团队之中,需要善于发现每个工作伙伴的优点。适度的谦虚并不会让你失去自信,只会让你正视自己的短处,看到他人的长处,从而不断完善自己。每个人都可能会觉得自己在某个方面比其他人强,但你更应该将自己的注意力放在他人的强项上,因为团队中的任何一位成员,都可能是某个领域的专家。团队的效率在于每个成员配合的默契,而这种默契来自团队成员的互相欣赏和熟悉——欣赏长处、熟悉短处,从而扬长避短。包容是团队合作中最好的润滑剂,它能消除分歧和战争,使团队成员能够互敬互重、彼此包容、和谐相处,从而安心工作,体会到合作的快乐。团队成员间的相互宽容是指容纳各自的差异性和独特性,以及适当程度的包容,但并不是指无限制地纵容,一个成功的团队,只允许包容存在,不能让纵容有机可乘。

3.要敢于沟通、勤于沟通、善于沟通

从古至今,我们一直将"少说话,多做事""沉默是金"奉为瑰宝,认为埋头苦干是事业走向辉煌的制胜法宝,忽略了一个人身在团队之中,良好的沟通也是一种必备的能力。作为团队,成员间的沟通能力是保持团队有效沟通和旺盛生命力的必要条件;作为个体,要想在团队中获得成功,沟通是最基本的要求。沟通是团队成员获得职位、有效管理、工作成功、事业有成的必备技能之一。持续沟通是使团队成员能够更好地发扬团队精神的最重要的能力。

4.团队利益高于个体利益

皮之不存,毛将焉附。团队精神不反对个性张扬,但个性必须与团队的行动一致,要有整体意识、全局观念,要考虑整个团队的需要,并不遗余力地为整个团队的目标而共同努力。只有当团队成员自觉思考团队的整体利益时,才会在遇到难题时以团队利益最大化为根本,义无反顾地去做。在团队之中,一个人与整个团队相比是渺小的,太过计较个人得失的人,永远不会真正融入团队之中。强调团队合作并不意味着否认个人智慧、个人价值,个人的聪明才智只有与团队的共同目标一致时,其价值才能得到最大化体现。我们要树立团队合作的意识,从小事做起,不断加强团队合作能力。

三、要坚持终身学习

(一)终身学习是时代的要求

新时代赋予新任务,新任务须有新作为。大学生要不断丰富专业知识、锤炼专业作风、培育专业精神,不断增强适应新时代发展要求的专业化能力,成为又博又专、底蕴深厚的复合型人才。不断积累专业知识很重要,大家在不同的岗位,会面对不同的情况和问题,要坚持干什么学什么、缺什么补什么,持续更新专业知识、掌握专业方法,不断健全基本知识体系、改善知识结构、提升综合素养。我们已经进入终身学习的时代,从长远来讲,大学生要树立终身求知、终身学习的理念。在大学阶段,同学们要学习和掌握专业知识,同时要为今后继续学习、终身学习奠定良好基础。

师旷是我国古代著名的音乐家。一天,师旷正为晋平公演奏,忽然听到晋平公叹气地说:"有很多东西我还不知道,可我现在已 70 多岁,再想学也太迟了吧!"师旷笑着答道:"那您就赶紧点蜡烛啊。"晋平公有些不高兴:"你这话什么意思? 求知与点蜡烛有什么关系? 答非所问! 你不是故意在戏弄我吧?"师旷赶紧解释:"我怎敢戏弄大王您啊! 只是我听人说,年少时学习,就像走在朝阳下;壮年时学习,犹如在正午的阳光下行走;老年时学习,那便是在夜间点起蜡烛小心前行。烛光虽然微弱,比不上阳光,但总比摸黑强吧。"晋平公听了,点头称是。

知无涯,生有涯,活到老学到老。自人类诞生之日起,学习就成为整个人类及每一个个体的一项基本活动。从幼年、少年、青年、中年直至老年,学习将伴随人的整个生活历程并影响人一生的发展。古人说:"书山有路勤为径,学海无涯苦作舟。"人要想不断地进步,就得活到老学到老。先贤庄子曾说:"吾生也有涯,而知也无涯",何况现代社会的知识寿命大为缩短,如果不再学习更新,马上就进入所谓的"知识半衰期"。据统计,当今世界 90% 的知识是近三十年产生的,知识半衰期只有五至七年。而且,人的能力就像电池一样,会随着时间和使用而逐渐流失。因此,人们的知识需要不断"加油""充电"。世界在飞速发展,知识更新的速度日益加快,人们要适应变化的世界,就必须努力做到活到老学到老,要有终身学习的态度。

李嘉诚每天晚上看书学习,这个好习惯已坚持了几十年。更有人认为,只是"活到老学到老"还远远不够,比尔·盖茨曾说,在 21 世纪,人们比的不是学习,而是学习的速度。

未来社会的竞争,必将会是学习能力的竞争。我们每个人都应该树立终身学习的理念,并做到在学习中工作,在工作中学习,真正实现自我完善、自我超越。

随着社会加速发展,科技知识和工程知识更新升级速度不断加快,工程师应及时更新、补充新知识,否则其知识结构很快会老化。工程师的知识结构是一个动态发展的结构,必须随着科学技术的发展和时代的变迁及时作出调整。这要求同学们应坚持发展的观点、辩证的思维,着力提升自己的随机应变和可持续发展的能力。出于对未来不确定性因素增多的考量,同学们不能只局限在相关的专业知识,更应学会搭建知识学习和拓展的平台,掌握自主学习和终身学习的方法,能够与时俱进地根据需要及时更新知识,不断完善自身的知识结构。

孔子曰:"吾十有五而志于学,三十而立,四十而不惑,五十而知天命,六十而耳顺,七十而从心所欲,不逾矩。"孔子这句话自述了他学习和修养的过程,这是孔子对终身教育的实践,十五岁立志于学习,三十岁能够自立,四十岁能不被外界事物所迷惑,五十岁懂得了天命,六十岁能正确对待各种言论,不觉得不顺,七十岁能随心所欲而不越出规矩。

(二)终身学习的内涵

终身学习是 20 世纪国际社会影响最大、最具有革命性的教育思潮。虽然在古代中国、古希腊、古罗马就已经出现终身学习思想的萌芽,在 20 世纪初也有学者提出一些朴素的终身学习思想,但是终身学习作为一种思潮则是 20 世纪 60 年代以后。1965 年,法国教育家朗格朗在联合国教科文组织召开的"第三届促进成人教育国际委员会"会议上,作了题为"终身教育"的报告,被视为终身学习思潮的奠基者,终身教育也逐渐成为一种广泛传播的教育思潮。从纵向上讲,终身教育包括一个人从生到死各个阶段的教育;从横向上讲,终身教育包括教育的各种形式、各个方面和各项内容。

终身学习最大的特点就是终身性,它突破了正规学校的框架,把教育看成是个人一生中连续不断的学习过程,是人们在一生中所受到的各种培养的总和,实现了从学前期到老年期的整个教育过程的统一,既包括正规教育,又包括非正规教育,它包括了教育体系的各个阶段和各种形式。终身学习的另一个特点是广泛性。终身学习既包括家庭教育、学校教育,也包括社会教育。它包括人的各个阶段,是一切时间、一切地点、一切场合和一切方面的教育。终身学习扩大了学习天地,为整个教育事业注入了新的活力。现代的终身学习还具有灵活性特点,表现在任何需要学习的人,可以随时随地接受任何形式的教育。学习的时间、地点、内容、方式均由个人决定,人们可以根据自己的特点和需要选择最适合自己的学习方式。

2020 年 9 月 22 日,习近平总书记在教育文化卫生体育领域专家代表座谈会上的讲话中指出:"要完善全民终身学习推进机制,构建方式更加灵活、资源更加丰富、学习更加便捷的终身学习体系。"习近平总书记的讲话反映了世界教育发展的终身化趋势,也指出了我国构建终身学习体系、打造学习型社会的方向。

终身学习是人类进步的必要条件。回顾大学生活,有的同学认为,进了大学就可以彻底放松,告别"学习",这样的想法是错误的。一个阶段学习的结束,意味着下一阶段更高层次学习的开始,学习的赛道并不会因为某些时间节点而终止,更不应该成为停止学习的借口。

(三)终身学习的实践应用

如何才能做到活到老学到老,养成终身学习的习惯?

1. 要培养自己的成长心态

美国斯坦福大学心理学教授卡罗尔·德维克在做"如何应对失败"的研究时曾做过一个试验。她给一群小学生一些特别难的字谜,然后观察他们的反应。她发现,一些孩子会拒绝面对失败,沮丧地丢开字谜,或假装对字谜不感兴趣;另外一些坦然地承认和接受自己解不出字谜的现实;也有一些孩子兴高采烈地做这些解不开的难题。一个孩子快活地说:"太棒了,我喜欢挑战!"另一个则满头大汗,但难掩愉悦:"猜字谜能让我增长见识!"德维克意识到,这个世界上确实有些人能从失败中汲取动力。他们区别于他人之处在于其持有的信念——"成功和才能,是在挑战中因努力而获得的,并非固定值。"她将这种心态称为"成长型心态"。与之相反,认为"才能是天生具备的一种相对固定的特质"，就是"固定型心态"。

固定型心态的人认为他们的智力水平在出生时就定型了，很难改变，遭遇失败的时候他们也会自我怀疑；而成长型心态的人相信自己的智力可以通过后期努力改变，所以他们愿意更主动地学习，面对失败的时候也会重新调整心态，尝试不同的策略。如对于阅读能力差的人来说，固定型心态的人会觉得自己的阅读能力就这样了，没办法改变、提升了，从而自暴自弃；但成长型心态的人却会主动地去寻找方法练习，从而让自己的阅读能力得到锻炼提升。

德维克说，她在20多年关于儿童和成年人的研究中发现，人们所持有的观念，深深地影响着其生活之路。那些相信智力和个性能够不断发展的人，与认为智力和个性根深蒂固不可变、本性难移的人相比，会有显著不同的结果。所以，要想成为终身学习者，你必须改变自己的心态。

可以参考下列问题，看一看自己处于"成长型心态"，还是"固定型心态"。

• 你相信人的能力是天生的、不可变的，还是可以通过后天的努力而习得或改变？

• 你认为你的个性就这样，很难再改变了，还是相信你的个性是可以发展和改变的，自己有很多不同的可能性？

• 对于你目前不擅长的一项重要技能，认为自己能力不够、不愿意去尝试，还是相信只要你付出努力，就能获得？

• 对于那些在某些方面表现优秀的人，你认为他们大多是生来就具备那些方面的专长，还是认为他们是通过持续的努力练成的？

• 面对你犯的一些错误，你是感到心灰意冷或非常沮丧，认为自己能力不够，还是积极地分析原因，并愿意尝试新的做法去解决这个难题？

• 你认为从他人那里获得建议或反馈很重要，很有意义，还是别人的建议不值得考虑？

• 面对新事物，你是愿意积极尝试，还是感到紧张，认为应该等等看，或者干脆置之不理？

2.要像专家一样刻意练习

专家不是天生的，《刻意练习》一书的作者安德斯·艾利克森指出，想要成为某个领域的专家，平均要在那个领域投入一万个小时，或者十年的练习时间，而其中的佼佼者，把大部分时间都花在"刻意练习"上。也就是说专家级的表现，是来自高质量的刻意练习，而不是遗传因素。

刻意练习不是简单地反复做一件事，它是以目标为导向，有针对性练习，不断超越自己现有的水平。在练习的过程中，练习者要思考如何进步，不断尝试，才能积累大量心智模型经验，知道如何应对复杂情况，一次比一次好。刻意练习能在老师或教练的指导下进行更好，他们可以提供准确的反馈，帮助学习者找到需要提高的环节。有的人已经把学习当作习惯，但是在学习中还是免不了要去刻意练习，刻意练习不是反复去做一件无厘头的事情，而是有针对性练习，从中不断学习，它包含以下四个方面。

（1）要求在短时间内高度集中精力。

进行刻意练习要求全神贯注，不允许分心。学生将这种能力视为最困难的挑战，音乐家和运动员认为，注意力是他们无法"刻意练习"的最大限制因素。

（2）依据明确的标准提供及时反馈。

练习某种技巧所花时间的长短，远没有获得按照标准提出的明确而频繁的反馈重要。快速反馈，特别是与优秀者进行比较之后全力投入，能加速学习过程。

伊丝娜·里德告诉我们，有效率的老师的一个关键行为就是他们安排的教学与测试之间的时间跨度很短。一旦测试变得频繁，它就成为熟悉的事物，就不再是令人畏惧的事，它使人们能看到自己在特定标准下的表现。

（3）将成功分解为一个个小目标。

一直以来，影响力大师都知道设立明确且可实现的目标非常重要。人们声称自己明白这一理念，但实际上很少有人真正将其付诸实践。在关注具体成绩水平时，优秀者设立目标旨在改善行为和过程，而非结果。

班德拉博士指出，要鼓励人们尝试自己惧怕的事物，必须给他们提供快速、积极的反馈，以帮助他们树立信心。要实现这一点，你可以提供明确具体的方法，并为这一方法设定短期、具体、简单且低风险的目标，以使复杂、长期、笼统、高风险的任务变成简单、短期、具体而零风险的任务。

《横向领导力》中举了几个例子，比如篮球运动中，投篮命中率70%以上的与50%以下的人，训练方式完全不同，水平优秀球员关注的是技术性的目标，如"将手肘放在身体两侧"和"出手的角度"。水平差一点的运动员关注的是结果性的目标，如"这次我要连续得十分"。

（4）准备应对挫折，增强抗风险能力。

在学习初期，用婴儿学步的方式保证成功在实现短期目标时很重要，但如果学习者刚开始只有成功的经验，那么失败很容易使他们失去信心。初期的成功会使人们产生错误的观念，以为成功并不需要太多的努力。而一旦遇到问题，他们就会气馁。

要有效处理这个问题，需要付出努力和坚持不懈。因此，练习中应增加需要更多努力和忍性才能完成的任务。随着学习者们完成的任务越来越艰巨，不断从失败中振作，他们发现挫折并不是永远的路障，而是需要继续学习的信号。

3. 扩展知识面，并运用知识，形成正循环

终身学习是一个漫长的过程，学习的时候，不能只盯着自己已经熟悉的领域，可以多去了解一些其他领域，甚至是杂学的知识，这可以把自己思维的范围扩大。世界上很多道理是相通的，如阅读别的领域的东西，往往更能触发我们在自己熟悉领域中的一些不

同做法或是想法,很多人生的进化就是由此展开的。而且,学习后若能把吸收的理论知识用于工作、生活中,则又可以进一步强化新思维,增加理论转为现实的可能性。

若能成为一种习惯,将能让自己的竞争力呈现一种正向的循环:通过阅读得到的知识可以运用在工作生活中;而工作生活中得到的印证又能提升自己的眼界和思维,从而促使进一步阅读学习。反复循环,自己才能不断地变强、才能不断地提高自己的思维能力、才能让自己更好地理解这个世界。

终身学习不仅指专业能力提升,还有道德素养提升。

《菜根谭》中讲道,"德者事业之基",道德素养的修习,是终身学习的根本。在终身学习的过程中,同学们还应该加强修养,与高尚同行,摒弃私心杂念。对于在校的大学生,期末考试季正是反映其道德素养的时机。面对考试,同学们应当积极备考,在考场上充分检验自己的学习成果;若是动歪脑筋窃取他人成果,不仅失去诚信,还失去了自我要求的底线,更失掉了终身学习的动力。中华民族向来崇尚气节,珍惜荣誉,同学们要有见贤思齐的意识,在学习中改进不足,完善自我,不断迈向更高的道德境界。

良好的学习习惯及自我学习能力提升,是终身学习的充分条件。我国是一个人口大国,人才竞争激烈,同学们如果希望得到长远的发展,实现自己的"个人梦",就必须先具备过硬的本领。大学阶段的专业学习,就为同学们提供了宝贵的锻炼本领的平台。"学而不思则罔,思而不学则殆",若想将专业知识融会贯通,同学们不仅需要熟悉书本中的公式与定理,更需要学会归纳总结,建立系统的学习方法,从而实现能力的提升。此外,勤于思考也是学习能力的重要体现。同学们应多关注时事热点,思考个人专业能力与国家发展需求的联系,将"个人梦"和中国梦融合起来,唯有这样,才能贯彻终身学习的目标并持续进步。

时代不会辜负有准备的人,更不会辜负锐意进取、拼搏奋进的人。古语有云,"大学之道,在止于至善",讲的正是要以"至善"为目标,不断学习、充实思想。作为新时代的大学生,我们更应向"至善"努力,向中华民族伟大复兴中国梦的实现而努力。

▶ 第三节 高端人才必备

以经济全球化为主导的信息社会是一个知识综合创新的时代,是一个需要和催生具有知识综合创新品质人才的时代。基础扎实、知识广博,融会贯通地涉猎和掌握多学科领域理论知识,成为国家需要的复合型人才,这已成为时代人才需求的主流,这显示出特有的综合创新优势,越来越多地受到全社会的普遍重视。

成为复合型创新人才,需要具备开放思维、进取精神、交叉融合的认知,以及综合创新品质。

一、开放思维与进取精神

(一)关注国家战略与政策

2021年9月27日至28日,中央人才工作会议在北京召开。这是继中共中央、国务院2010年召开全国人才工作会议之后,在人才工作领域举行的最高规格会议。习近平总书记在会上发表了重要讲话,明确了新时代人才工作的指导思想、战略目标、重点任务、政策举措,也发出了加快建设人才强国的动员令。

众所周知,人既尽其才,则百事俱举;百事举矣,则富强不足谋也。我们通过国家政策的走向了解到,当今社会,哪里有适宜人才生存和成长的生态环境,哪里就能成为人才向往和集聚的中心,哪里的事业就会兴旺发达。快速抢占人才生态圈的一席之地,进入国家发展规划中,与优秀的人同道,才能让自己的视野得到提升。

1. 跟随政策,走入人才"强磁场"

"问渠那得清如许,为有源头活水来。"国家将构建更加积极、更加开放、更加有效的人才政策体系,汇聚八方英才,形成人才竞相来归的生动局面。在人才自由流动的时代,政策支持推动人才横向和纵向流动,我们就要趁此机会让自己达到人岗相适、才尽其用,在大浪淘沙中提升自己。

2. 接触平台,占领人才"新高地"

"栽下梧桐树,引得凤凰来。"国家通过搭建平台吸引人才,而平台的建立将立足当地资源优势和产业基础,以高端化、集约化、特色化为导向,构建现代产业体系。我们要强化"产学研"结合,多去了解"政府主导、企校联办、银行参与"的活动,关注产业创新平台、高校院所平台、科技研发平台和各类企业平台等的建设,这些都将是我们进行自我提升的渠道。参与当地重点项目推进和企业跨越发展中,围绕经济社会发展难题和实际要求,关注新旧动能转换、乡村振兴、脱贫攻坚等事业,不断提高自己的能力水平。

(二)建立国际化新工科视野

新工程的实质是改造自然的造物实践活动,有其内在规律。现代工程体现出的复杂性、长期性,需要工程人才在繁重长期的劳动过程中保持积极向上的健康心态。要通过案例讲解、实践体验等形式,注重培养具有执着向上、坚忍不拔的进取精神,内化为其持续进行工程创新的内在动力。这种精神不仅是一种对事业的执着追求和喜爱,更是一种敢于向最高峰攀登的进取精神、实现价值的强烈创新创业热情及坚忍不拔的意志品质。

各国工程界都在积极行动,推动工程改革创新,以适应新经济、新业态、新模式的需求。我们应该做何反应呢?

要成为新工科人才,必须秉承开放包容理念,让自己充分吸收世界各国的先进理念和成功经验。科学技术是世界性的、时代性的,发展科学技术必须具有全球视野。不拒众流,方为江海。自主创新是开放环境下的创新,绝不能关起门来搞,而是要聚四海之气、借八方之力。要关注国际科技交流合作,在更高起点上推进自主创新,主动融入全球科技创新网络。

我们需要有国际视野,必须以担当国家重任为己任,推动中国新工科成果"走出去",将中国理念、中国标准转化为国际理念、国际标准,在惠及全球各国时,扩大国际影响力,扩大我国在世界高等工程领域的话语权和决策权。

(三)"大国工匠"意识

经过多年的探索,工程教育更加注重"回归工程",麻省理工学院主张:"未来产业界将会更加注重工程人才的学习能力和思维等方面的表现,原来强调的以知识习得与认知能力训练为重心的工程教育将会受到挑战。"因此,新工科人才不仅要掌握基本的工程知识,更重要的是建立起自己的工程思维,在未来工程实践中面临各种未知与复杂问题时能够灵活运用、妥善解决。

53岁的高凤林,是中国航天科技集团公司第一研究院211厂发动机车间班组长,35年来,他几乎都在做着同样一件事,即为火箭焊"心脏"——发动机喷管焊接。有的实验,需要在高温下持续操作,焊件表面温度达几百摄氏度,高凤林却咬牙坚持,双手被烤得鼓起一串串水疱。因为技艺高超,曾有人开出诱人的条件聘请他,高凤林却说:"我们的成果打入太空,这样的民族认可的满足感用金钱买不到。"他用35年的坚守,诠释了一个航天匠人对理想信念的执着追求。

1.自主学习能力

自主学习能力是新工科背景下创新创业型人才的发展之源,具体而言就是打开视野接收开放性信息、平衡不同信息,触摸问题底部、洞悉事物本质,摒弃跟踪模仿和标准答案。

2.科学家精神

科学家精神是在新工科背景下创新创业型人才的信仰追求,其包括敢为人先的首创精神、追求真理的求实精神、潜心研究的奉献精神、团结协作的协同精神等,是新时代创新型人才的精神灯塔。

3.健康的心理品质

健康的心理品质是新工科背景下创新创业型人才的基本保障,主要涉及创新创业自我效能感、压力承受力以及积极进取的乐观心态等,自我个体能力的正确评估及遇挫耐受力是影响创新创业成功与否的重要因素。

4.社会实践能力

社会实践能力是新工科背景下创新创业型人才的动力源泉,是创新性解决问题的基本途径,是独创性思维的积极表现,任何外部的知识、技能、行为等都需要通过人这个主体的"内化"才能再次转化为外显行为,因此积极参加创新创业实践的"内发性"尤为重要。

将自己塑造为完整健全的"人",而非单向的、工具化的"匠"。我们在重视掌握技术和工具的"硬知识"的同时,也要注重自身人格精神全面成长的"软学养"。

要成为一流的大国工匠,需要把科技创造同人类社会重大问题紧紧联系在一起,我们应当立足于人类命运共同体,具备关切环境、关怀生命的责任心。谙悉工程伦理、明晰历史环境、树立高远理想信念和价值观念。

一流的大国工匠,不仅要培育专注技艺、追求卓越之心,更重要的是赋予产品生命和内涵,在技术中融入巧思和灵魂的能力。从这个意义上讲,想象力、审美品位也是不可小视的创造力,不少蜚声世界的科学家、工程技术专家,都曾得益于文学和艺术的滋养,对生命有了更高层次的体认,也让工程技术有了对人类社会发展的久远价值。打破专业壁垒,将人的思考和生命力融入工程技术,赋予中国制造更大的价值。

二、跨界融合与交叉认知

(一)关注国家学科交叉融合趋势

随着科技的发展和社会文明的进步,许多专业领域的发展都开始显露出某种跨界性,出现越来越多从事交叉学科领域研究的科研人员。如化学、生物学学科的交叉产生了分子生物学,化学、物理学的交叉产生了材料科学,数学、金融学的交叉出现了金融数学,再与IT交叉就出现了区块链。这些新领域,以学科交叉为基础、以跨界融合为途径、以科研创新为载体,推动了社会的发展。

新工科的重要特征主要表现为学科交叉融合,学科交叉融合加速,新兴学科不断涌现,前沿领域不断延伸。新兴科技革命和产业变革的特征要求新工科人才必须注重学科知识的交叉,我们可以依托国家和省重点实验室、工程科技创新中心等多学科教育平台,通过主辅修制、微专业、双学位、本硕博一体化培养等多种方式来构筑自己的跨学科知识结构与体系,以拓展自己对本专业的思考。在国家重大战略需求的驱动下,多学科交叉会聚与多技术跨界融合将成为常态,我们需要不断靠近、接触、了解、深入新学科前沿、新科技领域和新创新形态。

想要站在更高的高度,成为高素质工科人才,要认真领会国家对科技领域人才的规划:到2030年,适应高质量发展的人才制度体系基本形成,创新人才自主培养能力显著提升,对世界优秀人才的吸引力明显增强,在主要科技领域有一批领跑者,在新兴前沿交叉领域有一批开拓者;到2035年,形成我国在诸多领域人才竞争比较优势,国家战略科技力量和高水平人才队伍位居世界前列。

近25年来,交叉合作研究者获诺贝尔奖的比例接近50%,学科发展至今,已经不再像过去那样，由单一学科、单一群体或个人就能轻易取得成功。科学上的突破和创新，越来越依赖交叉学科，个人发展突破单维度，注重自身交叉学科发展将成为应对新一轮科技革命和产业变革、实现重要科学问题和关键核心技术革命性突破的必然要求。

（二）做一个敢于尝试的新青年

当前，科技的创新、突破与发展越来越依赖多学科的交叉、融合，这就对复合型人才的培养提出了更高的要求。

成为高质量的"复合型"创新人才是当今科技形势发展的需要。要立足交叉学科前沿，成为进入世界科技前沿的优秀青年学术带头人。交叉学科突破了单一学科对人才培养的局限，我们有了更大的发展空间，做好适合自己的交叉学科选择，注重自身创新思维和实践能力的培养，改变传统以单一学科为导向的学习模式，整合不同学科和专业的可用资源，促进个人竞争力持续提升。

科学家奋战在科技创新第一线，掌握最前沿的科技发展动态，能够更好地把握科技创新方向。因此，我们应依托长周期青年人才项目支持交叉学科研究，成为一个创新思维活跃、敢闯"无人区"的青年人才。

促进学科交叉研究，更需要一个充满信任和宽容的团队环境。对于交叉学科研究，要给予自己一定的容错空间，不能一味地要求在短时间内快速取得成果。要完善学科交叉的同行评议制度，以确保质量，甄别交叉学科研究特点，建立交叉领域研究的规范和价值观。

（三）学会融会贯通

当前，我国在经济社会发展、民生改善、国防建设等领域面临的现实问题，需要多学科力量协同解决。

绝缘栅双极晶体管芯片被称为控制电能传输、转换的 CPU，技术需求非常迫切。浙江大学组建了由电气工程学、化学、材料学、控制学、信息电子学等学科人才组成的跨界创新团队，研制完成了系列产品，并广泛应用于轨道交通、智能电网等高端装备领域，实现了相关技术和产品的跨越式发展。

面向未来，我们要以前瞻性视角和超前性思维完成多学科交叉会聚。以学科重组产生前沿性领域与引领性方向，建立各学科群有机联动、相互促进的循环关系，掌握大信息、大生命、大物质、大生态等领域的创新主动权；探索基于兴趣、应用、数据及算法的混合驱动创新模式，以新的组织结构有效贯通学科链、创新链及产业链。

新工科人才建设的目的是应对人工智能、云计算、大数据等新技术与传统产业不断融合以及新兴产业不断涌现的需要，应对产业转型升级，对接国家创新驱动发展战略和"中国制造 2025"等发展战略而提出的工程人才发展方向，新工科人才要着眼于适应新型工程技术发展，解决未来科学技术发展的创新需求，成为复合型、创新型的工程技术人才。适应未来产业升级和技术与产业深度融合需要的新工科人才应该具有多学科融会贯通的知识结构,具有较强工程创新、工程整合与工程实践能力,具有全球视野和全球竞争力,从而更好地将技术创新与变革和经济、社会等各领域相融合,引领未来技术和产业发展。

1.集成整合的工程知识

工程既不同于科学,也不同于文学,它是在科学和文学的基础上形成的跨学科的知识与实践体系,具体体现为以科学为基础,是各种技术因素、社会因素和环境因素的集合。具体来说,工程知识内涵广泛,是科技知识、管理知识、经济知识、社会知识、文化知识、法律知识、伦理知识、环境知识、民俗知识、审美知识等众多知识的系统集成。这种复杂综合系统结构由多种制约因素共同构成,在工程技术问题解决过程中不可避免需要综合运用多领域、多学科的知识和方法。我们要想成为卓越工程师,就需要具备集成的工程知识背景,不能拘泥于所学专业领域,尽可能了解或掌握涉及各学科的综合知识。

2.自拓展的知识结构

跨学科学习原理主要关注的是跨越传统学科界限的多学科知识和方法的学习与应用,强调综合运用多门学科知识、原理和方法解决问题。在正常情况下,研究性学习支持理论与实践的结合,这是因为在学习过程中既需要运用理论去分析问题,也需要运用方法去解决实际问题。因此,研究性学习的过程还是对研究方法的训练。

跨学科学习有利于解决复杂工程问题所需的多学科知识的交叉和融合。分析和解决复杂工程问题需要多学科的知识、原理和方法,而研究性学习能够根据问题的实际需要,综合运用各种学科的精华创新性地解决复杂工程问题。

(四)新工科人才的能力矩阵

对新工科人才的能力要求是多方面的、综合性的,新工科人才需要形成知识、能力、思维、价值观的结构矩阵,为成为一名合格的复合型人才建立目标和方向。

随着科技的迅猛发展,移动互联网、大数据、云计算、人工智能等新技术层出不穷并逐步运用,这对包括工程实践在内的人类生产生活带来了重大影响,对工程人才也提出了新要求。

"工业互联网"要求工程人才既具备某个工业领域的专门知识,同时又具备网络通信、信息、大数据处理、工业自动化等领域的知识,成为复合型人才;理工、人文结合;知识的深度和广度足够;能够快速实现知识更迭、演化;有整体、系统的观念;能够宏观建模分析,微观设计实现;能够整合各领域知识解决问题。这对未来工程人才提出了多方面的综合素养要求,一方面,新技术、新产业的出现,让现代或未来的综合性工程所需的跨界能力成为一种新常态。"现代工程特别是大型复杂工程的建设,早已超出了挖土盖房、铺路架桥等传统土木工程技术的范围,而需要跨学科、多领域的科学技术的综合运用,需要材料、电子、通讯、能源、信息等相关技术的支撑,从而呈现出各种专业技术相互渗透、相互支持、相互促进的局面。"新时代新工科人才就是要克服传统工科人才的专业局限,勇于把工程实践需要的各种事物同步考虑,力求在工程文明与人文精神的交叉发展中寻找突破口。另一方面,与传统的工程体系相比,新工程体系基于面向未来发展的需要,在集成整合、复杂融合等方面的特征更为突出。我们要将工程当成一个整体来看待,从系统的、整体的全局观出发,综合运用科学、技术、经济和人文等跨界知识进行整体性考虑,去解决在工程实践中碰到的综合性复杂问题,突破传统工程人才"头痛医头、脚痛医脚"的弊端。因此,在学习过程中,我们要更加注重如何将跨界思维融入工程学习中,不断提升自己的整合能力。

三、创新创业能力

(一)要顺应时代要求

创新素养是新经济时代人才的核心素养,面向未来的人才培养必须以创新素养培育为中心。新工科人才作为创新型人才的一部分,在除了重视创新型人才所应当具备的创新素养的一般性要素以外,还要结合新工科作为一种适应新经济新业态背景下工程技术人才成长理念,要着眼于成为适应未来产业创新和产业融合以及新业态新经济要求的新型工程人才。

在产业发展形势转变的背景下,人才的培养定位已经到了创新层面,具有工程意识的技术人才,需要成为具有工程基础知识、个人能力、人际团队能力和工程系统能力的科学家、工程师和企业家。合格的具备工程素养的人才应具备多维知识与能力结构,能够满足未来产业发展在技术运用、创新等方面的需求。适应产业发展的新工科创新人才的培养核心在于创新能力的提高,涉及专业知识、创造意识、创新思维等多方面,同时还要求具备整合与开发、团队合作、组织领导、相互交流和终身学习等能力,因此培养具有开拓进取创新能力的人才势在必行。

(二)打造属于大学生的创新能力

创新能力是人各方面素质的综合体现,需要人把想象能力、记忆能力、观察能力、分析能力、判断能力、操作能力等集中起来加以综合运用。但对于从事不同职业的人而言,则需要具有不同的创新能力,如科技创新能力、艺术创新能力等。具体到新工科大学生,创新能力同样需要具有综合性,不仅要关注创新意识和思维,还要具有创新知识结构、创新品质、人格特征和技能等。从新工科建设的角度来讲,工程师或未来工程师的工程创新能力主要是由知识、思维、技能等方面创新要素构成,并相互制约而形成的综合能力。

2014年,由龚华超带领的清华计算机与设计硕博团队创立拉酷网络科技公司。在龚华超看来,未来网络会发展成为更为广泛的连接,将更多的资源、信息、用户需求、体验与用户更好链接,利用网络科技,做原创的、带有设计的极致科技创新。

经过三个月的不断努力,凭着曾获得江苏省计算机奥赛银奖的底子,龚华超终于通过智能算法在笔记本电脑的触摸板上打出了第一个数字。2011年底,龚华超设计的触板数字贴膜获得了德国红点设计奖的至尊奖。龚华超让世界看到了中国青年的创造力,让中国人研发的产品走向世界。

苹果创始人史蒂夫·乔布斯曾说:"绝大多数人以为设计就是外表,是给枕头绣花,就如给设计师一个盒子然后把它做得漂亮。这不是我们所认为的设计。设计不是看起来和感觉起来怎么样,而是用起来怎么样。"

如今 Nums 系列产品和技术全球独创,有40多项国际国内知识产权,除苹果外还和联想、戴尔等建立了深入的合作,在全球拥有二十一万用户。

"中国创造,世界未来。"是龚华超印在名片上的一句话。拉酷希望打造"简约实用"的中国原创产品,为用户创造价值,影响世界。从设计思维的角度出发,连接更深层次的文化诉求,解决实际问题,带来社会、商业的双赢局面。在龚华超看来,创业可以激发人的潜力,促进人去主动学习。如果还在校园里的人准备创业,那可以利用学校的条件学习更多关于专业以及财务、管理方面的知识。同时相比已就业或者年长的人,年轻人创业的试错成本较低,生活压力较小。

(三)解读华为的创新和成功

第一,"创新"促使华为从一个弱小的、没有任何背景支持的民营企业快速成长、扩张成为全球通信行业的领导者。

华为公司成立于1987年,在此之后的28年里,呈现出这样几个阶段。

1987—1992年,华为是一个贸易类的公司,主要从事通信交换机产品的贸易代理。1990年华为有了自己的交换机产品,但是技术和产品质量都比较低端。

1997—2000年,华为进入中小城市市场,即地级市以下的市场。

1996年,华为开始向中国之外的市场开拓,但是持续多年屡战屡败,然而华为却屡败屡战。

2000—2004年,华为在全球新兴市场,如俄罗斯、东南亚、非洲市场有了重大突破。

到2015年,华为已经全面进入全球各大市场,包括西方发达国家市场。华为65%以上的销售收入来自中国之外的海外市场,业务遍及全球170多个国家和地区。

一个完全意义上的民营公司,能够在28年内快速成长为全球通信行业的领导者,主要依靠的是什么?非常重要的一点是创新驱动。

第二,华为的创新是全方位的创新,最重要的是"理念创新"。

华为的理念创新最核心的是"核心价值观"——以客户为中心,以奋斗者为本,长期坚持艰苦奋斗,坚持自我批判。

任何企业的创新,首先是理论层面的创新。如果没有理念、理论层面的创新,一个企业的创新是没有根基的。

华为从创立之日到今天,关注的核心点是华为价值观的形成、实施、长期不懈的传播。

华为一位顾问写过一篇《为客户服务是华为存在的理由》的文章,这篇文章准备在《华为人》报发表的时候,任正非在题目上加了两个字,变成《为客户服务是华为存在的唯一理由》。就是说,任何一个商业组织,财富的产生和持续扩张,最根本或者唯一的源泉就是客户。除了客户以外,没有任何人、任何体系可以给公司持续地带来价值。

华为的全球化到目前来看是成功的,华为的销售收入来自全球170多个国家,65%以上来自中国以外。全球化其实是极其复杂的国家实力的较量、文化的较量、企业综合技术和管理能力的较量,这其中相当重要的一点就是知识产权的冲突。华为为什么能从中国走出去,并在西方发达国家市场一路挺进?相当重要的一点是华为在知识产权上坚定遵循全球规则,这是企业生存的底线,也是企业持续扩张的底线。

2002年,西方公司不约而同地对华为发起专利进攻,说华为侵犯了某项专利。这使华为领导层集体意识到,要想走出中国,在全球尤其是在发达国家市场立足,进而获取成功,必须坚守知识产权的底线。华为提出了08战略,就是在2008年前构建自己的知识产权体系。

这个体系建设分为两部分,一是大量普通专利的申请,用于专利互换,并形成对核心专利的拱卫。二是形成自己的大专利,到2008年初,华为核心专利和无数普通专利构成的专利体系,终于形成了和竞争对手平等谈判的基础。每年净付出专利费3亿多美元,每年也有两亿多美元的专利收入。

申请专利固然重要,但关键和前提是对研发进行持续投入。华为有一条铁的原则,即必须将年销售额的10%投入研发中,同时华为15万人中接近7万人从事研发,是全球大企业中研发人数最多的研发团队,这里面还包括很多西方顶级科学家。连续几年,华为的全球专利申请数量排名前三。

华为全球化的第二个重要保障是法律遵从。华为每年都要遭遇上千个法律诉讼,足以表明全球化之路布满荆棘。华为之所以在遭遇到无数来自竞争对手、专利公司的法律纠纷时能够立于不败的地位,根本原因是源于法律遵从。

从2002年开始,华为在构建强大的研发体系的同时,也在构建强大的法律体系。今天华为在全球范围内有600多个资深律师,也与全球各国顶级的法律资源密切合作。华为的法律遵从主要是遵守各国法律,守法经营,同时遵守联合国规定。

(四)如何培养创业能力

1.深厚的知识功底

大学生创业的优势在科技,成功创业需要有自主知识产权的科技成果。科技创造的灵感来源于知识的积累,没有知识的积累就不会有所发现、有所发明、有所创造,创业也就失去了成功的基础。创业者不仅要成为发明家、科学家,还要成为企业家、创业家。企业需要创业者去经营管理,因而,创业者还要具有一定的经营管理能力。经营管理能力的形成需要对商业、市场营销、企业管理、法律等多方面知识的学习和积累。因此,我们要养成刻苦学习的习惯,要主动了解高新科技的发展动态,了解新世纪科学技术的前沿知识,不断从求知中汲取营养,从学习中获得动力,实现从学习向发现的转变。

2.独立的个性个体

独立性是指不依赖他人而自主地思考和行动。独立的个性是创新、创造的基本素质,缺乏独立的个性,只会求同和服从,没有独立的思考,就不可能有创见。古往今来,凡是有创造性的人,无一不有很强的独立性。创业是一种创造性活动,需要学生有创新精神和创业能力。要提升创业能力,必须注重对独立个性和创造性思维的培养,否则,人云亦云,唯唯诺诺,只满足于现状是不可能有创造和超越的,更无法应对激烈的竞争。

3.百折不挠的创业精神

创业是一种创造性劳动,不可能一帆风顺,总会遇到这样或那样的问题,还可能遇到挫折和失败。目前,大学生创办企业的成功率很低,也就是说在所有的创业者中,一次性创业成功的不多,每个创业者都要经历挫折和失败。在挫折和失败面前,需要有正确对待挫折的心理准备,需要有乐观向上的人生态度,更需要有一种百折不挠的精神及战胜困难的勇气和信心。同时,创业者还要具有善于在挫折中学习的智慧,善于发现并汲取挫折和失败中的经验,使挫折和失败成为创业者向上攀登的阶梯,而不是前进中的包袱。

大学生要创业,仅有良好的愿望是不够的,要想成功创业,必须具备相应的专业知识。可以说,掌握的专业知识越多,创业活动越能够顺利进行,另外还要具备广博的非专业知识,只有将二者结合起来,才能正确分析形势,认清事物的发展趋势,把握全局,最终实现自己的创业目标。创业能力是大学生创业素质的一个重要方面,创业是一种考验综合能力的事业,大学生创业重要的是要会创新,创新是创业的灵魂,有创新,敢于创新,才能够在竞争中赢得优势。

我国工业化进程和发展阶段独特,对工科人才的需求也有很大差异,我们应当迎合经济社会需求,围绕"四个服务"和胸怀"国之大者",具有开放思维,建立多学科融合意识,将自己塑造成一个优秀的复合型人才。

章节结语

掌握扎实的学科基础知识和解决复杂工程问题的能力是对新工科大学生素养的基

本要求;加强团队沟通协作能力等综合素质的锻炼是成功的必备技能;创新和创业意识是新工科大学生在时代浪潮中不可或缺的敏锐感知。机会总是垂青有准备的人,想全面提升自己的职业素养,需要新工程大学生提前做好职业生涯规划,大学期间有的放矢地提升和培养自己相关方面的能力,为成为新时代需要的新工科人才做好充分的准备!

延展 阅读

一、学科交叉创新成果

"兄弟俩"挑战学科交叉研究,成果登上 TOP 期刊

写过论文的人都知道,写一篇普普通通的论文并不难,但要写出一篇学科交叉的论文就难了。而最近,浙江大学管理学院博士生林鑫和他的"兄弟"不仅合作写出了一篇极具挑战的"商学＋电气/能源"的学科交叉论文,且该论文还发表于影响因子 9.297 的中国科学院期刊 *Journal of Cleaner Production*。

一个热情的"邀请",一场"学科交叉"的奇妙缘分

林鑫是浙江大学管理学院一名 2018 级管理科学与工程专业博士生。

两年前,他赴中国南方电网能源发展研究院挂职实习,一日午休时,一个叫王超的学弟辗转找到他,邀请他"帮个忙"。

交流过后,林鑫得知王超是浙大电气工程学院 2019 级硕士研究生,也在中国南方电网能源发展研究院挂职实习。当时,王超的一项科研课题在建模环节遇到了困难,模型的缺陷导致程序优化输出结果一直不理想。他了解到"管理学院林鑫同学善于将具体问题抽象化,构建出数学模型",于是王超主动找上门,邀请他一起攻克建模难题。

接过王超的课题一看,林鑫非常感兴趣,并不断给出新思路,王超则给新思路提供工程应用的背景。正是在这一问一答之间,"商学＋电气/能源"学科交叉碰撞出了创新的火花,整个研究课题的实现路径变得豁然开朗。

两人便在实习之余开始初步的模型搭建,尝试使用运营管理理论去解决这个电力背景的物理问题。在他们的努力之下,两年后,他们的成果迎来了"好消息",由他们合作撰写的 SCI 期刊论文 *Coordinating Thermal Energy Storage Capacity Planning and Multi-Channels Energy Dispatch in Wind-Concentrating Solar Power Energy System* 在线发表于中国科学院期刊 *Journal of Cleaner Production*(影响因子 9.297)。

该文章聚焦风电光热能源系统,旨在研究储热容量配置与优化调度问题的协同,通过构建两阶段决策框架,提出了储热容量优化配置方案和系统优化调度策略,分析了各项因素对方案策略的影响。

对于此事,学校多个官方平台进行了报道,并对他们的学科交叉研究创新尝试给予高度肯定。

成果背后的打磨，学科交叉需要坚守初心

如今成果能在期刊上发表，林鑫与王超都长长舒了口气。因为对于他们来说，这成果来之不易。

据林鑫透露，在论文撰写过程中，两人常常会因跨学科背景造成的写法差异而需要反复讨论、修改，有时甚至推翻重来，最终文章正式定型时经过了十余稿的修改。

不仅如此，当时两人实习结束后回到学校，身处不同校区，很多时候只能在线上进行沟通，然后每周再挤出时间在线下碰面探讨。

"平时大家都很忙，白天常常挤不出时间一起讨论，只能晚上 10 点、11 点之后开始线上讨论，讨论到 12 点、1 点也是家常便饭的事。不过，我们互相体谅，也经常互相鼓励，觉得有机会创造出新的科研成果。"王超说。

二、大学生创新创业故事

越努力越幸运——大学生张浪创业记

"梦想谁都有，坚持才是硬道理。"张浪一直严格要求自己，一直筹备创业项目，直至成为 CEO……张浪辛勤付出、勇于实践、努力创业，成为某市电子商务协会副会长、青年企业家协会会员，历经坎坷荆棘，成就了一番事业。

开学兼职　规划创业

张浪 1994 年出生，2014 年从贵州来到保定，就读于河北金融学院法学专业。他申请了国家助学贷款，开学之前就来到保定，在别的大一新生报到之际，他已经开始兼职。"大学四年是从学业人生到职业人生的转变过程。"开学第一课上的这句话对张浪影响巨大，从那一刻起他对自己的大学四年有了明确的规划。在创业氛围浓厚的金融学院，张浪开启了"微校园吃喝玩乐"服务平台。平台从想法到落地执行，他只用了一个星期，印传单、搭建系统、组建团队、招商、与 PC 端的"快吃网"合作，不到 2 个月就覆盖了保定学院、华北电力大学、中央司法警官学院、河北金融学院等多所高校。

参加创业训练营　带领团队推品牌

后来"微校园"平台并入美团，张浪没有留在美团任职而是选择参加保定市第二届助创业促就业大学生暑期训练营。"这是我最正确的选择。"张浪说，"一个月的社会实践，我不仅收获了知识，还结识了很多企业家，得到了老师们的帮助。"

张浪大二时从训练营加入"甜心岛"，开始利用课余时间在"甜心岛"上班。他从最基础的卖场销售做起，了解产品、学习服务、打扫卫生。大三那年，他休学全职创业，成为"甜心岛"股东、CEO、市场企划，用互联网思维将烘焙门店与移动互联网、体验 DIY、社群相结合，他和他的团队每天奔波在各个会场、小区推广品牌。现如今，"甜心岛"发展到 4 家线下体验店，每年承接冷餐数百场，占据 70% 市场份额，大客户囊括 14 家企业、数万人。

加倍努力学习 成功挑战未知

"我没有接触过财务、管理、人事等知识,开始甚至连公司的基本业务流程都不知道。"他笑言,"我只有一腔热血和激情,参加各种培训课程,研究管理技巧,努力学习。"创业路实在太难,张浪却执着于这种对未知的挑战,成功后的喜悦让他奋斗不止。

谈到未来,他充满信心,随着物质生活的提升和国家对食品安全的高度重视,张浪创新方式方法,生产放心食品,保证品牌品质,带领企业继续前行。

实践练习

一、沟通能力测试

(1)在一次宴会上,你想让一个醉酒的人安静下来,你会选择下列哪种方式?(　　　)

a.大声呵斥:"你安静一点好不好? 真没见过你这样的人!"

b.问他:"听说你儿子学习成绩很棒,而且在书法比赛中还得过奖,这是真的吗?"

c.告诉他:"所有人都在看着你呢,你今天可有点反常啊。"

(2)在对待朋友的生活、工作等方面的问题时,你通常是怎样做的?(　　　)

a.只批评朋友的缺点

b.只赞扬朋友的优点

c.因为是朋友,所以既要赞扬他的优点,也要指出他的缺点

(3)如果有人问你:"你是一个受欢迎的人,还是不受欢迎的人?"你会怎样回答?
(　　　)

a.沉思片刻,反问自己:"我属于哪一种人呢?"

b.笑着说:"当然是受欢迎的!"

c.不高兴地说:"不知道!"

(4)在与他人交流时,你总是选择最适宜的场所尽量让对方感到满意吗?(　　　)

a.一贯如此

b.多数情况是这样的

c.偶尔如此

(5)在和领导交谈时,你会感到紧张吗?(　　　)

a.从来不会

b.偶尔会

c.经常会

(6)你和那些与你性格、气质、生活方式不同的人相处的时候,会有怎样的状况?(　　　)

a.几乎很难相处,或不能相处

b.适应比较慢

c.能够很快适应

(7)与人谈话时,你的眼睛是否会注视着对方?(　　　)

a.是的

b.偶尔是这样

c.经常看着别处

(8)公司会议上,你是否经常打断他人的讲话?(　　　)

a.常常这样

b.偶尔这样

c.从来不会

(9)与人说话时,你手的动作是怎样的?(　　　)

a.经常用手捂着嘴

b.喜欢打手势

c.几乎不用手势

(10)当他人批评你时,你会有什么反应?(　　　)

a.对的就听,不对的坚决反对

b.一听到批评就急于辩解,甚至顶撞对方

c.对的就听,不对的听过且过

各答案的具体分值见表3-1。

表3-1　各答案的具体分值

单位:分

题号	答案对应的分值		
	A	B	C
(1)	1	5	3
(2)	1	3	5
(3)	3	5	1
(4)	5	3	1
(5)	5	3	1
(6)	1	3	5
(7)	5	3	1
(8)	1	3	5
(9)	1	5	3
(10)	3	1	5

二、创业素质自我测试

大家先准备一张纸和一支笔,测试过程需要 15～20 分钟,请大家耐心答题。(单选题,答对 1 题为 1 分)

(1)你在下列哪种条件下会决定创业?( )

a. 等有了一定工作经验以后

b. 等有了一定经济实力以后

c. 等找到天使或风险投资以后

d. 现在就创业,尽管兜里没多少钱

e. 一边工作一边琢磨,等想法成熟之后再创业

(2)你认为创业成功的关键是什么?( )

a. 资金实力

b. 好的想法

c. 优秀的团队

d. 政府资源和社会关系

e. 专利技术

(3)你认为下列哪一项是创业公司生存的必要因素?( )

a. 高度的灵活性

b. 严格的成本控制

c. 可复制性

d. 可扩展性

e. 健康的现金流

(4)开始创业后你立刻要做的事情是什么?( )

a. 找投资

b. 撰写商业计划书

c. 物色创业伙伴

d. 着手研发产品

e. 选择办公地点

(5)你认为创业公司应该怎样宣传?( )

a. 低调埋头苦干

b. 努力到处自我宣传

c. 看情况顺其自然

d. 借势进行联合推广

(6)你认为招聘员工时最重要的是什么?(　　　)

a.学历高低

b.朋友推荐

c.成本高低

d.工作经验

(7)你认为产品进入市场的最佳策略是什么?(　　　)

a.价格低廉

b.广告投入

c.口碑营销

d.品质过硬

(8)你认为和投资人交流最有效的方式是什么?(　　　)

a.出色的PPT演示

b.详细的商业计划书和财务预测

c.样品当场测试

d.有朋友的介绍和推荐

e.通过财务顾问的代理

(9)你认为选择投资人的关键因素是什么?(　　　)

a.对方是一个知名投资机构

b.投资方和团队不设对赌条约

c.谁估价高就拿谁的钱

d.谁出钱快就拿谁的钱

e.只要能融到钱,谁都一样

(10)你认为下列哪一项是风险投资决策中最重要的因素?(　　　)

a.商业模式

b.定位

c.团队

d.现金流

e.销售合约

(11)从下面哪句话可以断定风险投资对你的公司并没有实际兴趣?(　　　)

a."我们有兴趣,但是最近太忙,做不了此项目。"

b."你的项目还偏早一些,我们还要观察一段时间。"

c."你们如果找到领头的风险投资,我们可以考虑跟投一些。"

d."我们对这个行业不熟悉,不敢投。"

e.以上任何一句话

(12)创业公司拥有 51% 的股份就绝对控制公司了吗？（　　）

a. 正确

b. 错误

(13)创业公司的 CEO 首要的工作职责是什么？（　　）

a. 制定公司的远景规划

b. 销售、销售、销售

c. 人性化的管理

d. 领导研发团队

e. 获得投资人的投资

(14)你认为凝聚创业团队最好的办法是什么？（　　）

a. 期权

b. 公司文化

c. CEO 的魅力

d. 工资和福利

e. 团队的激情

(15)你认为在创业公司的财务预测中最重要的是什么？（　　）

a. 销售率增长

b. 毛利率

c. 成本分析

d. 资产负债表

(16)在创业公司的日常运营中,你认为下面哪一项工作最重要？（　　）

a. 会议记录及时存档

b. 业绩指标的合理安排和及时跟踪

c. 团队的经常性培训

d. 奖罚制度

e. 管理流程的 ISO9002 认证

(17)你认为在创业公司的日常运营中,最棘手的问题是什么？（　　）

a. 人的管理

b. 销售增长

c. 研发的速度

d. 资金到位情况

e. 扩张力度

(18)你认为创业公司产品市场推广效果的衡量标准是什么？（　　）

a. 广告投入量和覆盖面

b. 营销推广的精准程度

c. 产品出色的品质保证

d. 广告投入和产品比例

e. 产品价格的打折力度

(19) 你认为防止竞争的最有效手段是什么？（　　　）

a. 专利

b. 产品包装

c. 质量检查

d. 不断研发新产品

e. 比竞争对手更快占领市场

(20) 创业公司的第一个大客户竟然是个"土财主"，你会怎么做？（　　　）

a. 一视同仁地给他（她）提供你公司的标准服务

b. 指导他如何来积极配合你的工作

c. 修理他，为了他的提高给他些颜色看看

d. 提供全面服务＋免费成长辅导

(21) 你认为创业公司的最大风险是什么？（　　　）

a. 市场的变化

b. 融资的失败

c. 产品研发的速度

d. CEO 的个人能力与素质

e. 决策机制的合理性

(22) 当创业公司账上的资金低于三个月运转所需的资金时，应该采取下列哪一种措施？（　　　）

a. 立刻启动股权融资

b. 通知现有公司股东追加投资

c. 立刻大幅度削减运营成本，包括裁员

d. 打电话给银行请求贷款

e. 把自己的存折和密码交给公司会计

(23) 创始人之间发生矛盾时，你会怎样做？（　　　）

a. 坚持原则，据理力争

b. 决定离开，另起炉灶

c. 委曲求全，弃异求同

d. 引入新人，控制局势

(24)你认为投资创业公司的理想退出方式是什么？（　　）

a.上市

b.被收购

c.团队回购

d.高额分红

e.以上都是

答案如下：

(1)d　(2)c　(3)e　(4)d　(5)b　(6)d　(7)d　(8)c　（9)e　(10)c　(11)e　(12)b　(13)b　(14)b　(15)a　(16)b　(17)a　(18)d　(19)e　(20)d　(21)d　(22)c　(23)c　(24)e。

※如果得分为1～8分,表明你还不具备创业的基本知识,不要贸然创业。

※如果得分为9～16分,表明你还游走在创业的梦想和现实之中,需要继续打磨。

※如果得分为17～24分,表明你已经做好了创业的基本准备,大胆往前走。

第四章 构建生涯发展阶梯

凡事预则立,不预则废。言前定则不跆,事前定则不困,行前定则不疚,道前定则不穷。

——《礼记·中庸》

思维导图

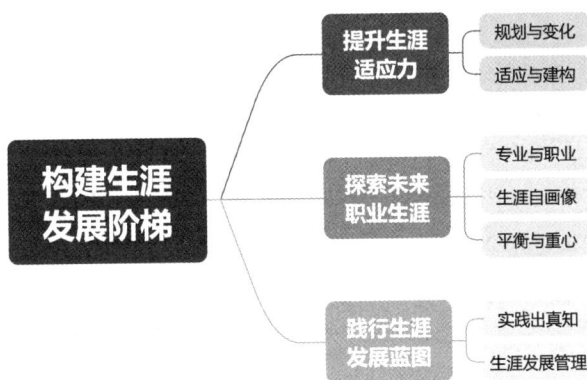

构建生涯发展阶梯

- 提升生涯适应力
  - 规划与变化
  - 适应与建构
- 探索未来职业生涯
  - 专业与职业
  - 生涯自画像
  - 平衡与重心
- 践行生涯发展蓝图
  - 实践出真知
  - 生涯发展管理

导读思考

顾明是一名即将升入大学四年级的交通运输专业学生,自入学以来他就下定决心,毕业后出国继续深造,所以他时刻关注理想学校的动态,并通过留学机构及师兄师姐了解相关信息,充分准备了出国留学相关材料。通过努力,他的雅思考试及专业课程分数都顺利达到了理想学校的要求。可是新冠疫情暴发后,目的地国家疫情严重,感染人数居高不下,家里人都不愿意他冒这个风险。此外,因为疫情,出国难度不断增加,签证难以办理,航班熔断,出入境政策不断变化。更是由于疫情,许多线下课程转为线上完成,学术交流活动也不断推迟。因此,他现在不得不暂时放弃出国留学计划,准备在国内考研,可是自己之前没有做过针对性的计划,不知道能否顺利上岸。这些日子他一直在反思,自己这几年的努力是不是白费了,还不如直接等到大四时根据社会形势再做打算。

顾明的目标变化之后是不是之前的准备都白做了？当今社会发展变化极快，当前的规划对未来有什么意义？

第一节 提升生涯适应力

一、规划与变化

(一)计划赶不上变化

"在这个复杂的时代，计划赶不上变化，大一做规划，大四看笑话。"

"高中做了详细的规划，但高考后没能考上理想学校，学了不喜欢的专业，规划得再好也没用。"

"小时候梦想成为一名记者，初中时想成为科学家，上了大学又对哲学和历史感兴趣，最后毕业从事的职业是财务。"

......

以上种种吐槽我们并不陌生，常有人说"计划赶不上变化"，用"车到山前必有路，船到桥头自然直"聊以自慰。诚然，回顾十年前我们制定的规划，大部分并没有按照最初预想的方向进行，可能有略微调整也可能天差地别，而当今我们所处的时代复杂多变，所有规划都有变数，唯一不变的是变化，在此形势下，真的不需要规划了吗？当然不是！

首先，规划和计划意义相近，但也有显著区别，规划更具有宏观性、全局性和指引性，计划是规划的具体落实方式和步骤，所以在大方向、大目标不变的情况下，具体计划有所调整和变动是非常普遍且正常的。

其次，有规划的人生是蓝图，是从整体出发解决问题的思维模式，而没有规划的人生是拼图，是从局部出发解决问题的思维模式，是"遇到梦想"的冒险游戏。例如，有些同学在大学时期迷茫焦虑，不知道如何分配时间，随波逐流，进入职场后稍有不顺就频繁更换工作，学习没有动力，工作没有成就感。这样的人生就像是拼图，遇到哪块拼哪块，有可能获得自己想要的人生，但大概率无法获得自己真正想要的幸福人生，所以规划对我们仍然至关重要，是我们掌控自己人生的工具，是链接未来与当下的桥梁。

最后，人生是不断探索成长的过程，规划亦是如此，真正的规划不是一开始就固定方向和目标，而是随着自身思维、想法、观念成长而确立的，并在不断与外界的互动中更新思维观念，对自己的发展进行回顾、审视从而调整规划。人生发展应该像导弹——先尽快发射出去，让自己适应变化的环境，飞得又快又稳；然后每秒都用激光重新定位目标，调整弹道，最后发现目标，一击必中。

"如果规划有变，人生岂不是走了弯路?"我们今天的现状是多重因素塑造而成的,有过往经历的积累、有运气的加持、有天赋的力量、有智慧的选择、有持续的坚持,等等。古语云:"不积跬步,无以至千里;不积小流,无以成江海。"人生的每一段经历,每一次探索,都是宝贵的财富,都是在为机会做准备,哪怕当下看起来像是走了弯路。乔布斯在2005年斯坦福大学的毕业典礼上讲述了他曾无意间学习了美术字课程的故事,这些课程在当时看上去没有什么实际的用处,不过十年后,当他创建的苹果公司要设计Mac电脑时,这些美术字的学习经历派上了用场,Mac成为第一台采用图形界面的电脑。他总结道:"生命当中有那么一些点滴片段,你在向前展望的时候不可能将这些片段串联起来;你只能在回顾的时候将点点滴滴串联起来。"不要为那些暂时看起来的弯路而遗憾,人生没有白走的路,每一步都算数。

鲁迅先生作为家喻户晓的作家、思想家,他的职业发展也经历了三个阶段。一是学医治病。年轻时的鲁迅在亲历了家中有病人的苦痛后,决心学医救治更多的病人。二是弃医从教。在日本求学期间,他认为学医拯救不了人的灵魂,只有文字的力量是巨大的,要从思想深处来根治国民的愚昧。1912年,在蔡元培的邀请下,鲁迅先生出任当时教育部的部员。他从科员做起,半年后得到升迁,成为中层领导,同时他也开始接受大学的邀请去为学生们讲学。三是抛官专文。从教的日子持续一段时间后,他开始对生活感到厌倦。郁达夫曾描述他亦官亦教的生活:"……同唱戏的一样,每天总得到处去扮一扮。上讲台的时候,就得扮教授,到教育部去,又非得扮官不可。"1927年,他开始专心做"自媒体",实现了职业自由和经济自由。这期间,他疯狂地写作,用他的笔当武器、当匕首,让我们见证了文字的力量和价值。鲁迅的职业生涯发展不仅迎合了那个时代发展变迁的需求,也遵从了自己的内心。而公务员的职业生涯及教学生涯,不仅帮助他慢慢积累了写作的知识、思想和名声,同时也为他提供了更大的平台,所以后期他才可以顺利成为自由作者。

规划的核心目的不是让我们按部就班地执行,而是让我们拥有更多应对挑战的筹码,在不确定的时代下把握确定的事情。规划的本质是提升适应力,让我们能从容应对生命中的各种事件。真正合理的规划一定是动态的,充分考虑变化因素,在确定目标后积极开展行动,接纳并利用偶发事件,拥抱变化,创造机遇,根据现实情况调整目标,不断地探索和行动,保持持续发展和积累,让自己螺旋式成长,收获想要的幸福人生。

(二)生涯发展的关键词

何谓生涯? 从古人的诗篇中我们能窥见生涯的释义。庄子云:"吾生也有涯,而知也无涯。"这里的"涯"代表边界、极限。杜甫的《杜位宅守岁》中"谁能更拘束,烂醉是生涯。"刘长卿的《过湖南羊处士别业》中"杜门成白首,湖上寄生涯。"这些诗句中的"生涯"可以释义为生计、生活方式、谋生之业。大多数西方学者认可的生涯定义是 Super 于 1976 年提出的论点：生涯是生活里各种事态的连续演进方向，统合了人一生中依序发展的各种职业和生活角色。综合东西方学者的观念，生涯既没有大到与生命画等号，也没有小到仅包含职业，而是涉及生活中的各种角色，同时包含我们所处的各种环境及所经历的各种有计划或者非计划的事件。

Super 同时提出了生涯发展阶段模式，他把整个人生分为成长阶段、探索阶段、建立阶段、维持阶段和衰退阶段，每个阶段都需要完成特定的发展任务（见表 4-1），与孔子的"三十而立，四十不惑，五十知天命，六十耳顺，七十古稀，八十耄耋"理念不谋而合。每个人生涯发展的各个阶段是紧密相关的，前一个阶段的发展任务达成情况关系到后一阶段的发展，会产生连锁反应，形成多米诺骨牌效应。例如，大学期间没有做好发展任务探索与建立，将影响到是否能找到适合自己的职业，后续进一步影响到未来的职业发展。

表 4-1　生涯发展阶段和任务

阶段	主要任务
成长阶段（0~14 岁）	认同并建立起自我概念，对职业的好奇占主导地位，并逐步有意识地培养职业
探索阶段（15~24 岁）	主要通过学校学习进行自我考察、角色鉴定和职业探索，完成择业和初步就业
建立阶段（25~44 岁）	获取一个合适的工作领域，并谋求发展，是绝大多数人职业生涯周期中的核心部分
维持阶段（45~64 岁）	开发新的技能，维护已经获得的成就和社会地位，维持家庭和工作两者间的和谐关系，寻找接替人选
衰退阶段（65 岁及以上）	逐步退出职业和结束职业，开发社会角色，减少权利和责任，适应退休后的生活

生涯发展的三个关键词是角色、环境和事件。人在每一个阶段都同时扮演着多个不同的角色，如学习者、父母、子女、工作者等角色。同时，人生不同阶段的角色也在发生变化。例如，大学生在进入职场前的主要角色是学习者，工作后主要角色变成工作者与持家者，退休以后变成了休闲者。每个人都需要在不同阶段保持各种角色的动态平衡，很多同学到了大学后不适应新环境，出现人际关系紧张，只努力学习不参与任何实践等情况，皆因自身角色变得丰富却不能做好平衡。了解环境其实就是了解游戏规则。大学生应了解什么是不能触碰的底线？环境对你的期待和要求是什么？在当下的环境中能够

做什么？如果所处的环境与自身期待有差距怎么办？例如，大学生要及时了解大学的重要规则和要求是什么？如何才能获得保研和转专业的资格？当下的学校不是我想去的，应该如何重整心态再出发？在整个人生历程中，大学生会遇到各种计划内和计划外的事件，对计划内的事件提升行动力，对计划外的事件提升决策力，从偶发事件中寻找机缘，助力生涯发展。

(三)生涯早思考

"我的专业将来要干什么早就被'安排'好了，只要拿到毕业证就 OK 了，还需要规划吗？"对于专业性较强，对口职业明确的同学们，规划听起来像是没有用武之地，实则不然。当前高考招生是大类专业招生，进入大学后不可避免地面临着专业分流，不同的细分专业未来就业方向并不同。况且很多同学高考后所选的专业并不是自己做主填报的，或是在高中时对自身和外界了解不全面的基础上填报的，进入大学一段时间后可能萌生转专业的想法。每个专业相关的岗位很多，随着社会的发展，新职业也不断涌现，大学生即使对口职业比较明确，也需要思考职业方向是否适合自己，并拓宽职业视野，保持对自身生涯发展的关注度。

"我刚上大学，未来还要深造，就业离我很遥远，现在规划太早了吧？"进入大学时主动思考生涯发展并不早，按照生涯发展阶段，大学低年级时正是生涯发展的探索期，如果我们没有及时做好探索任务，会影响后续的就业和职业发展，如在实际就业时，同学们经常出现以下几种典型情况。

顺风顺水的梅梅

梅梅是大家眼中的乖乖女，学习努力上进，成绩优异。研究生毕业求职时目标盲目，对本专业不喜欢也不讨厌，之前认为就业很遥远，没有主动思考过就业的事情，通过研究生学习和跟导师做项目后了解工作情况，她不想从事与专业相关的工作，但不从事本专业工作又不知道能干什么。

浑浑噩噩的小武

小武进入大学后找不到学习的动力和目标，也不知道自己未来想干什么，对专业谈不上喜欢但也不讨厌，随波逐流，按部就班上课、娱乐，仅在大一参加了社团，没有其他经历，大四随大流参加考研，心态佛系导致复习状态不佳，落榜后参加春招就业，求职时屡屡受挫。

纠纠结结的露露

露露目前大四，学工程管理专业，准备直接就业，没有实习经历，求职意向不明确，她不知道是从事技术类的工作(造价、施工、工程类)，还是遵从兴趣从事管理类的工作。自己认为更适合做非技术类岗位，但又看重技术类岗位工资高、就业机会多，很纠结不知道该怎么选择，想要选择薪酬高的职业，但又怕自己实力不够，而且不一定她适合,也怕自己虽然目前喜欢管理类的岗位,但未来可能又不喜欢了。

顾此失彼的小远

小远进入大学后热衷于参加学校的各类社团活动,加入了多个社团,但没有做好时间管理,导致学业成绩不理想,保研无望。之后,他全力复习考研但成绩一般,也因为报考目标较高而失败,参加春招找工作时简历中只能写加入各类社团经历,而自己求职目标较高,处处碰壁。

以上这些案例都是就业时真实发生在同学们身边的故事。虽然问题出现在就业时期,但皆因他们在大学期间没有主动思考自己的未来,没有提前做好准备,导致就业时问题的集中爆发,可以说此时此刻的问题是彼时彼刻自己挖下的坑埋下的雷。而就业时出现的大部分问题并不能很好地解决,也不能简单地依靠就业技巧补救。因此,大学生只有在大学期间不断主动思考、探索规划、积极行动,才能在就业时从容应对。

二、适应与建构

(一)何为生涯适应力

生涯适应力是生涯发展的核心概念,是指个体在应对各种工作任务和角色转变时进行自我调整的准备状态或社会心理资源,体现了个体在生涯发展过程中面对外部挑战所具备的核心能力。个人生涯适应力的发展沿着生涯关注(career concern)、生涯控制(career control)、生涯好奇(career curiosity)、生涯自信(career confident)四个维度进行,分别对应"我有未来吗?""谁拥有我的未来?""未来我想要做什么?""我能做到吗?"四个重要的职业生涯发展问题。生涯适应力的发展始终贯穿于这四个维度,最终形成与生涯规划、决策和调整有关的独特的态度、信念和能力,其影响个人在面对生涯发展任务、生涯转换或生涯困境时的应对行为,参见表4-2。

表4-2 生涯适应力维度

维度	生涯问题	态度/信念	能力	应对行为
生涯关注	我有未来吗?	计划的	计划	觉察、投入、准备
生涯控制	谁拥有我的未来?	确定的	做决定	自信、有条理、执着
生涯好奇	未来我想要做什么?	好奇的	探索	尝试、冒险、询问
生涯自信	我能做到吗?	有效的	问题解决	坚持、努力、勤奋

生涯建构理论是由美国职业辅导资深学者萨维科斯于2002年提出的,适应力是生涯建构理论的最关键要素,我们通过一个有趣的小故事加以理解。

小池塘里住了一条小鱼和一只小青蛙,它们是好朋友。听说外面的世界很精彩,它们都很想出去看看。可是小鱼不能离开水,小青蛙只好自己出去探险了。

一路上,小青蛙觉得一切都是那么新鲜,那么不同,它仔细地观察着这一切,想把这一切都深深地印在脑海里,因为它回去要跟好朋友小鱼细细地描述它的所见所闻。终于,小青蛙结束了探险回到池塘。小鱼迫不及待地想知道外面的世界是什么样的。

"外面有很多有趣的动物,比如说牛吧,"小青蛙一边比划一边说,"牛是一种很奇怪的动物,跟我们长得不一样,喜欢吃青草,身体很大,比我们两个加起来还要大得多,头上长着两个尖尖的犄角,身上有着黑白相间的斑点,长着四条粗壮的腿,坚硬的蹄子,长长的尾巴,大大的肚子,还能产奶呢……"小鱼惊叫道:"哇!虽然我没有见过牛,但是听完你的描述我就像真的看见了牛。"它拿出纸和笔,立刻开始描绘它心目中的"牛"。(见图4-1)

小鱼高高兴兴地把自己画的"牛"拿给小青蛙看,小青蛙看到后不禁捧腹大笑:画上的"牛",是一条四条腿的、吃着青草、长着大肚子和长尾巴的斑点鱼,在鱼的头上还长着一对犄角哩……

图4-1 鱼牛建构图

通过上面的小故事我们发现,个人对事物的理解依赖于过往的经验和经历,知识的获得是个体与外部环境交互的结果,这是建构理论的重要观点。生涯建构理论认为自我是通过工作和关系持续被建构和创造的;好的生涯发展是积极行动整合经验并丰富自我概念的过程;生涯即故事,我们透过故事理解自己,获得过往经验,同时对故事赋予意义,面向未来设计出更有活力的生涯计划。学者关翩翩曾用该理论隐喻道:"对每个人来说,生涯建构过程犹如人们亲身在演绎一个自己当主角的,以职业生涯发展为线索的人生主题故事,在这个故事中,内心世界和外部环境之间不断互动、调整,以追求达到某种相对适应状态。"生涯建构理论契合新时代背景,很好地阐释当下个体的职业生涯发展过程,其主要包含职业人格、生涯主题和生涯适应力三个组成部分,本章第二节将详细介绍如何运用该理论开展生涯规划。

(二)我的问题在哪层

大学生在不同年级会遇到不同的生涯困惑。例如,大一时对新环境不适应,学习没有动力,感到迷茫怎么办?不喜欢本专业,要不要转专业?沉迷于手机或游戏无法自拔。大二时如何兼顾社团和学习的平衡?学习的内容好像没什么用,不知道未来是否有用?身边的同学们都在考证,不知道自己考哪些合适?到了大三,一部分找不到方向的同学开始被裹挟着往前走,随大流考研还是就业?要不要实习?要不要参加科研竞赛?大四时可能会遇到更深度的问题,考研失败怎么办?调剂的学校自己看不上,但自己也没准备好就业,身边同学实习很多次了,拿到好多聘书了,自己还没去过职场该怎么办?如果不从事本专业的工作,大学会不会白念了?等等。

生涯规划的本质是提升适应力,同学们在大学期间产生的生涯困惑和问题都囊括在适应力的四个维度中,常见问题归类如表 4-3 所示。

表 4-3 大学生常见生涯困惑维度归类

维度	具体问题
生涯关注	大学生活没有目标、方向和动力
	对未来发展感到迷茫焦虑
	盲目尝试,无法集中精力
生涯控制	个人兴趣爱好与专业冲突,不想从事本专业工作,却没有别的更好选择
	不喜欢专业是否要转专业、需不需要进行专业辅修
	读研专业选择
	考研、工作、留学如何选择
	offer 选择(正式的和实习的)
	回家还是去一线城市闯荡
	是否要"二战"考研
	学习、社团、实习实践、第二课堂活动、兴趣爱好等如何平衡
	考研和专业课学习时间重合,如何安排时间
	签了不喜欢的工作,无法违约,之后的职业发展怎么办
生涯好奇	没有明确的兴趣,不知道自己喜欢做什么
	不清楚自己专业的就业方向有哪些,可以去哪里就业
	不知道自己的优势特长,不知道适合做什么
	职业未来发展路径实现,如从技术岗位向管理岗位转换
	户口与薪酬、工作地位等相比是否更重要
	事业编制是否重要

维度	具体问题
生涯自信	找工作不知道从哪里入手
	简历撰写、面试技巧
	如何找实习
	考研、留学、考公务员如何准备
	复习英语四、六级考试,导致专业课成绩下降,"压力山大"
	如何快速适应职场
	高考发挥失常没有考到心仪的学校或专业,内心不平衡
	考研失利,求职受挫,自我效能感降低
	女生就业性别歧视
	想去某家公司但应聘失败,内心焦虑
	面试过于紧张无法平稳发挥

对于"生涯关注"维度的问题,我们可以通过生涯愿景图、撰写墓志铭、找寻榜样人物等方式,以终为始,觉察和思考自己的生涯,参考表4-4的工具;对于"生涯控制"维度的问题,可以加强决策能力和方法的训练,参考本章第二节的第三部分内容;对于"生涯好奇"维度的问题,需要加大信息探索的广度和精度,学会甄选判断,参考本章第二节的第一和第二部分内容;对于"生涯自信"维度的问题,可以通过优势挖掘、成就事件、积极自我暗示等多种方式,强化自尊,提升自我效能感,参考本章第二节相关内容。

表4-4　"生涯关注"维度问题解决工具

工具	步骤	思考
生涯愿景图	放松身体和心情,畅想十年后的世界,想想十年后的自己是什么样子?正在做什么?处于什么状态?周边环境是什么样?……动笔画出十年后的样子	未来的画面是什么?我是什么样的人?看到什么、听到什么、感受到什么?实现这个画面的意愿度有多少?为了实现这个目标,愿意付出哪些努力
撰写墓志铭	认真思考并庄重地写下属于自己的墓志铭,墓志铭里可以体现出你在哪个领域奋斗过,达到了什么样的成就,或是曾留下了哪些值得回味的东西,或是对人生的独特感悟与收获	你的墓志铭是什么?你想成为什么样的人?人生的关键词是什么?为了成为你想成为的人,你将如何度过剩余的宝贵时光

续表

工具	步骤	思考
寻找榜样人物	在人生历程中,每个人都有多种生涯角色,如学生、职场人、子女、公民、休闲者等,选择当下你最看重的三个角色,分别找到对应的榜样人物	榜样人物分别有什么特征?提炼出共性和特性?当下自己与榜样人物差距在哪里?如何缩小差距

(三)"Z世代"的规划理念

出生于新时代的人群被称为"Z世代","Z世代"的我们处于复杂的时代,这种复杂表现在未来发展方向的不确定性和发展路径的不连续性(参见图4-2)。例如,前期选择考研但结果不理想,调整路径直接就业;为初期确立的土木工程师职业目标不断积累,但偶然的机会成了兼职辅导员,发现自己对与人打交道的工作更感兴趣,重新调整发展定位;我知道要在大学提升能力,但是具体未来职业方向或者是否考研没有完全确定下来……

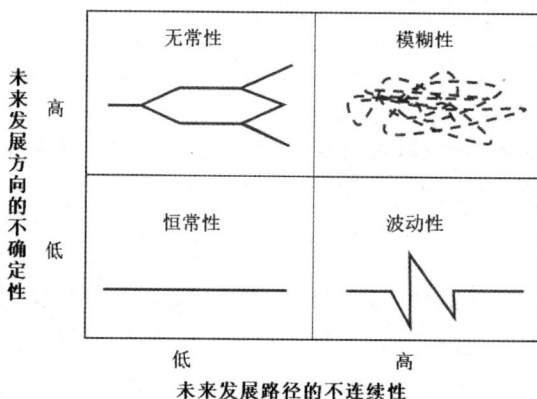

图4-2 发展方向与路径的四象限图

当我们对未来发展方向和发展路径都不清晰时,如不知道自己未来可以做什么?适合做什么?这时处于模糊混沌状态下,需要觉察自我,深入了解自我和外界环境信息,扩展视野;当发展方向确定而具体发展路径不清晰时,如有确定的梦想和目标,但不知道如何达成,需要迅速开展行动,多方整合资源,积极实践体验,"世上并没有路,走的人多了,也便成了路",探索出适合自己的路;当发展方向和路径都清晰时,处于恒常状态下,总结复盘形成经验认知,更要保持警醒和好奇,可能有更棒的路径或方向出现;当发展方向不确定而发展路径确定时,如对本专业学习感兴趣但未来不确定从事何种职业时,我们要悦纳当下,保持积累不断线,同时接纳变化,保持小步尝试迭代,偶发事件也是一种机缘,在变化中找寻机会。生涯发展过程是上述四个象限的不断循环,在循环中不断成长发展,进而提升生涯适应力。

时代在变化,我们自己也在发展变化,一个万全的规划是不存在的,但并不意味着完全放弃规划,聪明的画家都懂得,虽然不能一下子勾勒出图画,但打个草稿会更容易达到目标,用规划为未来打个草稿,同时做好随时调整的准备。"如果生命是旅途,眼睛就像探照灯,我们只能看到所在之处的一百米,一百米外的地方到底怎么样并不清楚。"所以不要做过于长远的规划,也不要做百分百的规划,过于明确的规划可能会让我们紧紧盯着目标,反而对新机会视而不见。因此,在视野范围之内我们要做详细规划,进行大方向规划,在看不到听不到没到过的地方,时刻保持警醒和接纳。

新工科专业的同学更需要做好生涯规划,提升生涯适应力。新工科专业兴起于新兴的行业和产业,也是为了这些高科技行业及产业培养人才而产生的,或是针对传统行业和产业改造升级而产生的。这些专业更是紧紧跟随着时代的潮流,是工科专业中最先进的领域,因此对人才能力的要求更高更综合,未来可选择的发展方向更广阔,发展路径更多元。尽早开始探索未来,做好生涯规划,并不断提升适应力,能让新工科专业的学生最大限度发挥专业优势和自身优势,助力职业选择与发展。

▶ 第二节 探索未来职业生涯

一、专业与职业

(一)专业连连看

"我的专业能做什么工作? 未来可以从事什么职业?"专业是教育部根据社会分工需要和学科体系的内在逻辑而划分的学科门类。技有专长,术有专攻,通过专业的学习,我们能够掌握学科的知识体系,系统提升学科思维和能力,锻造专业素养。对专业的深度了解和认知,不仅可以为大类招生背景下的专业分流提供依据,也可以探知未来的职业发展方向,有助于我们把握未来学习目标,制定相应的学习规划,提前培养专业精神,提升专业认同感,进而全身心投入学习,做好生涯发展规划或调整生涯发展规划。

通过前面章节的学习,我们对新工科专业有了宏观的了解和感知,也可以再通过专业培养手册、专业导论课程、学校招生简章、就业质量报告、生涯人物访谈、网络搜索等方式对专业进行深度探索,建议重点从专业学习、专业资源、就业前景、深造前景和专业评价五个维度进行。对于专业学习方面,可以重点了解专业培养目标、大类专业分流时间和分流专业、核心课程和实习实践要求、专业知识能力和素质要求、专业学习方法等;对于专业资源方面,可以了解本科专业对应的研究生专业、师资队伍和实验室资源、对比同类院校专业特色和优势、专业发展历程、现状及趋势等;对于就业前景方面,了解近年就业率、就业单位案例等;对于深造前景方面,了解近年保研率、国内和国外的深造率、近年上研院校、留学院校示例等;对于专业评价方面,多维度了解各方评价,如师兄师姐的评价、专业老师的评价、亲朋好友的评价、网络的评价等。具体参见表 4-5。

表 4-5　专业深度探索工具表

模块	具体内容	信息获取途径
专业学习	专业全称	专业培养手册、专业导论课程等
	专业培养目标	
	大类专业分流时间和分流专业	
	核心课程和实习实践要求	
	专业知识能力和素质要求	
	专业学习方法	
专业资源	对应的研究生专业	招生简章、专业导论课程等
	师资队伍和实验室资源	
	专业特色和优势(对比同类院校)	
	专业发展历程、现状及趋势	
就业前景	近年就业率	招生简章、就业质量报告等
	就业方向梳理	
	对口行业状况	
	近年就业单位示例	
	近年保研率	
深造前景	近年深造率(国内和国外)	
	近年上研院校示例	
	近年留学院校示例	
专业评价	师兄师姐的评价	人物访谈、网络搜索等
	专业老师的评价	
	亲朋好友的评价	
	网络的评价	

以北京交通大学的物联网工程专业为例,该专业 2021 年入选国家一流专业建设点,旨在面向新一代信息技术行业以及轨道交通等相关行业的发展和需求,培养系统掌握智能物联网(AIoT)的基础理论、工程应用研发的现代技术,特别是在物联网的人工智能应用以及基于边缘计算的 AIoT 落地实现方面,具有创新意识、实践能力、团队协作精神和国际视野

的高级工程技术人才。核心课程包括离散数学、数字系统基础、数据结构、信号与系统、微机系统与接口技术、智能计算系统、操作系统、数据库系统原理、传感器原理及应用、计算机网络原理、无线传感网、RFID 原理与应用、物联网架构与技术、机器人学导论等。

本专业毕业生能在物联网企业、IT 企业、银行、科研院所、政府部门以及相关行业,从事物联网工程及 IT 有关的规划、设计、运营、管理及相关产品研发等工作。近三年平均就业率为 100%,就业单位主要为中国建设银行、杭州华三通信技术有限公司、北京瑞友科技股份有限公司、北京影合众新媒体技术服务有限公司、华耀(中国)科技有限公司、创新工场等。主要上研院校为北京交通大学、北京航空航天大学、北京理工大学、北京邮电大学、浙江大学等。主要留学院校为美国罗切斯特大学、美国雪城大学、瑞典皇家理工学院等。

专业是职业发展的理论基础,职业是专业学习的实践拓展,专业和职业之间一般具有一对一、一对多和多对一的相关关系。第一种关系是专业与职业对应性强,例如驾驶专业的学生毕业后成为司机,美发专业的学生毕业后成为理发师等。在这种关系下,专业的培养目标相对比较明确,职业的技术含量较高且单一。此时,同学们可以先确定就业目标,根据就业目标确定求学专业,此类专业多存在于各级职业技校。第二种关系是一种专业对应多个职业,如经济学专业的毕业生可以从事经济金融分析、证券投资、企业财务管理、高校教师等多种职业。普通高校中设置的专业多属于此类,选择这类专业的学生大多先确定专业,毕业后再根据专业选择及个人能力、兴趣等确定具体求职方向。第三种关系是同一职业对应多个专业,如投资行业接收来自经济、管理、交通、机电、电信等多个专业的学生,教师可以由各行各业拥有一定知识储备的权威人士担任等,多种专业都可以从事某一种具体的职业,图 4-3 为自动化专业对应的多个公司不同的招聘岗位。

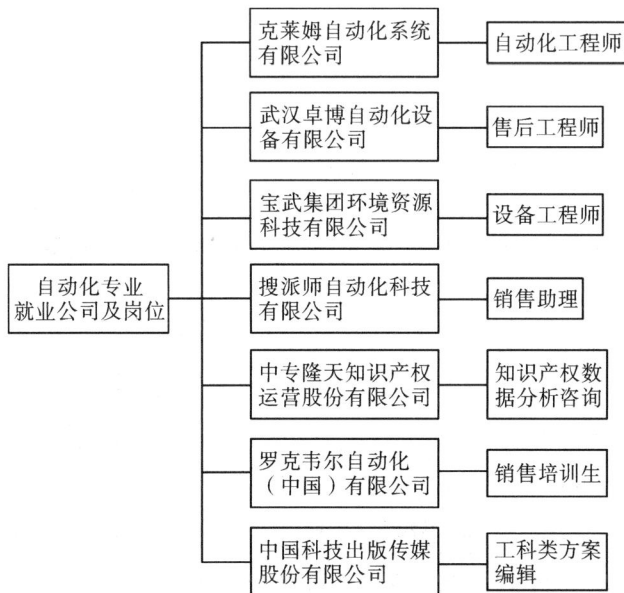

图 4-3　自动化专业对应职业示例

(二)职业的艺术照和生活照

通过前面章节的学习,我们已经基本了解新工科专业对应的六大重点行业发展前景和趋势,职业核心素养等内容,但《中华人民共和国职业分类大典》(2015年版)中发布了1481个职业,且每年不断有新职业补充。所以,我们需要掌握一套职业探索的科学方法论,用于指导自身紧跟时代步伐,探秘感兴趣职业的真实情况。职业世界的探索可以从行业、地域、企业和岗位四个方面开展。

1.行业

行业是有周期的,分为曙光期、朝阳期、成熟期与夕阳期。行业处于曙光期时竞争对手少、可创新性高,但不确定性较强,风险大,适合意义需求者,如物联网行业;行业处于朝阳期时发展较快,收入较高,可以获得较大的成就感,但是工作压力较大,适合实干家,如新能源产业;行业处于成熟期时发展稳定,收入中上,晋升渠道稳定,但是竞争对手少,缺乏激情,人事关系较为复杂,如铁路行业;行业处于夕阳期时节奏较慢,生活舒适,但收入较低,前途渺茫,适合坚守求变者,如石油煤炭产业。

2.地域

不同地域由于地形环境、经济发展等因素,侧重发展的行业不同,薪资收入、幸福感指数等也不同。较发达的地区包容性较强,创新力较高,但是生活节奏较快,压力较大,生活成本较高,竞争激烈。欠发达的地区生活节奏慢,生活成本低,有较大的发展空间,但是创新以及发展基础薄弱,薪资收入较低。同时,不同地域的人才引进政策、行业发展优惠政策不同,有些地域对应届大学毕业生优惠政策力度较大。

3.企业

对于企业信息的探索,可以从企业的类型、特点、发展阶段、规模等方面进行,企业的基本信息可以从官网查询,借助信用中国、天眼查等平台可进行企业资质查询。

4.岗位

岗位大致可以分为技术型、业务型和职能型三类。技术型指专门从事专业技术相关的工作,对相关专业能力要求较高;业务型指从事业务或产品价值链的关键节点,如市场、销售、运营等;职能型指企业支持部门相关岗位,如人力资源、财务等。探索岗位信息时,需要对岗位的工作内容与职责、对任职者的能力素质要求、工作时间地点和环境、未来发展路径通道、工作压力、薪酬待遇等情况进行全面探索。但需要注意,同一家企业不同岗位、不同企业的类似岗位工作情况可能大不相同,不能一概而论,需要具体情况具体分析。

职业信息的深入探索可以采用网络搜索、人物访谈、实地参观、实习实践等多种方式,不同途径职业信息的获取难度及信息的精确度有所区别,如图4-4所示。推荐同学们在网络搜索方面,关注学校就业服务部门、政府就业主管部门和就业指导单位发布的官方信息,还要多关注行业报告、行业分析数据等信息。工作实习和社会实践是获取最直观、最真实职业信息的主要途径,实习实践也给了企业考察了解毕业生、择优录用员工、扩大单位影响力的机会。当前企业热衷招聘实习生,建议同学们积极参与实习,在积累工作经验的同时还能深度探索职业信息,且拥有实习经历的毕业生更容易在应聘中取得成功。

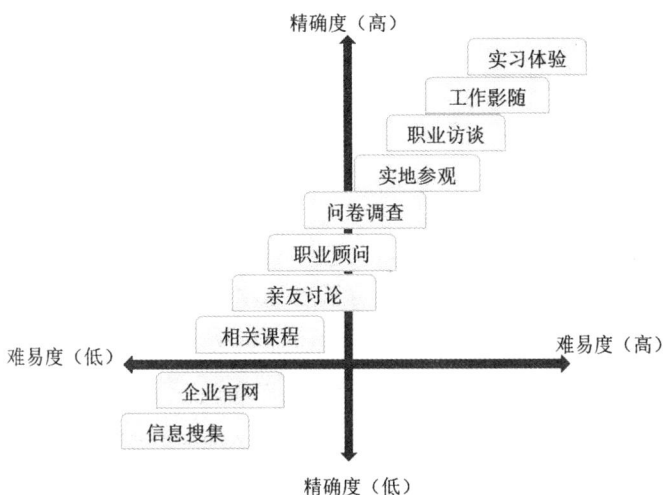

图4-4　职业深度探索方法

以新工科专业人工智能为例,从整体来看,人工智能主要的就业方向有科研机构、高校讲师、互联网企业软硬件开发。其中,科研机构主要对人工智能技术进一步的探究,为真正的人工智能实现储备技术力量;高校讲师主要是为人工智能的应用储备人才力量,为人工智能的普及提供强有力的人才支撑;相对于前面两个就业方向而言,互联网企业软硬件开发是目前人工智能学习者的主要就业方向,该专业主要从事的技术应用领域有以下几个主要方面。

(1)搜索方向。搜索是人工智能的重要应用领域,目前初步实现的人工智能产品如小度、小爱同学、天猫精灵等,都是建立在智能搜索和语音搜索的基础之上的。此外图片搜索已经基本实现,精准度可以达到90%以上,如百度识图、作业帮搜题等。视频搜索也是搜索领域进一步研究的方向。

(2)计算机视觉和模式识别方向。这个方向是从技术层面划定的方向,其应用领域包括智能办公、智能交通、智慧城市等。技术的表现层有指纹识别(常见如智能办公中的打卡、公安系统中的案件处理)、人脸识别(常见如各种互联网工具认证、规模化人员管理)、虹膜识别(常见如影视剧中密码锁)、车牌识别(交通系统中的违章判定以及电子化处理)等。

(3)医学图像处理。医疗设备和医疗器械很多都会涉及图像处理和成像技术,诸如西门子、飞利浦等企业都会有专门的人工智能研发部门。

（4）无人驾驶领域。无人驾驶是近些年国内比较热点的话题，也是人工智能重点应用领域之一，某些汽车品牌已经在无人驾驶领域得到了应用并且真正获得上路资格，但是由于目前的人工智能技术并不能支撑真正的无人驾驶，因此在无人驾驶车辆出现事故后，无人驾驶的应用目前再次回归实验室。

（5）智慧生活和智慧城市等。人工智能已逐步推广应用于人们的日常生活中，包括交通、商业、智能家居等诸多领域。杭州深化移动办事之城、移动支付之城、新零售示范之城建设，与阿里集团合力共建基于飞天操作系统的全国云计算之城，致力建设"全国数字经济第一城"。

以上各种方式我们只能探索当前社会存在的职业，而随着时代的变化和发展，每一年都会有新职业收录到职业大典中。新职业是指随着经济社会发展和技术进步而形成的新的社会群体性工作，或者原有职业内涵因技术更新发生较大变化。2021年3月，人社部会同市场监督管理总局、国家统计局向社会正式发布了集成电路工程技术人员、企业合规师、公司金融顾问、易货师、二手车经纪人、汽车救援员、调饮师、食品安全管理师、服务机器人应用技术员、电子数据取证分析师、职业培训师、密码技术应用员、建筑幕墙设计师、碳排放管理员、管廊运维员、酒体设计师、智能硬件装调员、工业视觉系统运维员等18个新职业信息。

人工智能时代已到来，随着新技术不断发展，AR技术、人类基因、高铁票电子化、电子身份证、云计算、物联网、区块链、大数据等层出不穷。后疫情时代，部分企业启用AI面试，机器人会根据应聘者的语音语调，对应聘者的反应速度、心理情绪等进行分析，对回答问题的关键词和语义进行分析，结合企业业务和岗位需求进行匹配度的初始判断，后续将发展成捕捉微表情绘制应聘者的职业画像。可见，当今的职业世界不断发展变化，组织由金字塔形趋向扁平化发展，职业岗位转换更加频繁，新型职业种类大量出现，人工智能取代更多人力，职业要求不断提高，对复合型人才需求不断加大。在这个不确定的时代，我们要有跨界思维，永远保持创新思维，不要仅仅守着自己的一亩三分地，要保持开放的心态，拓宽视野和思维方式，关注社会发展变化，多听多看多体验，提升能力，不断适应社会甚至是改变社会。

二、生涯自画像

（一）镜中我与真实我

"我是谁？从哪里来？要到哪里去？"是人生的终极三问，也是我们对人生意义的探寻。"我适合做什么？擅长什么？喜欢什么？追求什么？"是同学们常见的生涯困惑问题。结合生涯建构理论，要解决上述问题，做好生涯发展规划，除了对专业、职业、环境的探索外,更要深度认知自我,尤其要探索自己的职业人格和人生主题,同时,根据外界的变化构建自我,动态认知自我。对于职业人格的探索,可以通过兴趣、能力、价值观三个角度开展。

1.兴趣

小狄坚定地认为兴趣才是做事的原动力,不喜欢自己原专业但没有好好学习而转专业失败,参加了社团但觉得学习不到东西只坚持了一个月,学校第二课堂的实践活动看不上,觉得没有真正感兴趣的,参加大学生创业项目,中期没做完就放弃了,大三实习时发现公司总让打杂,只做了一周就离职,所有的尝试都浅尝辄止,他认为自己必须要找到感兴趣的事情才能坚持下去,但直到毕业还是找不到自己的兴趣点。

"知之者不如好之者,好之者不如乐之者。"兴趣是一个人对某事物的喜欢、关切的心理状态,可以使人集中注意力,进入愉快紧张的状态。美国心理学教授约翰·霍兰德于1959年提出了职业兴趣类型理论,该理论把人分为六种类型,不同人格类型对应不同职业环境,认为人格类型与职业类型的匹配是职业满意度、职业稳定性和职业成就的基础,参见表4-6。

表4-6　霍兰德职业兴趣类型特点

类型	职业兴趣倾向	典型职业代表
实用型 (realistic)	愿意使用工具从事操作性工作,动手能力强,做事手脚灵活,动作协调。偏好具体任务,更喜欢与物打交道。擅长操作,喜欢身体参与的工作,身体力行。偏好使用工具、机器,需要基本操作技能的工作	技术性职业(计算机硬件人员、摄影师、制图员、机械装配工),技能性职业(木匠、厨师、技工、修理工、农民、一般劳动)
社会型 (social)	爱结交,善言谈,乐于助人,喜欢教育他人,喜欢其乐融融的氛围,性情比较平和,在新环境中能跟人迅速打成一片,有敏感的人际关系感知,关心社会问题,渴望发挥自己的社会作用。偏好从事提供信息、启迪、帮助、培训、开发或治疗等事务	教育工作者(教师、教育行政人员),社会工作者(咨询人员、公关人员)
艺术型 (artistic)	喜欢自我表达,个性强,富有想象力、创造力,打破规则,常有奇思妙想,擅长创造有美感的新事物,喜欢多样性。偏好鼓励创新、提供个人表现和创新的自由空间的环境	艺术方面(演员、导演、艺术设计师、雕刻家、建筑师、摄影家、广告制作人),音乐方面(歌唱家、作曲家、乐队指挥),文学方面(小说家、诗人、剧作家)

续表

类型	职业兴趣倾向	典型职业代表
事务型 (conventional)	喜欢有条理、程序化的工作,擅长组织或整理繁冗的信息和资料,不喜欢应对出其不意的变化,讲求实际和规范化,讲求结构化和分类,尊重权威和规章制度,喜欢按计划办事,细心、有条理,偏好关注实际和细节,通常较为谨慎保守	秘书、办公室人员、记事员、会计、行政助理、图书馆管理员、出纳员、打字员、投资分析员
研究型 (investigative)	喜欢探索和理解事物,喜欢逻辑分析和推理,不断探讨未知的领域,擅长把事物抽象化,比较理性,擅长复杂的推理论证,逻辑思维比较强,抽象思维能力强,求知欲强,肯动脑,善思考,偏好独立的和富有创造性的工作	科学研究人员、教师、工程师、电脑编程人员、医生、系统分析员
企业型 (enterprising)	擅长向人推销自己的产品或观点,追求掌控感和领导力,有抱负,责任感强烈,喜欢管理和领导他人,追求权力、权威和物质财富,喜欢竞争、敢冒风险、有野心、抱负。习惯以利益得失衡量做事的价值,做事有较强的目的性	项目经理、销售人员、营销管理人员、政府官员、企业领导、法官、律师

在现实生活中,大多数人都并非只有一种职业人格类型倾向,而是六种类型的组合,不同人的突出类型不一样,并且会随着环境的变迁、自身的成长、不断地实践体验而发生改变。例如,图4-5为某同学大一年级和研一年级的霍兰德职业兴趣对比图,左侧为该同学大一年级的霍兰德职业兴趣类型测评结果,右侧为研一年级霍兰德职业兴趣类型测评结果,使用的测评系统和题目完全一致。从对比图中发现,该同学大部分的代码得分均有所增加,主代码为SEA,研一时A类型更为突出,分数增加更多。分析该同学的霍兰德代码变化经历,他在大学期间依据自己的兴趣爱好参与了大量图画设计、视频制作、活动策划等相关工作,在提升能力的同时,艺术细胞慢慢觉醒占据主位,找到当前自己的最高兴趣点,持续与同学间保持和谐良好的关系,管理细胞因常居社团负责人职位而有所提高,研究细胞因工科的专业学习而提高。

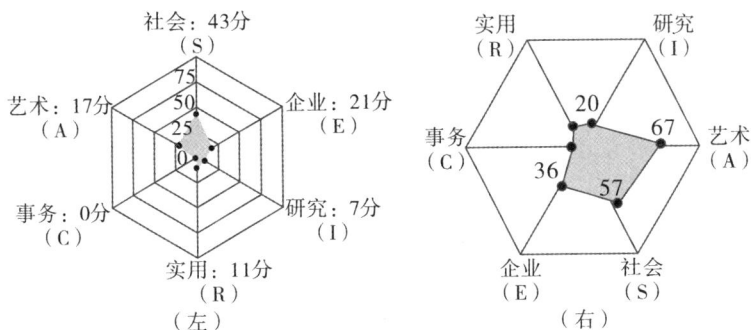

图 4-5　某同学大一和研一年级的霍兰德职业兴趣对比图

听说把兴趣变成职业就没那么有趣了,该不该把兴趣转变成职业? 没有兴趣怎么办? 一方面,真正的职业兴趣一定是尝试出来的,不是臆想或者简单测评出来的,很大程度是从后天的生活实践中培养出来的,所以没有兴趣时,要勇于尝试,并认真做好当下;另一方面,享受不是兴趣,愿意付出才是兴趣! 兴趣带来的热情只是精通的副产品,对于职业而言,岗位胜任力才是最重要的,兴趣的培养跟能力增长是不断正向反馈循环的过程,真正可以持久的兴趣一定是痛并快乐着,擅长又有热情才是兴趣转变成职业的正确打开方式。

2. 能力

能力是一个人完成一件事时所表现出来的综合素质,其可以拆解成三个要素,分别为知识、技能和才干(见图 4-6)。

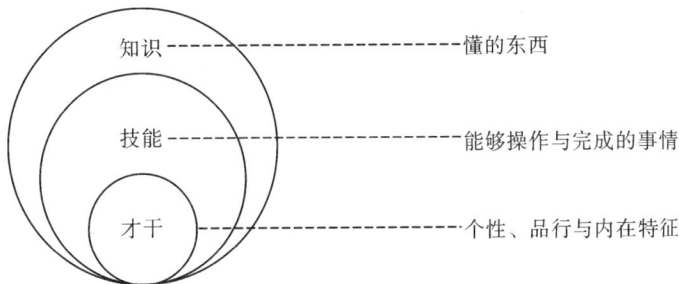

图 4-6　能力三核

知识是学到并懂得的东西,如专业知识、学历、资质证书都是知识的呈现,通过浏览、阅读、培训、旅游增长见识,平时注重自我总结,都是知识的习得;技能是运用知识和经验通过练习而形成的,如学到了如何做实验,做课程项目设计,如何沟通表达;才干是你的个性、品质和内在特质,如亲和力、幽默、感染力等,一方面是基因自带的特质,另一方面也会经过后天的长期积淀形成,是个性特征的一部分,例如,朋友经常评价你是乐观的、逻辑性强的人。我们通常用丰富形容知识,用熟练形容技能,用特色形容才干。例如,同样的微积分课程,知识内容体系一样,但不同老师的经验和学识深厚程度不一样,老师们讲解的内容不尽相同,这是知识的不同;虽然都是授课,但不同老师的授课方式不一样,课堂组织也不一样,这是技能的不同;授课风格也不一样,有些老师幽默风趣,有些老师娓娓道来,这是才干的不同。此外,资源也是能力的一部分,要学会建立自己的资源库,对资源进行整合。

经过前面章节的学习,我们发现职业核心素养绝大部分是技能和才干,而技能和才干可以通过不断刻意练习积累,所以大学的学习任务不仅仅是学习知识,更是思维方式的培养,是技能和才干的提升。此外,我们也很容易发现,不同职业的核心素养有重叠,这说明技能和才干具有较强的迁移性,所以即使我们的专业学习、之前参加的社团工作、参与的实习实践等均可能与最终就业的职业看似没关系,但都无形中给自己积累了能力。

木桶原理告诉我们,一个木桶的容水量取决于它最短的那块木板。而当下流行的新木桶原理告诉我们,木桶最长的一根木板决定了其特色与优势,倾斜放置木桶,木桶能盛多少水在于长板多长,这里长板指的是个人优势,重点是个人能力。在职场中,绝大多数工作都需要团队协作,需要充分发挥自己的优势与他人合作完成工作任务。因此,找到自己的核心竞争力并发挥优势尤为重要。我们可以使用成就事件挖掘个人优势能力,成就事件指的是在生活中完成的有成就感的事件,是自己喜欢做这件事时体验到的感受,也为完成它所带来的结果感到自豪。深入挖掘成就事件中体现出的个人优势能力,并持续精进这些能力,参见表4-7。

表4-7　成就事件探索优势能力

成就事件拆解	具体描述				体现能力			发现自己在兴趣、资源等其他方面的个人优势
	事件背景	事件目标	采取的行动	结果和收获	知识	技能	才干	
成就事件1								
成就事件2								
成就事件3								

3.价值观

小闫经常感觉自己的想法跟其他同学不一样,并且为这种不一样感到不好意思,自己喜欢过安稳的小日子,不想考研,想直接就业,从事一份差不多的工作即可,更喜欢生活和工作的平衡。但身边的同学都准备考研并且认为不考研是不上进、不积极的表现,父母和亲朋好友都告诉他考研才有前途、有出路,他自己也怕不考研未来会后悔。

　　价值观是一个人对某一事物价值大小的判定,古人云:人各有志。这其中的"志"就是指价值观。职业价值观是工作中最为看重的东西,也是人们最期待在职业中获得的。每个人的家庭、教育环境、年龄、阅历、兴趣爱好不同,价值观各有千秋。图4-7为北京交通大学2022届毕业生对工作的期待因素调查统计情况,可见毕业生的职业价值观既有共性又有特性。

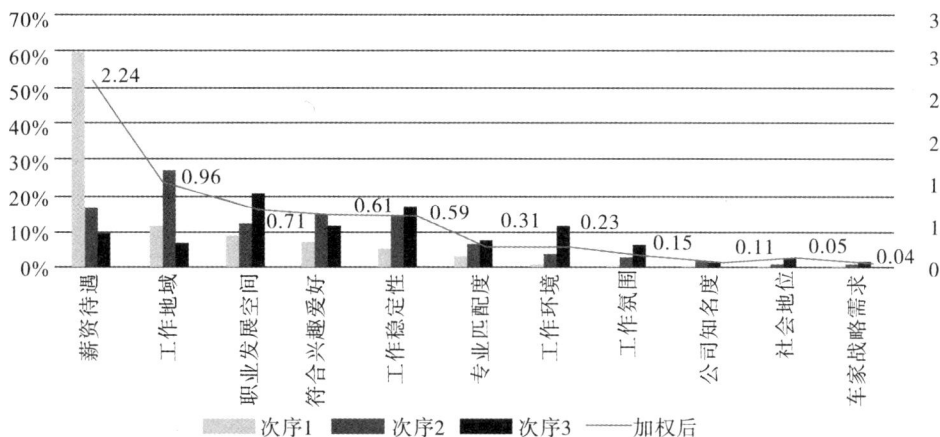

图4-7　北京交通大学2022届毕业生对工作的期待

　　美国心理学家舒伯1970年研究开发了职业价值观量表,归纳了常见的职业价值观。根据我国大学生实际情况,本书对量表项目有所修订,同学们可以借助表4-8探索个人职业价值观。首先对每一项职业价值观打分,其次根据打分情况筛选出排序靠前的三个因素,最后通过自问三类问题分析、筛选出你的职业价值观:①它是你自由选择的,没有来自任何人或任何方面的压力吗?你什么时候体会过这些价值观带给你的满足?②你是否珍爱你的价值观,或者为你的选择感到自豪?你愿意公开向其他人承认你的价值观吗?③你的行动是否与你选择的价值观一致?如果要一直践行这些价值观,你觉得可以做点什么?如果筛选出的价值观可以得到持续确认、公开承认和体验践行,它便是你真正的价值观。

表4-8　职业价值观打分表

序号	职业价值观	打分 (总分10分)	职业价值观解释说明
1	利他主义		工作的目的和价值在于直接为大众的幸福和利益尽一份力
2	美感追求		工作的目的和价值在于能不断地追求美的东西,得到美的享受
3	智力激发		工作的目的和价值在于不断进行智力的操作,动脑思考,创造发明,学习以及探索新事物,解决新问题
4	成就满足		工作的目的和价值在于不断创新,不断取得成就,不断得到领导和同事的赞扬,或不断完成自己想要做的事

续表

序号	职业价值观	打分（总分 10 分）	职业价值观解释说明
5	独立自主		工作的目的和价值在于能充分发挥自己的独立性和主动性，按自己的方式、想法和步调去做，不受他人的干扰
6	声望地位		工作的目的和价值在于所从事的工作在人们心目中有较高的社会地位，从而使自己得到人们的重视与尊敬
7	管理权力		工作的目的和价值在于获得对他人或某事物的管理支配权，能指挥和调遣一定范围内的人或事物
8	经济报酬		工作的目的和价值在于获得优厚的报酬，使自己有足够的财力去获得自己想要的东西，使生活过得较为富足
9	社会交往		工作的目的和价值在于能和各种人交往，建立比较广泛的社会联系和关系，甚至能和知名人物结识
10	环境舒适		希望能将工作作为一种消遣、休息或享受的形式，追求比较舒适、轻松、自由、优越的工作条件和环境
11	安全稳定		不管自己能力怎样，希望在工作中有安稳局面，不因奖金、工资、调动工作或领导训斥等提心吊胆、心烦意乱
12	人际关系		希望在一起工作的同事、领导人品好，相处愉快、自然，认为这就是很有价值的事情，是一种极大的满足
13	新意变化		希望工作的内容经常变化，使工作和生活显得丰富多彩，不单调枯燥
14	平衡家庭		希望工作和家庭生活不冲突或能够平衡家庭和工作，照顾家人
15	提高行业的世界竞争力		希望工作能推动行业发展前进，提高行业的竞争力
16	解决凸显的社会问题		工作的价值和目的是能解决社会突出的矛盾和问题

我们还可以借助人生价值清单来判断自己的人生价值观（见表 4-9），完成人生价值清单后，还需要选出对你来说最重要的三个选项，并思考选择的原因。假如只能留下一个最重要的选项，是什么？为什么？当面临人生的重大决策时，这些看重的价值观是如

何影响你的？相较职业价值观，人生价值观的稳定性较高，当遇到重大事项时，人们的价值观会因受到影响而发生改变。

表 4 - 9　人生价值清单

选项	重要程度				
	1	2	3	4	5
1.有一个幸福美满的家庭					
2.赚大钱					
3.健康而长寿					
4.持续学习					
5.有一些知心朋友					
6.从事自己感兴趣又可发挥专长的工作					
7.有一栋舒适又漂亮的房子					
8.成为国家公务员					
9.有充裕的金钱与休闲时间					
10.拥有完美的爱情					
11.和喜欢的人长久相伴					
12.拥有自己的公司					
13.到处旅游					
14.成立慈善组织机构					
15.享受结交新朋友的乐趣					
16.工作富有挑战性与创造性					
17.成为名人					
18.随心所欲地做自己的事					
19.无拘无束的生活					
20.具有一定的社会声望					

在深度认知自己的方法上，推荐大学生使用多尝试、多总结、做测评、360 度评估、定期重新认知等五种方法。

（1）多尝试。不尝试怎么会知道自己真正喜欢什么呢？很多事情如果只是听说，往往容易产生片面认识。能力需要通过行为来发掘，通过做事情才能发现和锻炼自己的能力。

（2）多总结。世界上有成百上千个行业与职业，不可能都一一尝试，所以需要举一反三地总结，叩问自己一些深层次的问题。例如，你的哪些能力比一般人的强，而哪些能力比一般人的弱？这些能力属于职业核心素养吗？你不喜欢研发工作只是浅层现象，你需要问自己为什么不喜欢研发，不喜欢它哪方面，是讨厌工作内容还是不喜欢这个行业的人？这个工作有没有哪方面是你相对喜欢的？只有不断叩问内心才能发现自己真正的追求。

（3）做测评。借助应用广泛、口碑较好的测评工具，如霍兰德职业兴趣类型、职业锚、能力词典等做测评。但测评只是辅助工具，结果仅作为参考，不能按照结果给自己贴标签。

（4）360度评估。有时当局者迷、旁观者清，可以请父母、家人、长辈、老师、师兄师姐、同学朋友等对我们进行全面评价，收集自己的优势长处、缺点不足、个人特质、性格、才能等评价反馈，作为自我评估的补充，有助于全面准确地认知自我。

（5）定期重新认知。事物是普遍联系的，一切事物都处在相互影响、相互制约的关系之中。自我发展是个体与外界环境交互作用的结果，自我会随着外界的变化而变化，而自我行动也会对外界环境产生影响，因此要定期进行自我重新梳理和认知。

（二）那些生涯故事的背后

将完整的人分解成不同侧面，从兴趣、能力、价值观等角度进行认知，虽然能快速了解自我，但人并非能完全割裂开来，这种认知方式不够系统全面，不能完全解释个人生涯的构建过程和结果，还需要借助生涯故事把人作为整体来理解和探索，讲述生涯故事能让我们觉察到那些本就存在但模糊不清的意识。

生涯建构理论提出，个体自我概念和愿景目标通过一个生涯主题来展现——如同一个故事的主题，概括了这个故事的中心思想。生涯主题由一个或一系列个体最急切希望解决的问题和个体解决问题的方法构成。个体生涯发展的目标和行动都围绕生涯主题的宏观指引展开。当明确生涯主题后，那些看起来碎片化的、相互矛盾的，以及意义含混不清的经历会变得清晰而连贯，并给个体提供了对未来生涯选择的指引，以及面对各种职业变动（尤其是被外界所迫的变动）的方案。

1. 生涯探索五问

我们可以借助"生涯探索五问"工具找到自己的人生主题，借助"IE模型"绘制出生涯故事背后的生命画像。

第一问：榜样人物——你最欣赏或崇拜的人有哪些？他们哪些特质吸引你？你与他们有哪些相似点？你期待获得他们的哪些特质？

在对榜样人物特征的描述过程中会自然地阐述出自我，同样一个人物，不同人看到的特质都会不同，因为我们在这些榜样角色中看到的是自己，回答这些问题时对当前的自己及期待中的自己进行觉知。

第二问:兴趣活动——你最喜欢且经常看的电视节目(或杂志、网站等)有哪些? 为什么喜欢它?

回答这些问题时展现的是我们不受限制状态下的倾向,最能显露我们的兴趣和偏爱的环境,结合霍兰德职业兴趣类型,探究可能的自我,预测未来的职业方向偏好。

第三问:喜欢的故事——你最喜欢的书或电影是什么? 讲讲里面的故事情节。

回答这个问题可折射出自身的核心问题以及自己认可的处理问题的方式,撰写生命脚本。

第四问:座右铭——你最喜爱的格言或座右铭是什么?

这个问题的答案既是对自己的建议,也是自己前行的力量。

第五问:早期回忆——能告诉我你现在能记起的最早的三件事吗?

回答这个问题展现的是自己对生活的信念,对生命的看法及个人执念的隐喻。

2.IE 模型

在讲述生涯故事时,我们既关注过去和当下的经验,也注重解释其重要性并赋予其意义,最终将故事引向即将面临的未来,制订出适合自己的行动计划,即回顾过去、感悟现在、展望未来,具体参见图 4-8。

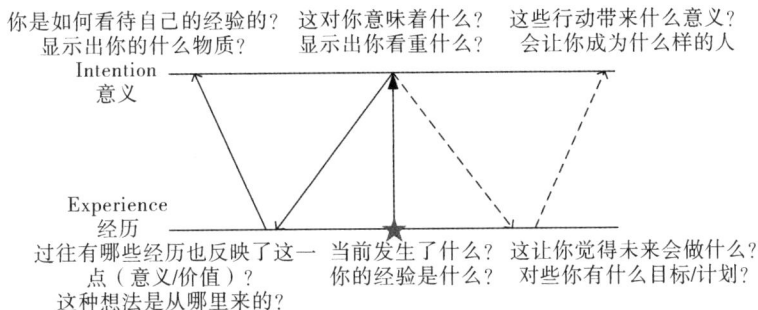

图 4-8　IE 模型

以下是来自真实案例的生涯咨询节选。来访者为应届毕业研究生,自述问题为:参加了大量招聘会,还没有收到满意的录取通知,身边很多同学的工作已经确定了,自己压力有点大,持续找工作有些疲惫,进入了求职倦怠期,期待通过咨询排遣就业压力、稳定情绪、重新出发。

咨询师:当前的求职经历虽然带给你一些压力和不安,但在此过程中你也收获了一些经验,是什么?

来访者:经历大量招聘活动,我对自己适合做什么和岗位需要什么样的人更清楚了,也更明确自己的职业定位。求职是能力、心力、体力、精力交织的考验,虽然现在仍有压力和焦虑,但我个人整体变得比以前更坚忍,情绪处理能力更强了。

咨询师：刚刚你提到更清晰地认识自己的职业定位了，那你现在的职业定位是什么？变得更坚忍、情绪更稳定对你意味着什么？

来访者：现在求职更看重的因素是职业发展平台，求职对我的改变让我更有信心解决未来遇到的困难和难题，对进入职场后的生活也树立了一定的信心。

咨询师：看重职业发展平台的想法源自哪里？你是如何产生这种想法的？过往有没有类似的经历？

来访者：刚开始求职时"鱼"和"熊掌"都想兼得，但后来不断碰壁，收到不是很满意的聘书，包括自己也会不断复盘，发现还是要抓住对自己来说最为重要的，有些东西可以暂时放弃。过往在选择读研高校时也有类似的经历，当时很犹豫选择本校还是更好的高校，最终选择了更好的高校，所以其实我还是很看重发展平台的。当然，在冲击更高平台高校的过程中也有很多压力，遇到了一些困难，经过了一些周折，但都一一克服，最终成功了。

咨询师：你是怎么看待自己过往读研选择高校和现在的求职经验的？这显示出你有什么样的特质？

来访者：回想起来读研选择高校的经历，觉得自己很棒，朝着目标一直在努力，我还是有点冲劲的。求职的经历让我觉得自己还是挺能坚持的。

咨询师：通过对这些经历的梳理，再看当下，你准备做些什么？有什么目标和计划？

来访者：接着努力求职吧，总会有"守得云开见月明"的那天。当然，如果还是不能收到比较满意的聘书，我也会试着调整自己，就像读研换目标高校那样。

咨询师：这些行动会带来什么意义？目标达成、计划实现你会有什么感觉？

来访者：会让我的自信心更加提升，更加坚忍，相信自己没有克服不了的困难，没有解决不了的问题。

三、平衡与重心

（一）向左还是向右

生活是一个选择叠加着另一个选择的过程，大学生常见的重要决策之一是确定未来的就业方向的确定。就业途径可以选择保研、考研、就业、留学和创业，而不同选择方向下还有更细分的选择，如考研会面临专业、院校的决策，就业会面临企业类型、城市、岗位等决策。

我们先来做个测试，你家门口有三条公交车路线，一条路线的车有空调，冬暖夏凉，但位置有限，通常上车时就没有座位了；一条路线的车是双层巴士，观光效果很好；一条路线的车有点旧，但容量很大，一般都能坐上座位。你今天出门只能坐公交车，会选择哪一条线路？

　　每位同学都会有自己的选择,但开始选择前要问问自己的目的地是哪里? 如果三条线路公交车都能到达目的地,你才会根据个人的喜好选择,如果只有一条线路的公交车能到达,其实是没有选择的。所以在做决策时要跳出决策本身,看看最终的目的地是哪里,哪个选项更接近目标,这才是决策背后的逻辑。例如,当你决策要不要读研,可以跳出选项看目标,你未来的职业目标是什么? 未来的职业发展方向是什么? 选择深造是不是更接近自己的目标了?

　　生涯科学决策的方法可遵循 CIP 认知信息加工理论(见图 4-9),该理论模型把决策分为三个层级,底层是支持做决策的信息,包含自我知识和职业知识,如探索自己适合做什么,擅长做什么,收集行业、企业的职业信息等。中间层是决策层面,通过 CASVE 循环形成决策方案;顶层是对整个决策过程的反思,即元认知,相当于用第三只眼在看自己决策过程的思维模式,包含自我觉察、自我反省、自我评价与自我调节,如平时决策形成的经验教训认知等。

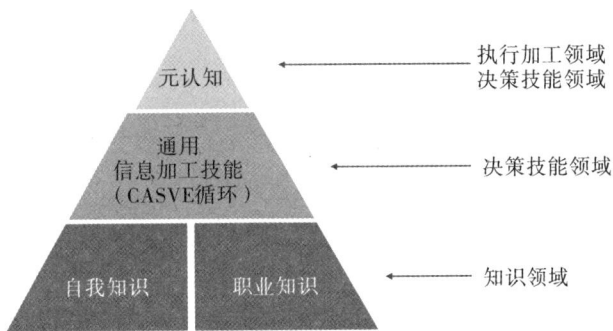

图 4-9　CIP 认知信息加工理论模型

　　钟南山从医之路的选择遵循了上述决策模型,高考时他面临两个选择,其一,中央体育学院(北京体育大学)抛来的橄榄枝,可以通过自招进入,未来有机会进入国家队。其二,他自己的理想是当一名医生,想到北京医学院(北大医学部)学习,但学校的高考录取分数要求较高,以他当时的成绩考上该校有风险。钟南山出生在医学世家,面临这个重大选择时,他仔细梳理了自己,想起自己平时喜欢看爸爸做医学实验,特别喜欢照顾做实验用的小白鼠,总喜欢追问爸爸一些医学问题,想起病人的感激目光,但自己平时也很喜欢体育,愿意投入时间和精力训练,在体育上比别的同学有天赋,自己的梦想是去北京。这时他继续分析了两个选项的优劣势,想起之前老师说过的一句话,人不应单纯的生活在现实中,还应有理想,人如果没有理想会将微小的事情看得很大,耿耿于怀,人如果有理想,身边即使有不愉快的事情,与自己的抱负相比也会很小。最终,他决定成为一名优秀的医生,运动可以成为他的兴趣爱好但并不是他一生追求的理想。进入大学后,他在医学知识的海洋中遨游,感受到快乐和充实,当然也没放弃自己的体育爱好,参加了第一届全运会的比赛测验且打破 400 米全国纪录,北京体委向他抛出橄榄枝,他坚定地拒绝了,因为他在学习的过程中越发认定自己要一生投身于医学事业,这就是元认知层次。

以大学生常见的是否考研决策困惑为例,运用 CASVE 循环(见图 4-10),我们首先要明确自己是否适合读研、考研需要复习的科目有哪些、重要他人对自己考研的态度等,然后借助 CASVE 循环思考为什么要读研?读研对自己的重要程度如何?读研能更靠近自己未来的职业规划吗?理想只能通过考研实现吗?是否还有其他实现途径?选择考研的利弊各是什么?准备和行动计划是什么?

李婧目前大三,意愿是读研究生,但她的数学学得不好,担心自己考不上。她在咨询过程中被问道:读研目标是否有其他途径实现?她提到,支教或者工作保研也是其中的一个选择。还可以选择出国,也可以选择先工作一段时间,之后需要学历提升的时候再考取在职研究生或全日制研究生。

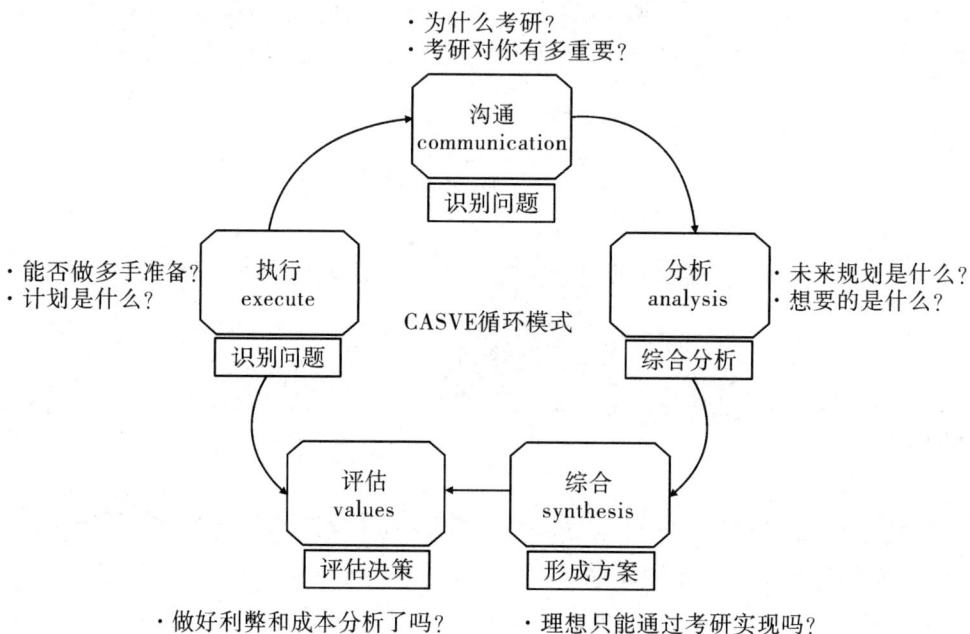

图 4-10　考研的 CASVE 循环思考

除了上述 CIP 信息加工理论方法外,生涯决策平衡单(见表 4-10)也可以辅助我们做决策。平衡单的使用方法为先列出可能的选项,一般 3~5 个,写到最上方的选择方案中。然后判断利益得失,利益得失可以从个人物质、他人物质、个人精神、他人精神四个维度多个因素判断,在实际使用过程中可以根据自身情况删减或添加判断因素。在第三列职业决策考虑要素中,根据对你而言职业选择的重要度,赋予各因素权重分数 1~5分,分数越大表示对你越重要。对每个选项方案中的要素进行横向打分,-10~10 分之间,优势为正分数,劣势为负分数。最后,将每一项的评分与权重相乘再加和,计算出每个选项的总分。比较各个选择方案的分数,梳理自己的决策过程,重要的不是得分结果,而是量化思维的过程。

表 4 - 10 生涯决策平衡单样例

考虑因素	权重(1~5)	选择项目					
		生涯选择一		生涯选择二		生涯选择三	
		加权分数		加权分数		加权分数	
		+	-	+	-	+	-
个人物质方面的得失	1.收入						
	2.工作难易程度						
	3.升迁机会						
	4.工作环境的安全						
	5.休闲时间						
	6.生活变化						
	7.对健康的影响						
	8.就业机会						
	其他						
他人物质方面的得失	1.家庭经济						
	2.家庭地位						
	3.与家人相处时间						
	其他						
个人精神方面的得失	1.生活方式的改变						
	2.成就感						
	3.自我实现的程度						
	4.兴趣的满足						
	5.挑战性						
	6.社会声望的提高						
	其他						
他人精神方面的得失	1.父母的支持						
	2.师长的支持						
	3.男女朋友的支持						
	其他						
加权后合计							

小武同学目前收到两个聘书,某发展集团工程岗和某出版社编辑岗,两个工作的福利待遇、发展平台和工作内容等各有优势,小武同学很纠结,不知道要选择与哪个单位签约,以下是他的决策平衡单结果(见表 4 - 11)。小武做完平衡单后,重新审视选项和分数,认为"发展潜力""薪酬待遇"因素还需要补足更多的信息再做决策。

表 4-11 小武同学的决策平衡单

单位	权重	某建设发展集团 （工程岗）	某出版社 （编辑岗）
行业	4	8	7
平台	5	5	5
工作地点	2	6	8
待遇	3	5	5
培养机制	1	5	7
发展潜力	5	7	8
总分		124	131

决策是根据所获信息面向未来的冒险，没有万无一失的决策和完美决策，只有自己满意且适合自己的决策。决策是"鱼"和"熊掌"的取舍，没有哪个选项能占尽所有利益，所以要明确自己最想要什么、坚持什么、愿意放弃什么，定好目标、努力坚持、静待花开。当然，要勇于承担决策后果，即使选择错了，吸取教训、慢慢调整。每一次选择都是过往经历、经验沉淀的结果，选择看上去是我们主动而为，其实都是量体裁衣。选择的确可能改变人生走向，但大多数的转机来源过往的积累，是我们自己努力行动创造出来的，而不是普通的遇见，所以我们既要积极努力、不断积累，让自己有选择的权利，也要掌握科学决策方法，提升选择的能力。

（二）大学纵贯线

大学不同年级有不同的发展重点，同学们应遵循个人成长规律和不同阶段的发展特点，把握关键点，做好个人规划，再根据自身不同就业方向的选择细化规划内容和重点。

1. 不同年级的发展重点

（1）大一阶段的关键词是适应转变。首先是学业方面，大学有新的学习要求和新的学习模式，同学们要学会合理规划时间，熟练利用图书馆和网络收集资料、信息，掌握科学的学习方法，培养自主学习能力，学会独立思考问题、分析问题和解决问题；其次是生活环境方面，要尽快适应集体生活，学会独立处理生活中遇到的问题，大学同学来自五湖四海，兴趣爱好和生活习惯可能存在很大差异，互相理解、关心和包容也是大学的必修科目；最后是新的社会活动方面，同学们可以根据自己的爱好、时间和精力适当参加实践活动，提升综合素质，让大学生活充实精彩。

（2）大二阶段的关键词是拓展规划。通过大一年级的尝试与体验，同学们对自己和周围的环境有了初步了解，这时更要有针对性地做出规划，要更深入地了解自己，同学们可以通过测评、他人评价、课程学习、各类实践觉察自己，了解自己的兴趣、能力、价值观、擅长领域和不擅长的方面,还要通过科研、实习实践、竞赛等了解学科发展、专业前景、行业前沿和外部环境。自我探索与环境认知是相互作用的,所以要进行动态认知。

(3)大三阶段的关键词是决策行动。通过前两年的探索和实践,同学们已经对外界和自身有了深度认知,大三阶段要做好不同就业方向的选择和决策,通过准确地衡量和评估,找到适合自己的就业方向。同时,针对决策后的目标进行剩余大学生涯的行动规划,把握不同就业方向的重点,开展积极行动。

(4)大四阶段的关键词是复盘调整。这时同学们的未来选择方向已基本确定,开始进入冲刺期,要做的就是全力以赴。当原定方向和路径出现阻碍或不顺利时,同学们除了努力克服困难、解决问题外,更要复盘调整,复盘能让自己快速成长。此外,无论选择何种就业方向,都要做足充分准备,提前做好备选方案。同时做好时间管理,平衡毕业和就业相关事项。

2.不同选择的发展重点

不同年级有不同的发展重点,而不同的选择路径也有不同的发展重点。

(1)升学。如果不是盲目跟风,而是发现自己未来的人生规划是必须升学,建议同学们在一开始就做好专业课程的学习,熟悉专业培养计划,了解学校的保研、考研规则,深入了解专业,除了上课认真听讲、记录笔记、多向教师请教之外,还需要多多参与科研和竞赛,更要多与师兄师姐交流,获取相关经验,少走弯路,尽量争取保研。学术保研不成功时,可考虑工作保研等其他升学形式。考研的同学要强化学习,及早着手准备,不要等到大三后才开始计划考研,否则复习时间不充裕。毕业阶段要决策思考和权衡,根据自己的具体情况,选择合适的院校、专业、导师。

(2)就业。以就业为目标的学业和职业规划,提升综合素质是关键。大学期间,要积极参加集体活动,逐步建立自己的资源。不仅要学好学科知识,还要正确评估自己的核心竞争力。虚心请教师兄师姐、老师、家长和朋友,根据个人意愿确定主攻方向,合理构建自己的知识体系。同时及早确立职业方向,对标提升职业核心素养要求,简单来说就是以终为始,根据未来方向,看当下需要做的准备。大二和大三阶段的重点是提升求职技能,参与企业实习,开展项目研究,加强和校友、职场人士的交流。提前准备好简历,了解面试技巧和职场礼仪。充分掌握求职信息,留意学校就业资讯和其他重要的招聘渠道。尝试利用积累的资源做好求职内推,最后成功实现自己的目标。

(3)留学。选择出国留学的同学,在低年级时要充分了解相关信息,这些信息包括留学国家、学校、学习特点等,还包括师兄师姐的去向情况、学校和学院的"2+2"的留学项目等。另外,也要努力学习,保证成绩优良才能申请到更好的学校,最好能在大平台或者知名企业实习,这是留学申请院校的加分项。如果是理工科专业,建议多参加科研竞赛,发表相关学术论文。要及早参加语言考试,申请去英美等国的学校留学的,需要提供托福或雅思成绩,要注意语言成绩的有效期。大四时准备申请材料,完善个人简历、申请信、导师推荐信等。

（4）创业。不是所有人都适合创业，选择创业的同学要先判断自己是否具备创业的素质和能力。明确创业意愿后，要积极学习创业知识，明晰创业政策。例如，参加创业指导课程培训，与有经验的老师、亲戚、朋友和企业相关人士交流。此外，一定要积极参加社会实践，利用空闲时间进行尝试性的活动，加强对创业市场的认识，拓宽眼界和视野。例如，国家和学校会定期举办针对大学生的创业比赛，针对大学生创业有相应扶持政策，同学们可根据自身情况选择性参加。学校已孵化出一些比较成功的创业项目和优秀的创业团队，同学们可以多向这些师兄师姐学习取经，同时积累自己的创业资源。

▶ 第三节　践行生涯发展蓝图

一、实践出真知

（一）巧用生涯工具箱

1. 生涯九宫格

我们推荐使用"生涯九宫格"做出生涯发展计划，这个工具将生涯发展概括为九个方面，如图 4-11 所示。同学们可以使用九宫格工具对自己的大学生活进行规划和管理，在每一个格子中写上目标，对每个方面的内容进行年度规划、学期规划、三个月或一个月的阶段性规划，最后进行复盘调整。

专业学习	职业发展	人际交往
个人情感	身心健康	休闲娱乐
财务管理	自我成长	服务社会

图 4-11　生涯九宫格

专业学习方面，可以填写个人的阶段学习计划，如你如何在专业学习上精进？是否要修读第二学位？

职业发展方面，先明确未来的职业目标需要积累哪些能力。如填写你的职业能力提升计划及是否需要多参加实习实践。

人际交往方面，你准备作出哪些改变拓展自己的社交圈？

个人情感方面，你准备如何维持家人、朋友等亲密关系？

身心健康方面，你怎样才能坚持运动？如何保持心情愉悦？

休闲娱乐方面，你准备怎么利用自己的空闲时间？如何发展兴趣爱好？

财务管理方面,第一次对生活费有绝对的支配权,你会如何管理自己的生活费? 有没有理财计划?

自我成长方面,除了专业学习和职业发展外,你还想在哪些方面有所体验和突破? 比如,研读自己感兴趣领域的书籍? 自主创业? 等等。

服务社会方面,你准备参加哪些志愿服务? 如何理解大学生的社会责任感?

使用九宫格设定目标后,阶段性给自己评分,如我们设定了学期计划,到学期末对每个格子的目标完成情况进行打分,100 分为满分,60 分为及格,根据打分情况检查自己在哪些方面存在不足,还需要继续提高,哪些方面做得很好,需要继续保持。对分数较低的格子下学期重点提升,对有些设定的目标和任务不符合实际或不适合自己的作出调整,再重新规划新的学期目标和任务。借助九宫格工具,我们可以从整体上进行生涯评估,对照发现不足,制订动态计划促进自己综合发展。

2.车日路模型

生涯规划的核心问题:你是谁,你想去哪,怎么去。"车日路模型"是生涯发展的最基本模型,涵盖自我、目标和路径三个要素。

想象一辆车正行驶在路上,太阳在远处升起。你就是这辆车,而太阳就是你的目标,行驶的路就是你要到达目标所走的路线。请思考,你是一辆什么车? 多大马力? 油耗是多少? 怎么加油的? 最终的目的地是哪里? 每个阶段的目的地是哪里? 到达目的地要走哪条路? 等等。

将个人的能力和动力关键词标注到图 4-12 车身旁边,将 3 年目标和 5 年目标写到终点的位置,并将 3 年目标拆解成阶段目标,每个阶段目标的旁边详细规划出实现目标的路径和方法。

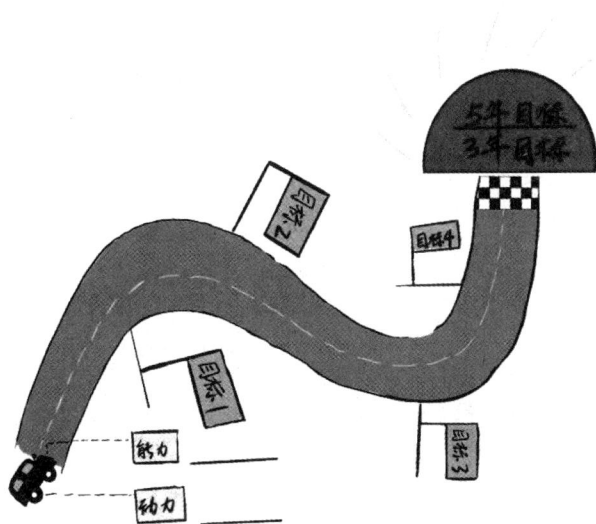

图 4-12　车日路模型图

3. 4P 提升策略

我们推荐借助商业 4P 营销策略提升个人职业竞争力,4P 是四个英文单词首字母大写的缩写,即产品(product)、价格(price)、促销(promotion)、渠道(place)。针对个人而言,职业竞争力的提升策略为:注重自我修炼,成为优质"产品";建立资源链接,铺设通往目的地的"渠道";持续保持"促销",打造个人品牌;拓展市场思维,用发展的眼光制定"价格"。参见表 4-12。

表 4-12　4P 职业竞争力提升

4P 策略	具体内涵	目标定位	目标实现策略
产品 (product)	追问本质、构建知识体系、知识内化应用		
价格 (price)	匹配岗位胜任力、发展的眼光、了解市场水平		
促销 (promotion)	精准的个人定位、挖掘优势、持续精进		
渠道 (place)	寻找成长顾问、资源链接、环境支持系统		

注重自我修炼,成为优质"产品"。拼成绩,是学生时代的竞争方式,拼学习的转换能力,才是职业竞争的方式。因此提升职业竞争力的方式是学会追问问题本质,构建自己的知识体系,将知识内化应用。

建立资源链接,铺设通往目的地的"渠道"。同学们应提前树立资源链接思维,寻找成长顾问,如遇到学习困难或生涯发展问题时,求助师兄师姐、专业课老师、辅导员、家人、朋友等,毕业校友、其他职场人士等也可以给我们提供帮助。此外,也要充分运用外在的环境资源支持,如学校的就业中心、心理中心、图书馆、实验室,还有社团、班级、宿舍、城市资源等。

持续保持"促销",打造个人品牌。个人品牌是你在某个领域的专业形象、口碑和影响力。同学们打造个人品牌首先要对自己进行精准定位和认知,清楚自身优势和劣势,充分发挥优势,在自己擅长和感兴趣的领域内定位发展目标,并持续精进。

拓展市场思维,用发展的眼光制定"价格"。同学们应转换思维视角,站在市场的角度看待个人发展,了解市场水平。设定求职目标后,深度拆解目标岗位所需能力和素养,反思个人需求与企业的匹配度,修订个人价值观,以发展的眼光看待岗位回馈。例如,制定个人职业目标时充分考虑未来发展空间和平台,与国家和社会的发展相结合,当与国家发展同频共振时,个人发展能顺应趋势,实现价值最大化。

(二)如何让 Flag 不再倒

你去年立的 Flag 都实现了吗？导致 Flag 倒下的原因多种多样,我们推荐使用 GREEN 模型进行行动推进,提升执行力,提高 Flag 的达成度。GREEN 是五个英文单词首字母大写的缩写,分别是 goal(目标)、resource(资源)、execution(执行)、exception(例外)、next step(下一步),见图 4-13。

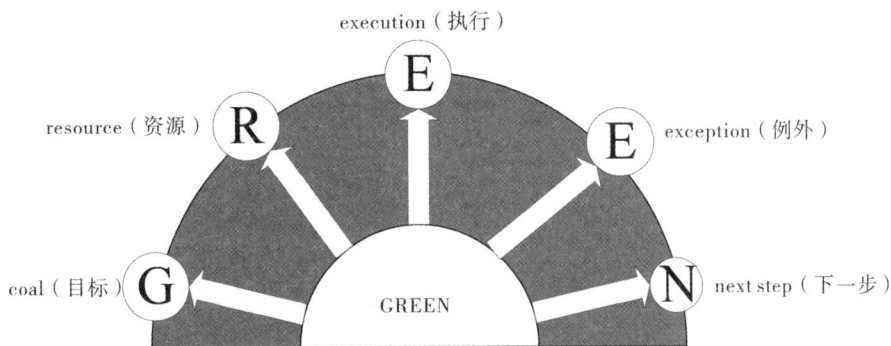

图 4-13 GREEN 模型图

1. goal(目标)

要达成的目标或结果是什么？

目标对我们的重要性不言而喻,强大执行力的第一步是确定合理的目标,目标设定应遵循以下原则(见图 4-14):目标设定要具体准确,内容完整清晰;目标设定要有可以衡量的标准,如"学好英语"这样的目标就不是一个具体明确可衡量的目标;目标的设立要有一定的挑战性,不能太高而实现不了,也不能太低而缺少实现的意义;设立的目标与个人的实际情况相关,不能脱离实际,且目标对你有重要意义,如未来计划从事翻译工作,可以设定考语言能力证书目标;设立的目标要有时限,设定截止日期可以督促我们行动,减少拖延。目标设定后通过询问自己以下五个问题再次梳理:实现这个目标对自己的价值和意义是什么,有多重要？如果不能实现有什么损失或后果？这个目标可以拆分成什么,分成哪些小目标？做到什么程度就可以确认目标实现了？花费多长时间去实现目标？

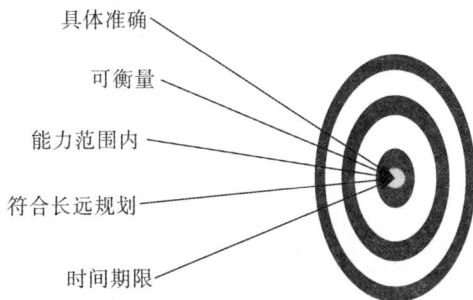

图 4-14 目标设定原则

2. resource(资源)

需要哪些资源？现有哪些资源？

制定合理的目标后，我们要判断达成目标所需的资源，盘点自己现有资源，还欠缺什么资源，具体从人、财、物、信、时五个方面盘点。人员方面，在完成目标的过程中需要哪些人的帮助？有哪些人可以提供支持？我们还需要什么人的帮助。财务方面，在完成目标的过程中我们需要花费多少财务成本？我们现在还缺多少？物品方面，为了达到目标我们需要什么物品？信息方面，我们需要了解什么信息，还需要知道哪些信息。时间方面，为了达成目标需要多少时间，计划多久完成目标，根据时间做好进程计划表。

3. execution(执行)

具体计划和关键步骤是什么？

在确定完整体目标和盘点资源后，需要制订具体执行计划，计划需要具体到每一周的目标是什么、每一月的目标是什么，可以根据自己执行情况进行调整，将大目标拆解为小目标，制订出具体行动计划有利于我们提高执行力。在制订具体计划时，还需要确认要完成目标的关键步骤是什么，将计划中的步骤按照重要程度做区分，做到心中有数。

4. exception(例外)

可能会遇到哪些意外和风险？如何应对？

在完成以上步骤后，还需要考虑计划中的意外和风险，提前预测可能发生的意外，我们就可以提前针对这些可能发生的意外制定预防方法和应对方法，可以尽最大可能减小意外带来的危害，更有利于我们顺利完成目标。

5. next step(下一步)

打算怎么开始下一步？

万事开头难，既然目标、计划都已经确定了，准备工作都做得差不多了，现在最重要的就是开始行动。我们要思考下一步要做什么，什么时候开始做，怎么做，对这一步骤的思考，能推动我们迈出行动的第一步。

例如，你想要在半年内准备英语四级考试，目标是顺利通过英语四级；需要的资源有购买考试真题和模拟题、网上的学习视频、下载背单词用的手机 App、请已通过四级的师兄师姐传授经验等；执行计划的关键步骤是每天保证背诵四级单词50～80个，每三天完成一套模拟题等；可能遇到的风险和意外是自己因为学业比较忙，或者自律性弱没有认真背单词和刷题；应对的方式是找同寝室的小伙伴互相监督、互相鼓励；准备从明天开始，第一步从背单词开始。

从上述案例可以看出，GREEN 模型能有效地引导我们把计划目标细化，进一步落地实施，提升了目标执行的可能性，提高了行动力。很多人对行动有误解，行动不是浅尝辄止做了就算，行动是明确目标，清楚可能要面临的困难，并且抱有解决困难的决心后才去做，行动是在没有任何人监督逼迫的情况下主动做，行动是付出了百分百的努力还是没能成功,那就换个思路给自己一个新的期限后继续做。当你没有大方向时,宁可先行动起来,做好眼下的事情,没有大方向就立小目标,完成了"1"自然就会有"2"的指引。

(三)每一次体验都精彩

百度创始人李彦宏在一次演讲中提到自己的经历,他在美国学习计算机专业时,曾去应聘大学里的带薪助教,教授提问的与专业相关的问题,他没有回答好,教授问了最后一个问题:"中国有计算机吗?"李彦宏只是回答"没有",然后窘迫地离开了教授办公室。可能我们觉得他应该这样说:"中国有计算机,而且我会建立全球上最大的中文搜索引擎,中国将成为和美国并立的拥有搜索引擎核心技术的国家之一。"李彦宏说,他当时根本不知道能做成百度,也无法预计百度能取得今天的成绩。即使面试毫无意外的失败了,也并不妨碍几年后李彦宏回国创建了百度。

"临渊羡鱼,不如退而结网。"人生充满了必然性和偶然性,不能过分规划自己的将来,因为我们不能确定明天会遇到什么样的人,看到什么样的风景,登上哪一座高峰,所以最重要的是保持行动、体验探索、持之以恒。

从心理学角度出发,体验既是个人认知学习的方式与手段,又是激发情绪和升华品格的机制;从哲学角度出发,体验是实践的重要形式,是个体获得认识与产生理论的来源。在生涯体验中,我们通过每一次积极体验增加对世界和个人的客观认知,同时在每一次体验中,提高自身综合能力,如适应能力、沟通能力、专业软件使用能力、团队合作等,升华个人价值观,增强责任感。在每一次生涯体验中,我们都可以积累经验,这些积累的经验久而久之形成一套我们独有的思维习惯和知识体系。

大学生活有很多生涯体验的机会,也有各种各样的生涯体验形式,不同的生涯体验形式有着不同的作用和效果,根据性质和特点,其大致分为以下几类。

1.学生社团类

该类一般分为职能类社团和兴趣类社团,职能类社团包含学生会、青年志愿者服务团等,是同学们自我教育、自我管理、自我服务的学生组织。兴趣类社团较多,如合唱团、辩论队、街舞社等,可以根据自身兴趣选择1~2个参加,贵精不贵多。

2.文体活动类

大学一般有令人难忘和丰富多彩的文体活动,如运动会、演讲比赛、读书月活动、文化沙龙、书法绘画比赛等。

3.讲座团辅类

大学有各类讲座团辅活动,如名师大咖的专业精讲、师兄师姐的职场经验分享、心理主题沙龙、生涯发展系列团辅等。同学们可以根据需求选择相应主题参加,解决个人困惑,拓宽眼界视野。

4.学生工作类

班干部是同学们接触最多的学生工作,负责积极开展班级建设、服务同学们的日常学习和生活。此外,还有学生党支部工作、助教工作等。同学们承担学生工作后要踏实肯干、认真负责,合理安排学习和工作时间。

5.科研竞赛类

该类包含大学生创新创业项目、数学建模、学科竞赛等,同学们可以通过成员组队或参与导师团队等多种方式参加,精深专业,提升科研能力。同学们通过科研途径的竞赛获奖、发表论文、获得专利等都能为自己未来发展打下良好基础。

6.主题实践类

该类包含志愿者服务实践、就业主题实践、创业大赛、校友访谈等。同学们通过参加主题实践类活动,链接社会资源,深度了解外界信息,锻炼自己,积累经验,培养责任感,树立主人翁意识。

7.实习兼职类

该类包含专业认知实习、全职工作实习、校外兼职、学校勤工助学等。在实习实训中同学们能深度认知职业环境,收获实用的社会经验,提升个人职业能力和素养。在参与此类实践时,同学们要转变观念,把自己当成真正的职场人,多思考、多学习、多总结,为未来打好坚实基础。

实践体验后需要记录和复盘总结,记录是为了方便最终就业求职时有据可依,复盘总结是为了个人成长更快。同学们通过复盘,当某种熟悉的类似局面出现时,能游刃有余地应对,采取高效方法处理,能够明晰与目标的差距,也可以避免在同一个地方跌倒两次,推荐使用表4-13辅助做好实践体验总结。

表4-13　实践总结表

项目	内容	记录
基本信息	实践时间段	
	公司名称/项目名称/社团名称	
	岗位名称/担任职务	
实践内容	运用什么方法	
	完成了什么事情	
	取得了什么结果	
实践收获	成就记录	
	失败反思	
	学习成长	

二、生涯发展管理

(一)当理想遇到现实

校园街访1

提问：同学,请问你现在的年级和就读的专业是什么?

回答：铁路运输专业,大四。

提问：你对未来如何规划的?考研了吗?

回答：刚开始有深造的规划,学习成绩保研没希望,考研倒是可以试一下。不过在大三时开始思考未来怎么选择,我尝试过准备考研,复习一段时间后发现自己对学习的兴趣真的不怎么高,所以就放弃了考研。而且就本专业来讲,我觉得本科就业对于我一个"半学渣"来说,是一个比较适合我的选择。

提问：是什么促使你放弃了考研?

回答：大学到现在,我参加了学生工作和各类实践,我发现自己对待这些工作的热情好像比学习要大很多,而且我在做这些工作时也确实比较愿意思考,加上后来参加了一段时间的实习,在一个工作的环境下,作为一个"社会人",我的思想会更集中,工作的时候也可以有一个比较清晰的思路。综合考虑之后,我选择本科毕业后直接就业,因为我对待工作比对待学业要更加认真,也更愿意努力。所以,最终我放弃了考研。

校园街访2

提问：同学,请问你现在的年级和就读的专业是什么?

回答：大二,铁道工程。

提问：对于未来,你有什么规划吗?

回答：目前做两手准备,从学业来讲,我对待学习还算认真,也还有一些热情,所以读研是我的一个重点选项,保研不成功的话就去考研。我的专业当时是听从家长和报考老师的建议选择的,刚开始其实我自己并不是很喜欢,觉得这个专业可能有些无聊,另外还因为我害怕毕业以后去铁路扳道岔。

提问：通过两年的学习,你对专业有什么新的认识吗?

回答：但经过两年多的学习,我发现专业课还挺有趣的,特别是有些专业课的大作业,需要自己进行一些车站或者线路的设计,虽然说熬夜敲字很累,但是当成果展示出来的时候,还是很有成就感的,那个时候也会幻想,要是哪一天我设计的车站或者线路真能被建设出来投入使用,真的好棒。渐渐地对本专业就有了兴趣。

我的家乡是山西太原,2021年的时候开通了第一条地铁,或许对于北京、上海这样特大城市的人没什么稀奇,但是我作为铁路专业的学生,自己家乡开通地铁还真是给了我很大的振奋,更加深了我对专业的喜爱。我也是那个时候确定了自己的最终目标,我要学成归来,建设家乡。当然学历越高越好嘛,所以说读研是我的重点选项。

提问:你刚才说做两手准备,除了读研还有其他的规划吗?

回答:就像我之前说的,深造并不是唯一选项,我觉得自己适应能力也还不错,我觉得直接就业应该也能适应社会的工作环境,而且能找到一个专业对口的工作的话,我觉得也会挺有热情的,听说铁路局对本科生的招聘需求也很多,所以现在也在关注实习、就业的信息,准备有机会多去实习,俗话说"两条腿走路"总比"单腿蹦"要好。

当确立好目标和做出规划后,同学们需要根据实际情况开展评估,在实践过程中也可能发现跟原有预想不一致,不一致的原因包括对自我和环境认知不清、外界形势发生变化等,这时需要对规划做出调整。同时,建议规划备选目标或备选方案,转移主要目标夭折的风险,可以参考上述两个校园街坊案例中主人公的做法。生涯规划的评估和调整分为原则、时间、内容和方法四个方面。

原则方面,同学们要定期评估现状找到差距,修订规划方案,建立生涯规划反馈机制,不断小步快跑,快速迭代。

时间方面,同学们要定期开展评估,根据个人情况确定具体评估的时间节点,如一个月、半年或一年。此外,若发生了对个人影响较大的事件后,需要开展评估,根据新情况重新做规划。

内容方面,同学们除了对生涯目标、发展路径、具体行动计划、目标的达成度进行评估分析外,还需要对个人状态变化、外界形势变化、环境变化等进行评估,保持动态调整。

方法方面最常见的方法是反思总结,同学们在一定的实践基础上进行回顾,复盘目标达成度、收获体会、存在的问题等,也可以对比吸收他人的科学方法或向他人求教,取长补短。但无论如何,"实践都是检验真理的唯一标准",好的生涯规划不是单纯规划而来的,一定是在实践过程中做出来的,如同大学毕业时拥有的优秀简历也不是写出来的,是一步一个脚印走出来的。

(二)决胜未来的能力

新时代背景下,人工智能不断发展,我们正在经历前所未有的时代,未来将需要最大限度地开发人工智能优势,同时发挥个人优势,让两者有机结合。著名的未来学家、趋势学家丹尼尔·平克在《全新思维》书中提出,未来是个概念时代,将更重视"高概念"和"高感性",决胜未来的六大能力为设计感、故事力、交响力、共情力、娱乐感和意义感。

1.不仅要有实用性,还要有设计感

在物质财富极大丰富的当今社会,人们购买产品已不仅简单看重实用性,还要兼具设计感和情感体验。除了产品外,服务、体验和生活方式也是如此,仅仅有实用价值还远远不够,人们将更加追求外表美观、新颖独特、又有情感内涵的事物,设计感是实用性和

意义性的结合。

2.不仅要讲论据,还要有故事力

优秀的小说或剧情之所以吸引读者,在于情境设计能让读者置身其中、引发共鸣。当今我们习惯用信息和数据说话,但仅仅通过一个有力的证据不足以说服他人,即使说服他人也难以产生情感认同。故事力是用故事的思维看待世界,一种全新与世界沟通的能力。当我们把信息置于某一情境之中时,通过引人入胜的叙事更容易产生共鸣和情感交流,从而说服他人。

3.不仅要有专业度,还要有交响力

交响力是把各种独立要素组合在一起的能力,是一种综合能力。人们通过交响力可以找到看似无关领域之间的联系,把他人认为无法匹配的因素组合起来得出新观点。究其内涵,交响力包含举一反三及触类旁通的联想、创造、整合思维、纵贯全局、分析、问题解决等能力。当今社会越来越流行跨界,交响力与跨界思维相似。

4.不仅要有逻辑性,还要有共情力

人工智能是根据逻辑来工作的,而人类的优势是用感性与理性的交织来解决问题。共情力是设身处地用他人眼光和角度看问题,是感同身受与他人产生共鸣。具有共情力,可以理解他人动机,构建良好的人际关系,是高效沟通和团队合作的基础。

5.不仅要有严肃感,还要有娱乐感

愉悦的心情有益于身心健康和事业发展,娱乐感是幸福的重要因素,其重要性表现在游戏、幽默和快乐三个方面。研究表明,欢笑能够让我们放松身心,增加身体各器官的血液供应,既是一种有氧运动,也是一种保持健康愉悦的重要手段。虽然我们仍然要保持严肃认真的处世态度,但适当的娱乐感可以提高工作效率、收获幸福,同时也可以激发创造力。

6.不仅要追求财富,还要追求意义感

我们通过两种方式与世界建立联系,一种是建立有意义的人际链接,另一种是从事对自己有意义的工作。我们终其一生都在寻找生命的意义,寻找意义感是为了收获幸福。每一个人都有探寻意义的欲望,而外界环境和内在意志相结合后会激发我们这种欲求。职业不仅仅是一种谋生的手段,更使我们有成就感,追求更有意义的理想,从而获得精神满足。

(三)生涯智慧知多少

1.保持开放且专注

两份一模一样的工作,只是工资不同。第一份工作收入 9 000 元,同事的工资是 8 000 元;第二份工作收入 10 000 元,同事的工资是 11 000 元。你有什么样的感受?现实中选择第一份工作的人感受会更好,因为开放的系统会让你不舒服。你在小世界里也许很厉害,但一进入开放系统,马上能看到以前完全看不到的强人,有成长飞快的人,有当年和你差别不大但现在很强的人……所以,人喜欢急于给自己划定一个封闭小体系,在封闭的圈子里,寻求心安理得。

历史上闭关锁国政策造成的后果影响深远,所以对待未来和新事物的态度,决定了我们能走多远。当你考虑不清楚自己的优势、天赋、未来路径时,可以把自己置于开放系统,不断接触外界,看看真正的职场人士是怎么工作的,学会欣赏身边"大神"的成就,自己尝试多参与几份实习实践,这时你会重新找到自己的优势。专注的人和钻牛角尖的人最大的区别就是视野,视野来自开放,如果没有看过更大的世界,就总会想着"也许还有更好的可能",但当看完了全局也就能安心做自己。开放才能不断找准高价值区,专注才能在自己的能力内修建"护城河"。

2.让自己迟钝而有趣

大学生想要收获越多越大,获得长期收益,越要对短期体验保持迟钝感,学会延迟满足。春种、夏长、秋收、冬藏,庄稼如是,人生亦如是。

好看的皮囊千篇一律,有趣的灵魂万里挑一。有趣是要有乐观豁达的积极人生观。苏东坡才华出众,有过"朝为田舍郎,暮登天子堂"的春风得意,更多的却是"一封朝奏九重天,夕贬潮州路八千"屡遭贬谪的人生经历。即便如此,他仍然热爱生活,积极工作,笑傲风雨。在职期间,为百姓的福祉尽心尽力,带头抗洪,解决西湖隐患,创造三潭印月、苏堤春晓两大景观;写下"竹杖芒鞋轻胜马,谁怕? 一蓑烟雨任平生"等流传千古的诗篇;还留下"东坡肉""东坡肘子""东坡饼""子瞻帽"等历史文化美食。愿我们都有苏东坡的人生态度,保持多元、超然和好奇心,让自己成为有趣的人。

3.坚持简单善良可激怒

两个被捕的囚犯,被单独关押审讯,他们各自面临打死不说和背叛两种选择,如果双方都不说,因为缺乏证据,双方都只判一年监禁;如果双方都供出对方,各自判两年监禁;如果有一个人背叛,另一个人沉默,揭发者有功获得释放,沉默的人遭到 5 年监禁重罚。这就是博弈论中的"囚徒困境"。

1980 年,密歇根大学教授设立了"多重囚徒困境"游戏大赛,最终胜出的策略是一个最简单的程序,名叫"tit for tat",意为以牙还牙,简称 TFT 策略。这个策略只有两步,第一步是合作,此后每一步都重复对方上一步的行动(合作或背叛)。TFT 策略用了一个简单的方式鼓励双方共赢,可以用四个词概括解释:善良、可激怒、简单、宽容。这个策略适用于我们的人际交往模式,保持简单善良,以和为贵,先出友善牌,一旦遇到背叛,也有勇气回击。

4.通往幸福的快乐三问

一问:我做了什么不该做的,或是没做什么应该做的,才得到这样的结果?

回答此问题的目的是让人们梳理初心目标,找到与目标的差距,找到自己的责任和问题所在,减少抱怨和指责。

二问:我从这件事情中学到了什么?

回答此问题的目的是让人们聚焦价值,免于沉浸在负面的情绪中,任何不好的事情都能发现正面的价值所在,每个抱怨的背后都隐藏着期待。

三问:接下来我该做些什么,才能让结果变得好起来?

回答此问题的目的是让人们把焦点指向未来和当下行动,从纠结、郁闷、烦恼和焦虑中走出来,多么麻烦的问题总能有一些突破口。

5.不忘初心的成功五问

一问:我想要什么?

如果不知道要去哪里,那怎么走或者走哪条路就无所谓了,所以出发前一定先定好目的地。

二问:怎样才能得到我想要的?

"晚上想想千条路,早上醒来走原路",不要做思想上的巨人、行动上的矮子,要制订计划并开展行动。

三问:我现在做的是否有利于得到我想要的?

有时候虽然制定了目标,但走着走着就偏离了方向,所以经常检视非常重要。

四问:我愿意为此付出怎样的努力和代价?

这真的是你想要的吗?你能确定吗?你愿意为此付出怎样的努力和代价?是做好了遇到各种困难都扛得住的准备,还是遇到点儿困难就"算了吧"?

五问:如何持之以恒?

体会一下接近目标的感觉就可以了?尝试一下就可以了?还是坚定地向着目标前进,不达目的决不罢休?如何才能做到持之以恒?

章节 结语

新工科大学生要深度探索专业和职业,在发展变化中全面认识自我,做好生涯发展规划,在大学期间针对性地提升专业能力和培养综合素质。同时,保持开放的心态,拥抱偶然、善用机缘、小步快跑、快速迭代,扩大选择权,提升选择能力,提高生涯适应力。

生涯规划是一门让人幸福的学问,不仅能助力大学期间的个人成长,也能为未来的职业发展奠定基础,实现职场高效进阶,更能让我们找到通往幸福的道路,创造出丰盈充实的人生!

延展 阅读

一、袁隆平:我的两个梦

时光如白驹过隙,一转眼,90年过去,我成了正儿八经的"90后"。我大半辈子都在与水稻打交道,至今从事杂交水稻研究工作已有 55 个年头。我最关心的,就是与水稻和粮食相关的事。

新中国成立之前,中华大地上到处灾荒战乱,人民生活颠沛流离,少年时我就被迫从一个城市辗转到另一个城市,虽然少不更事,但每当看到沿路举家逃难、面如菜色的同胞,看到荒芜的田野和满目疮痍的土地,我的内心总会泛起一阵阵痛楚。报考大学时,我就对父母说,我要学农。母亲听了,吓一跳,说,傻孩子,学农多苦啊,你以为好玩儿呢?但我是真正爱上了农业,死活要学,还摆出大道理:吃饭可是天下第一桩大事,没有饭吃,人类怎么生存? 最后,父母尊重我的选择。

毕业后,我被分配到湖南安江农校任教。安江农校地处偏远,临行前,学校的领导告诉我,那里很偏僻,"一盏孤灯照终身",你可要做好思想准备。当时我想,能传播农业科学知识,也是为国家作贡献! 没想到,去了不久,就碰上困难时期。我当时想,这么大一个国家,如果粮食安全得不到保障,其他一切都无从谈起,我要为让中国人吃饱饭而奋斗!

一天,我看到一些农民从高山上兑了种子,担回来种,就问他们,为什么跑到那么高的山上去换种呢? 他们说,山上的种子质量好一些,产得多些。他们接着还说了一句话,叫作"施肥不如勤换种"。这对我有很大启发:农业上增产的途径有很多,但其中良种是非常重要的因素。

从此以后,我开始自己的杂交水稻研究之路。一路走来,有汗水和辛酸,也有丰收和喜悦。科学探索无止境,在这条漫长而又艰辛的路上,我一直有两个梦,一个是禾下乘凉梦,一个是杂交水稻覆盖全球梦。

禾下乘凉梦,我是真做过,我梦见水稻长得有高粱那么高,穗子像扫把那么长,颗粒像花生那么大,而我则和助手坐在稻穗下面乘凉。其实我这个梦想的实质,就是水稻高产梦,让人们吃上更多的米饭,永远都不用再饿肚子。

做梦容易,但要把梦变成现实,则需要付出大量艰苦的劳动和努力。我清楚地记得,那是 1961 年 7 月的一天,我到安江农校的试验田选种。突然,我发现了一株"鹤立鸡群"的稻株。穗大,颗粒饱满。我随手挑了一穗,竟有 230 粒之多! 当时以为,选到了优良品种,岂不是可以增产无数粮食?

第二年春天,我把种子播下,结果却令人大失所望,一眼望去,高的高,矮的矮,没有一株赶得上最初的那株水稻。我不甘心,开始反复琢磨其中的奥秘,研究那一片试验田的稻株比例,最终得出一个结论:水稻是有杂交优势的,那株鹤立鸡群的水稻,就是天然的杂交水稻。既然天然杂交稻具有这样强的优势,那么人工杂交稻,也一定有优势。当时,遗传学理论一直否定自花授粉作物有杂交优势,我对此理论提出质疑。随后,我又拜访专家,翻找资料,最终得出结论,既然自然界存在杂交稻,那么人工杂交水稻也一定可以利用。而要想利用这一优势,首先需要找到"天然的雄性不育水稻"。

于是,我又走上曲折的寻找之旅。

其中,最令人刻骨铭心的是,在海南岛找到天然雄性不育野生稻"野败"并加以利用的过程。那是1970年11月,我和助手李必湖、尹华奇驻守在海南岛崖县南红农场,在当地寻找野生稻。在那里,有一位农专毕业的冯克珊,是南红良种繁育场的技术员,经常跑来听我讲课。冯克珊联想到农场附近有一种名叫"假禾"的草,很可能就是我要找的野生稻。同年11月23日,他找到李必湖,来到南红农场铁路涵洞附近的水塘边,到那片正在开花的野生稻中察看。他们发现了三个雄花异常的野生稻穗,野生稻穗的花药细瘦,色浅呈水渍状,不开裂散粉。这三个稻穗生长于同一禾兜,是从一粒种子长出、匍匐于水面的分蘖。他们立即把这兜野生稻连泥挖起,放在铁桶里拉回去,然后移栽到试验田里,等待鉴定。当时,我正在北京开会,收到助手们从海南发来的电报,连夜赶火车奔回海南岛。经过仔细检验,我们最终确认这是一株十分难得的天然雄性不育株野生稻,我给它命名为"野败"。

这真是大海捞针啊!

"野败"的发现对杂交水稻研究具有里程碑的意义,更是杂交水稻"三系"配套成功的突破口。1973年,我们协作组历尽千辛万苦才通过测交找到恢复系,攻克"三系"配套难关,才有了新中国第一代杂交水稻。第一代以细胞质雄性不育系为遗传工具的杂交水稻,优点是不育系不育性稳定,但也有缺点,即配组的时候受到恢保关系制约,因此选择优良组合的概率比较低,难度大。自20世纪80年代中后期起,我们开始研究两系杂交水稻。1995年,第二代以光温敏不育系为遗传工具的杂交水稻——两系法杂交稻研制成功,它的主要优点是配组自由选择,能选配到优良稻组合的概率比较高。但是,第二代杂交稻也不是完美的:不育系育性受气温和光照影响较大。我想,如果有一种杂交水稻,既兼具第一代和第二代的优点,又能克服二者的缺点,那该多好啊!2011年,我们又启动第三代杂交水稻育种技术的研究与利用,这是以遗传工程雄性不育系为遗传工具的杂交水稻,已初步研究成功,该杂交水稻克服了前两代的缺点。现在,我们甚至开始了第四代、第五代杂交水稻的研制。

追求高产更高产,是我们永恒的目标。自20世纪90年代中后期起,我们开始超级杂交稻攻关,分别于2000年、2004年、2011年、2014年实现大面积示范亩产700公斤、800公斤、900公斤、1000公斤目标。近5年又突破每公顷16吨、17吨的目标。2017年,世界水稻平均每公顷产量仅4.61吨,而我国杂交水稻平均产量每公顷达7.5吨,在世界上遥遥领先。

不可否认,20世纪我们的主要任务是解决人民群众的温饱问题,所以杂交水稻把产量摆在优先地位。现在生活水平提高了,人民不仅要吃饱,还要吃好。所以,我们也改变思路,提出既要高产,又要优质。但是必须说清楚,虽然要满足市场对优质大米的需求,但我们仍然坚持一条,即不能以牺牲产量来求优质。我始终觉得,粮食安全问题必须时刻警惕。历史也无数次告诫我们，把饭碗牢牢端在自己手中的最有效途径，就是提高水稻的产量。

科学探索永无止境，我的另一个梦，就是杂交水稻走向世界、覆盖全球梦。

世界上超过一半人口以稻米为主食，一个令人担忧的事实却是，全球现有 1.6 亿公顷稻田中，杂交水稻种植面积还不到 15%。发展杂交水稻不仅有广阔的舞台，更对保障世界粮食安全具有重要意义，倘若全球有一半稻田种上杂交稻，按每公顷比常规水稻增产 2 吨计算，则增产的粮食可以多养活 4 亿～5 亿人口。杂交水稻覆盖全球不仅能提升全球水稻产量，造福人类，还能提升我国的国际地位。

为了实现这个梦，我们一直在努力。从 20 世纪 80 年代至今，我们坚持开办杂交水稻技术国际培训班，为 80 多个发展中国家培训了 14 000 多名杂交水稻技术人才，我还受邀担任联合国粮农组织首席顾问，帮助其他国家发展杂交水稻。目前，杂交水稻已在印度、越南、菲律宾、孟加拉国、巴基斯坦、印度尼西亚、美国、巴西等国实现大面积种植。2019 年 6 月，在长沙举行的中非经贸博览会上，来了不少非洲国家农业界的朋友，看到他们对杂交水稻充满感激和期待，更坚定了我们将杂交水稻推向世界的信心与决心。

新中国杂交水稻事业能够取得丰硕成果，离不开党和国家的高度重视与大力支持，同时也是广大科技工作者集体智慧的结晶。我已经 90 岁了，但"老骥伏枥，志在千里"，我要力争让我们的团队早日完成每公顷 18 吨的高产攻关，做好第三代杂交水稻技术的生产应用。我希望最终能实现"禾下乘凉、覆盖全球"的两大心愿。

二、"最帅"女飞行员宋寅

童年动画种下梦想的种子

1986 年，宋寅出生于上海，生肖年份为虎，所以取名"寅"。她是一位地地道道的上海姑娘，2004 级本科毕业于上海海事大学商船学院航海系。颜值出众、专业优秀的她，曾是学校当之无愧的"魅力之星"。专业奖学金、三好学生这些奖项都是标准配备。身高 1.75 米的她，还是商船学院女子篮球队队员。

2001 年，我国第一支专业从事海上搜救的空中救援队伍东一飞在上海浦东成立。东一飞负有我国东部海区约 77 万平方公里海域的航空器、遇难（险）船舶、固定设施的人员搜寻救助职责，还有国家航天发射海事巡航执法、海上应急保障，以及其他国家重大活动的安全保障任务。

宋寅曾说，"因为从小就向往星辰与大海"，所以便进入了上海海事大学研习航海专业。宋寅儿时最爱看的一部动画片叫《舒克与贝塔》，主角舒克是一位飞行员，宋寅自小就觉得飞行员的职业又帅又酷。

有种缘分像是天注定，只要心存梦想，机遇有时就会自然而来。2007 年，临近毕业的时候，东一飞来学校招收女飞行员。得知消息后，宋寅心里飞行员的种子开始萌发了。

她毫不犹豫报了名,历经层层选拔,凭借良好的身体、心理素质和航海技术的专业素养,脱颖而出,成功入选! 成为一名飞行员的梦想种子,就此生根发芽了!

海外飞行艰辛求学之路

2008 年 12 月,大学毕业的宋寅与其他几位校友踏上了海外飞行求学之路的征途,远赴澳大利亚阿德莱特飞行学院深造。该院是飞行培训的老牌学校,宋寅和同学们都十分庆幸并珍惜这次学习机会。飞行是一项非常谨慎的专业,除了刻苦的体能训练,还要夜以继日地学习实操和理论知识。在澳洲学飞的 15 个月里,宋寅曾说自己学得比高考那一年还要辛苦。

因为是全英文教学,科目又非常多,书本摞起来甚至比人还高! 常常都是从早上 8 点学习到晚上 12 点。因为心存梦想,身负责任,宋寅坚毅地利用好每一分一秒学习。最终,功夫不负有心人,宋寅一路披荆斩棘,凭借超人的意志力和过硬的综合实力,屡获教员的夸赞,顺利通过考试并取得飞行驾照。

把生的希望带给别人,把死的危险留给自己

2010 年 8 月 26 日下午,24 岁的宋寅登上"B-7328",开始了人生第一次副驾驶见习。在机场 200 多米的上空,宋寅表现出极高的飞行天分,先后进行了滑行、起飞、悬停、着落和起落 5 项科目。

2010 年 11 月 27 日,宋寅进行了第一次救援任务。一名渔民在捕鱼作业过程中,小腿骨折。当时宋寅担任值班副驾,和小组人员一起赶到现场,却发现现场和自己平时训练接触到的很不一样。平时训练的甲板很大,几乎没有障碍物,而眼前这艘船在大风大浪中摇摆不定,仿佛顷刻间便会被大海倾覆吞噬一般。机长精准地操控着飞机,作为副驾的宋寅看到甲板上渔民们渴望生路的眼神,能做的只有坚定的一遍遍核算飞机上的数据与观察周围的船舶情况,最终渔民全部救出,救援小组成功完成任务。

勇气是控制惧怕心理,而不是心里毫无惧怕。这是宋寅第一次救援,宋寅感到既兴奋又心有余悸。曾经也有那么些瞬间,宋寅心里对这份工作是否适合自己产生过怀疑。因为直升机里的工作环境很恶劣,没有空调,紫外线也很强。作为一名女生,也会害怕脸上会长出晒斑,害怕吃不了这份苦。可那天之后,宋寅内心受到深深的震撼,更坚定地认识到了自己肩上的责任,暗自下定决心,好好干下去。在后来的救助工作中,宋寅每每知道险情都义不容辞,首当其冲。她说,这份工作就是要和时间赛跑,把生的希望带给别人,把死的危险留给自己。

2016 年 12 月,在机场东偏南 90 海里,大火吞噬着一艘渔船。那是宋寅担任机长以来救援任务最艰巨的一次,当时风浪巨大,基本不能接近救援船只。宋寅与另一个机组共同执行这次救援任务,可起飞没多久,耳机里就接到消息:救援的新位置与预先写好的坐标差了 20 多海里! 但直升机携带的油量根本不足以应对额外情况,这就代表救援的时间非常有限,救援任务迫在眉睫。当第一架次飞机到达现场时,海上情形愈发恶劣。

遇险船只因为着火,失去动力,在海上摇摆不定。燃起的火焰也使得飞机只能停在更高的位置,现场的强风使救生员越荡越高,随时都会因为撞击产生危险,救援难度巨大。可在这次任务中,宋寅和救援人员以最快的速度合作接力,将十名船员全部救起。由于在工作中屡次立功,宋寅被东海第一救助飞行队聘请为搜救机长,正式成为一名海上搜救机长,也是国内第一代女搜救机长。

不忘初心,青春无悔

由于外貌出众,实力非凡,2011年5月宋寅受邀参加录制央视播出的五一特别节目。

清澈的眼神,清秀的容貌,真诚的笑容,非凡的实力使她在网络走红,被网友称为"最帅气女飞行员"。后来又有很多媒体前来邀约采访,除非队里的要求,宋寅几乎都一一拒绝。宋寅并没有放弃自己辛苦的救援工作,进入娱乐圈去发展,而是不忘初心,坚守在自己的岗位上。宋寅的青春始终不忘初心,她放弃了成名,选择了责任;放弃了安逸,选择了大海与蓝天!

三、张洪宇,你真了不起

张洪宇,北京交通大学电气工程学院电气工程及其自动化专业2018级学生,中共预备党员。曾获国家奖学金2次,"北京市三好学生"称号,全国大学生自动化系统应用大赛一等奖等。累计参与抗疫、支教等志愿活动500小时。应征入伍服兵役期间获集体三等功、"优秀义务兵"称号,获得轨道电气领域最高奖曹建猷学生奖并作为获奖代表发言。

于迷茫中寻找动力,蜕变成就优异

大一时,张洪宇的基础并不好,在学业上迷茫的同时,也有些找不准前进的方向。在参军过后,他找到了自己真正热爱的领域,以昂扬的姿态回归到学习生活中,从默默无闻到名列前茅,张洪宇用努力和坚持走着自己的人生路。绩点从2.40到3.91的逆袭,满绩课程数不胜数,这些令人惊叹的进步,背后是夜以继日的努力和自律。

于低处生发梦想,坚持造就成功

参军的种子在高中时就已埋下,录取通知书中的征兵宣传单更是催化了它,尤其是听到参军师兄师姐们的亲身讲述,张洪宇意识到了这是一个实现梦想的机会,于是他在2017年果断报名参军。

两年军旅生涯、三个不同的岗位、三项大型任务,张洪宇从一个对未来迷茫的青年,成长成为一名有坚定的理想与信仰的军人,带着这份坚定,他重返交大。回忆起在军营的日子时,张洪宇由衷地感慨道"当时艰难的时间其实是一段很宝贵的人生经历",那段为宏大目标而努力的日子,定会成为未来源源不断的勇气。"找到人生的目标、更能吃苦,更成熟,做事更稳重",他将这些可贵的品质融合成自己的一部分,梦想的重量也不再是负担。满怀着热血,他一往无前。

于隐默处开花，信念指引前方

由于疫情开学被推迟。"闲不住"的张洪宇，决定去做一些更有意义的事。于是他决定参加支教。在这段日子里，他不光教授理论知识，还会给孩子们科普拓展课外内容。面对支教中的艰苦，张洪宇没有太过考虑，他发挥了在部队时艰苦奋斗的作风，脚踏实地，以实干为主。给山区的孩子留下了美好的记忆，也为自己的人生路增添了不可磨灭的一笔。

疫情发生后，张洪宇也积极响应号召报名参加所在地区的抗疫志愿者。起初，他被安排进行公众号报道工作。但看到一线紧张的情况后，他主动向组织申请到人员紧缺的高速路口进行工作。高速路口人流量大，情况复杂。张洪宇穿着厚重的防护服，每日测量体温500余次，下午两点出发等回到家已经是半夜。担心身边的人有感染的风险，他每次下岗后都将自己隔离在房间里。累计260小时的抗疫时长，他用自己的实际行动践行着"退伍不褪色，退役不退志"。

于坚毅中成长，知行贯穿点滴

在学习之外，张洪宇也贯彻着自己勇于探索的理念。平日里，他喜欢在实验室做研究，也会和小伙伴们适当放松。除此之外，他还和同学们合作尝试开咖啡店。学校武装部、团总支、团委宣传部都有过他的身影。对于这些课余活动，张洪宇认为它们和学习都很重要。人生不能只有学习，人应该是立体的，思想认知、社交能力、处事能力、兴趣爱好都可以成为衡量的标准。

回顾自己的大学经历，一路上有梦想的指引、也有行动的付诸。张洪宇一直认同理想和现实一定有偏差，但一定要亲身经历，人生才不会后悔。认定了一件事，就要勇敢地迈出第一步，然后在这条路上一直走下去，过程固然是曲折的，但回首过往，一切都值得。

对于北京交通大学的校训"知行"，张洪宇有着自己的理解：先足够了解，让所知充分地体现在行动上，再通过行动让知识更加深刻，之后便是再不断地学习，一直重复这个过程，通过不断"知行"的过程取得更大的收获。而他用自己的实际行动真切地诠释了校训内涵，把"知行"书在军营，写在祖国大地。

除了优秀、努力与思想上的深度，张洪宇身上的鲜活力量和那颗坚定探索的心更让人敬佩与感动，就如他所说的，做一个"勇敢、坚定、坚持"的人。

实践练习

一、生涯适应力量表测试

请根据自己的实际感受和体会，用下面24项描述对本人进行评价和打分，评价和打分的标准如下：1分为非常不同意，2分为不同意，3分为有点不同意，4分为不确定，5分为有点同意，6分为同意，7分为非常同意。

(1)会思考自己的未来会是什么样子。

(2)意识到现在的选择决定了自己的未来。

(3)意识到必须在深造和就业中做出选择。

(4)能够制订计划实现自我目标。

(5)对职业保持关注。

(6)为未来做准备。

(7)能够保持乐观。

(8)能够自己做决定。

(9)能对自己的行为负责。

(10)能够维护自己的信仰。

(11)指望依靠自己。

(12)做适合自己的事情。

(13)探索周边环境。

(14)寻求个人成长机会。

(15)做出选择前调查各种选项。

(16)观察不同的做事方式。

(17)深入探究自我。

(18)对新机会充满好奇。

(19)能高效地执行任务。

(20)能用心把事情做好。

(21)能主动学习新技能。

(22)工作竭尽所能。

(23)能够克服障碍。

(24)能够解决问题。

生涯适应力量表包括关注、控制、好奇心、信心四个分量表,可以计算每个分量表所包括题目的总分或平均分,每个分量表包括的题目如下。

关注:总共6道题,具体包括第(1)~(6)题。

控制:总共6道题,具体包括第(7)~(12)题。

好奇:总共6道题,具体包括第(13)~(18)题。

信心:总共6道题,具体包括第(19)~(24)题。

二、书写自己的人生之书

每一种花自有它独特的色彩和芬芳,每个人都是独特的自己。如果每个人都是一本书,那每本书都不尽相同,或波澜壮阔、或平平淡淡、或洒脱有趣、或坚持不懈,每一本书都有属于自己的精彩,那你是什么样的书呢? 请书写下自己的人生之书。

封面:书名。请给自己的人生之书起个名字。为什么会起这样的名字? 想表达什么内容或传递什么讯息?

_____

第一页:序言。是自序还是推荐序? 如果是推荐序,会请谁帮你写序? 为什么? 请用两至三句话简单对书籍做推荐,说明整本书籍要传达的内容。

_____

第二页:截至出生到现在人生前半场的书籍目录。目录分为几个章节,每个章节的名字是什么? 对每个章节用一句话介绍概括。

_____

第三页:生命从现在到最后结束的书籍目录。目录分为几个章节,每个章节的名字是什么? 对每个章节用一句话介绍概括。

_____

第四页:选出自己现在所处章节,在此拟定三个目标,并写明为实现目标要调动哪些资源。

_____

第五页:分别把三个阶段目标对应的行动步骤写下来,每个目标至少3步。

_____

第六页:这本书的目标读者是谁? 写下想要对 Ta 传递的主题和内容。

_____

完成人生之书后,你有什么感受和体会? 为了践行人生之书,你打算做点什么? 持有什么样的心态或态度?

_____

三、使用商业模式画布做规划

个人商业模式画布是从企业商业模式画布中演变而来的,借助它有利于我们拔高思维高度来思考策略层面的事情,而不是长久陷在执行层。这个画布不仅仅是规划工具,还可以作为诊断工具来使用,可以诊断你当前的职业状态,从而为后期的规划奠定基础,个人商业模式画布一共有九个要素,如图4-15所示。

1.核心资源 我是谁 我拥有什么	2.关键业务 我要做什么	3.客户群体 我能帮助谁	4.价值服务 我怎样帮助 他人	5.渠道通路 怎样宣传自己 交付服务	6.客户关系 怎样和对方 打交道
7.重要合作伙伴 谁可以帮我		8.收入来源 我能得到什么		9.价值服务 我要付出什么	

图4-15 个人商业模式画布

(一)画出个人商业模式画布

要素1——核心资源:我是谁,我有什么?

我是谁,主要包括性格、价值观;我有什么,主要包括兴趣、知识、技能、能力。总之,在核心资源这个框内,尽可能把你有的要素都列出来。这些要素必须能够描述你这个人,能够把你与他人区分开来。在总结自身资源的时候,你会发现性格与价值观属于内心最深层的一面,它们是需要你不断自我反思,甚至是在发生一些冲突的时候,你才能真正体会到。

要素2——关键业务:我要做什么?

如果你有职业目标,比如你想做HR,那就把HR的主要工作任务写在这里。目标建议不要离你太远,因为太远的目标(比如你刚毕业,目标是十年后创业),你可能根本不知道如何开始,且过于遥远的目标中途发生变化的可能性极大。所以,建议写未来三年内的目标即可。但如果你确实有一个远期目标或者理想,也可以往回推,先确定三年内的目标,写在这张画布上。

此外,业务罗列不要太细,提炼两三个重要的就可以。比如做咨询,关键业务就三点:第一,洽谈项目;第二,管理项目进度、预算和质量;第三,管理团队。这也是锻炼你结构化思维的一种方式,即把你琐碎的工作事件归纳成几个大的工作任务。

要素3——客户群体:我能帮助谁?

这里包括企业内部和外部的人,即需要依赖你完成工作的人。企业内部的人如老板,以及你所支持的部门/岗位,外部的人如客户。对于一个企业来说,它的客户比较容易定义,就是为它付费的外部用户。但对于个人来说,你的客户构成略微有些复杂,因为决定你薪酬的对象可能有多个,如老板,还如,如果你的岗位是对客户的,那客户是否满意、是否买你们的产品等,也决定了你的薪酬。

要素4——价值服务:你为客户群体提供的价值是什么?

我们买A款手机,是因为手机好,而买B款手机,更多可能是冲着情怀。所以作为个人来讲,你也要有自己的价值定位。需要注意的是,价值服务与前面的关键业务是不同的。以做咨询为例,谈项目、管项目、带团队,这些是我的关键业务,即我具体做的事情。而我的价值服务则是帮助企业升级管理体系、提高组织效率、从而帮公司赚取更多收入。所以,价值服务更多的是结果和影响,而不是具体的任务。

要素 5——渠道通路:怎样宣传自己、交付服务?

经过前面几步,你盘点了核心资源、找到了你的客户、并通过关键业务奠定了你的价值服务基础。那么,接下来的问题就是如何向客户传递价值。也就是第五个要素:渠道通路,它包括如何宣传价值、卖出服务及递交服务。还举手机的例子:怎么宣传手机的价值? 开发布会、做媒体广告等。怎么卖出去? 通过专卖店和与运营商合作等。怎么传递服务? 通过专卖店或者维修代理商等。如何宣传这个价值? 比如参加一些行业协会、写POV 文章等。如何卖出服务? 与客户面对面交流,介绍曾经服务过的企业案例,以及对客户的企业的看法等。

要素 6——客户关系:怎样和对方打交道?

如何跟客户打交道,处理好跟客户的关系,也十分重要。如销售人员通过跟客户一起吃饭、打球等,建立关系。很多互联网公司,通过社群来建立与用户的联系。

要素 7——重要合作:谁可以帮我?

你通常是不会单打独斗的。公司内部,如经常合作的部门,还有帮你提供资源的朋友,甚至一些公司会为员工配备职业导师等,这些都属于重要合作对象。

要素 8——收入来源:你在这份职业中获得的收获有哪些?

这里的收入是广义的概念,包括物质回报和非物质回报。其中物质回报包括薪酬、福利、股权期权等;非物质回报则包括环境氛围、发展机会、成就感、满足感等。

要素 9——成本结构:你为这份职业需要付出什么?

这里的付出包括时间、精力、金钱,甚至你的压力。个人商业模式画布与企业的商业模式画布是有区别的:对企业来说,更关注财务因素,如成本和收入等;但对个人来说,你还需要考虑工作是不是开心,有没有发展等。

(二)分析画布的用途

1.职业诊断

用画布做诊断的关键是发现九个要素中互相不匹配的情况。有以下几种常见的不匹配情形。

情形 1:关键业务与核心资源不匹配。比如,你的核心资源是人脉广、喜欢挑战、善于沟通和掌握一些技术,目前你在某 IT 公司做售后技术支持,不需要见客户。那么,这个关键业务显然并未发挥出你的优势。如果调整的话,可以调整到售前技术支持,既能充分利用自身的技术知识,又能发挥与人打交道的专长。

　　情形 2：价值服务与客户群体不匹配。假设还是上面的例子，你现在转到了售前技术支持。那你的客户群体就从技术负责人变成了外部客户和销售负责人。这时候，你的价值服务仍然只是做好技术服务、让客户满意，那就会有问题。因为根据你的客户需求，你还需要为公司带来更多生意、把产品卖出去。所以你的价值服务需要调整，你需要思考如何从技术角度打动客户，并转化为购买行为。

　　情形 3：渠道通路与客户群体不匹配。比如，你打算跳槽去国营企业，却在 Linkedin 找机会、更新简历，因为 Linkedin 更多是外企。

　　除了以上三个情形之外，其实还可能存在其他一些问题，比如合作伙伴与关键业务不匹配、客户关系与客户群体不匹配、收入与成本不匹配等，这些都可以用类似的思路去分析。总而言之，画布中的九个要素之间都应相互匹配。如果存在脱节，那就意味着你的个人商业模式是有问题的，需要做出相应调整。另外，如果你想要提高收入，那就意味着你需要改变其他要素，或是客户群体，或是价值服务等。

　　2.职业选择

　　做职业选择的时候，画布也是一个很好的工具。比如，你有两个工作可供选择，那么可以画两个画布出来，然后对比两张画布，一是对比两个选择的成本和收入；二是对比两个选择，哪个更能利用你的核心资源，让你扬长避短。

　　3.职业规划

　　如果你按照上面的思路进行了现状盘点，找出了问题所在，那么接下来开始调整这些有问题的要素，形成新的画布，这其实就是规划的过程。倘若你已经有了一个职业目标，当把目标画布做出来后，很容易发现自己在哪些要素上还有欠缺，也容易知道自己应该朝什么方向努力（比如找哪些合作伙伴，通过什么渠道通路等）。

　　最后需要注意，我们可以定期做这样的画布分析，就如同企业定期制定及回顾战略一样。另外，若出现外界环境变化，如工作出现调整，包括升职、跳槽、转行等，核心资源发生变化，如能力、技能等有明显提升等情况，你也需要重新调整画布，对未来重新规划。

第五章

高效实现职场进阶

道阻且长,行则将至;行而不辍,未来可期。

——《荀子·修身》

思维导图

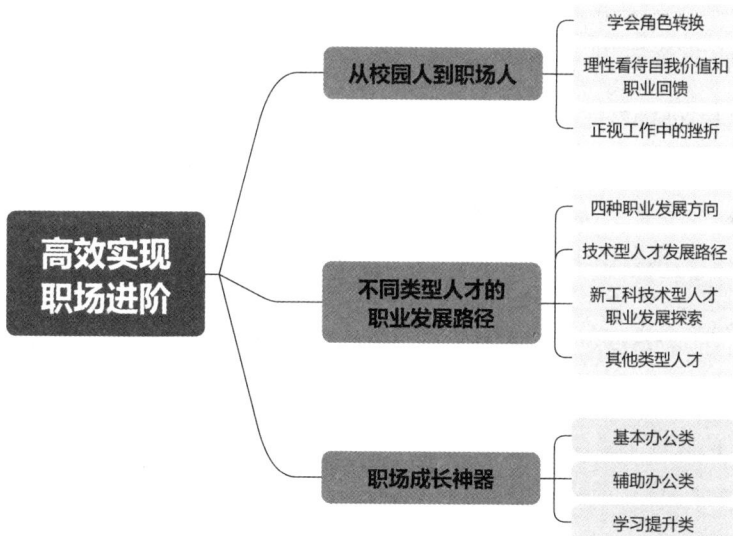

导读思考

　　顾里是一位刚刚步入职场的"小白",她本以为凭借着学校优异的成绩和丰富的社团经验,可以迅速适应职场氛围,在新的工作中如鱼得水,可是实际情况却并不像她想象中那么顺利。入职当天,领导就给她安排了一项任务,不同于学生时代有老师的指引,顾里只能自己摸索、埋头苦干,不知道能够寻求谁的帮助。结果任务没有在规定时间内完成,她受到了领导的批评,一想到自己的第一项任务就完成得如此失败,在洗手间顾里忍不住落泪了,她认为自己很没用,一点小事都做不好。接下来的几天,她的工作效率都极其低下。

这时候,顾里在想,要是能够有职场前辈传授职场经验和提升效率的职场神器该有多好。自己的职业发展道路究竟该何去何从?

▶ 第一节　从校园人到职场人

一、学会角色转换

毕业生离开校园开始工作是其踏入社会的第一步,将以新的身份开始新的人生旅途与人生阶段。要想适应变化、少走弯路,快速完成从校园人到职场人的角色转换,就得关注自己的思维方式、行事作风是否能够匹配当前工作的需求。经过调研,同学们在这一阶段经常遇到的问题就是无法解决学生思维与职场思维的冲突、个人贡献与团队合作的冲突等。

(一)从被动接受到主动思考

对同学们来说,进入职场才是发挥个人主动性的开始。在学校期间,大家最重要的事就是学习,学校会提前设计和规划好同学们应该完成的学习内容与课程,并要求同学们在指定的时间、地点进行学习,能够按时完成这些任务的学生就能够达到学校的要求。对于在校期间的大部分学生来说,只需要接受学校的安排,按部就班地学习就足以顺利毕业。

但到了职场上,却出现了完全相反的情况,一般而言不会有人替你拆解分析各种复杂的问题,也不会有人帮你规划该如何完成一个任务。在大多数情况下,领导只会通知在某一个固定的时间节点需要完成什么样的任务,达成什么目标,进行简单的人员分配之后,就不再插手,只是定期了解进度。而关于任务如何开展,如何进行时间规划,如何进行部门间的沟通等,这些问题都需要自己主动思考。只有做到提前规划、合理安排、定期汇报,在遇到问题时主动出击、积极请教、不耻下问,才有可能给初入职场的自己交出一份完美的答卷。

很多同学初入职场就感到压力大、节奏快,觉得难以适应职场的环境,其中的重要原因就是未能完成这种从被动到主动的思维习惯转变,还停留在作为学生时的想法,总以为会有人告诉自己该做什么,而现实是,在职场上你不主动求助,别人很难知道你有什么问题、有什么需要帮助的,当领导询问你的工作进度时,若你没能按时完成自己的工作任务,就可能会造成不良的后果。

(二)从单打独斗到团队协作

小李在校期间一直努力学习,成绩优异,凭借优秀的学习能力与出色的成绩,在毕业时很轻松地通过面试在世界五百强企业找到了一份专业对口的工作。但最开始的几个月,小李不仅要适应环境的转变,还要学习很多新的专业知识,为此他下班后也加班加点学习,甚至连午休时间都在处理工作,与同事们也有所疏远,一些困扰也堆积于心。没过多久小李就精神不振,工作效率不高,情绪也持续低落,好在同事们很快注意到了他的变化并伸出援手,帮助他构建工作知识体系,解决瓶颈问题,很快小李就走出了困境,顺利融入工作团队中。

有的同学毕业后曾经有很长一段时间,都适应不了公司中午只有一小时吃饭、午休的安排,这只是时间安排的缩影,更重要的影响可能还在于学生时代我们觉得应该将所有的时间都放在如何学习专业课程上,不需要再去费心考虑其他事。但作为一名职场人,不仅需要处理好自己手头的任务,你还得花很多时间跟同事、客户沟通,并随时督促他们做好自己的事,保证任务顺利完成。因为在以分工为基础的现代企业里,即使你做好了自己的事,最终也不一定能有你想要的结果。

(三)从个人偏好到工作需要

大学生的人际交往都很纯粹,与谁能聊得到一起、玩得到一起就与谁做朋友,大家或是有同样的喜好,或是有同样的目标,总归是靠着共同点走到一起。跟室友不合,也可以互不干涉,减少交集,在寝室以外的地方收获亲密朋友,发展社交网络。

但在职场里,所有的一切,以工作需要为第一准绳,再多的个人情绪也不该影响到工作。该是你负责服务的客户,不管如何,你有多不愿意与他联系,但你都得先把个人情感和喜好放在一边,以公司服务客户的标准来为客户服务;与需要合作完成某项工作的跨部门同事,不管你有多不喜欢他,需要合作的时候,还是要反复找他沟通,认真完成任务节点的核对工作。

只有摆脱个人情绪色彩,以公平公正的眼光去看待工作中的人或事,才是一个职场人应该具有的素质;只有不再以个人喜好决定与谁合作,才算完成人际交往习惯从青涩到成熟的转变。

二、理性看待自我价值和职业回馈

在职场中,我们总是听到各种各样的吐槽:"这些任务对我来说太困难了,我根本做不到""做这么多事情,得到的回报也太少了,我觉得自己的劳动毫无价值和意义"。在这些情况下,我们往往会陷入自我价值和职业回馈的理解误区。

CD 模型(career development model)是基于明尼苏达工作适应论提出的职业发展模型,对自我价值、职业反馈及其关系进行了归纳分析。它强调人与职业之间的互动关系,揭示出人具有自身的能力和自身的需求,而工作也有其需求及给予,两者间是互动匹配的关系。通过对自身能力、自身需求、职业要求、职业给予这四方面的诊断,迅速定位职业盲点,找到解决职业发展的脉门。

人在企业中,因职位而连接,自我价值和职业回馈的本质就是交换,用我会的换我想要的。CD模型由个人(左)和职位(右)组成,个人部分用能力换需求,职位部分用要求促回馈;CD模型上方对应个人能力和职位要求,称为成功线;下方对应个人需求和职位回馈,称为幸福线,参见图5-1。

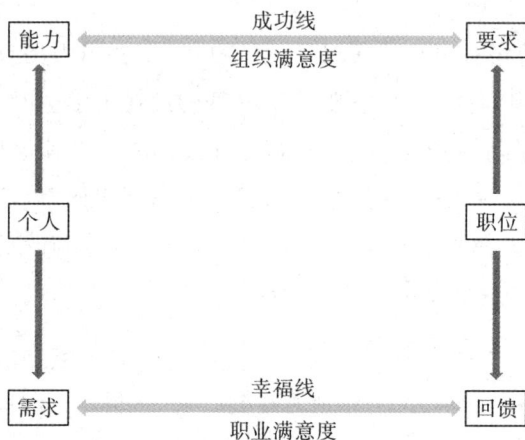

```
┌──────┐          成功线          ┌──────┐
│ 能力 │ ◄──────────────────────► │ 要求 │
└──────┘        组织满意度          └──────┘
   ▲                                  │
   │                                  │
   │                                  ▼
┌──────┐                           ┌──────┐
│ 个人 │                           │ 职位 │
└──────┘                           └──────┘
   ▲                                  │
   │                                  │
   │                                  ▼
┌──────┐          幸福线          ┌──────┐
│ 需求 │ ◄──────────────────────► │ 回馈 │
└──────┘        职业满意度          └──────┘
```

图5-1　CD模型图

4个要素2条主线之间相互满足、匹配的程度,决定了个人与职位的适配程度。成功线反映了公司对个人能力、实力的认可度及岗位要求的满意度,个人获得公司的认可度与满意度越高,成功线的循环越顺畅,在事业上就越容易取得成就、获得成功;幸福线反映了个人对公司给予工作回报或通过工作解决需求的满意程度,满意度越高,幸福线的循环越顺畅,在职场中个人生活或情感上存在的问题就越少。

CD模型的理想状态是个人能力满足职位要求,职位回馈符合个人需求,形成正向激励循环,刺激能力提升满足更高要求的岗位需求得到更优质的回馈。

当初入职场的员工在发展中遇到问题时,不妨来看看是成功线出了问题还是幸福线出了问题,到底是干不了还是不愿意干。我们根据这两种不同问题分别进行了分析并提出了相应的解决方案。

(一)成功线:解决能不能干的问题

1.问题

(1)要求不清。大学生毕业生作为初入职场的新人,对于工作和规则都还处于一知半解的状态,对很多要求和标准的认知仅仅停留在知道而非熟悉,而管理者以为经过培训的员工都已足够熟悉职位要求,完成标准无需过多说明,员工就这样稀里糊涂地开展工作,最终得到的结果必然与实际要求和标准存在一定差异。抑或是管理者的要求和员工的理解不一致,大家处于不同的位置与水平,对问题的认知也不可能完全一致,若不进行充分沟通,了解各方想法,必定会直接影响工作或任务的最终结果。

(2)能力不足。员工不清楚自己的能力优势,不知道如何发挥自己的能力,或者没有处于可以发挥自己能力优势的位置,或者员工知道自己在本项任务中能力尚有欠缺,但不知道怎样提升,也没有人帮助或指导,找不到突破瓶颈的途径。

2.行动指南

(1)职位要求问题。大学毕业生作为职场新人,在对标准和要求认识不明确时,应该主动与管理者沟通,确定实际需求效果,避免因理解不到位而影响任务进行。

(2)能力问题。大学毕业生在工作中遇到问题时,应当主动沟通和寻求帮助,向有经验的前辈寻求帮助,并在明确问题或提升方法后努力提升自我。

(二)幸福线:解决愿不愿意干的问题

1.问题

(1)所承担的工作很少得到或得不到正常反馈,员工长期感觉不到对自己付出的肯定,情感需求缺乏满足。

(2)作为员工,一直在做没有提升空间的工作,个人发展需求缺乏满足,工作积极性大受影响。

(3)团队内部沟通不畅,信息传递不及时、不全面,以及自下而上的反馈渠道不畅,员工个人想法无反馈渠道,容易产生不受重视的想法等,既影响了整体工作效率,也不利于提升工作积极性。

(4)薪资调整、激励不够公平,搞平均主义等,无法满足员工最根本的财富需求。

2.行动指南

(1)员工可以建议组内或者企业内部组织讨论会,定期沟通反馈,给予合理反馈以及改进建议;也可以主动询问管理者对自己工作是否认可等。

(2)员工也可以根据自身实际情况,主动向管理者提出任职与自己能力更加合适的、有挑战性的工作。

(3)合理建议要求公平公正的物质和收益激励,综合考虑员工的价值贡献,保证员工所有付出都有相应的回报。

初入职场的新人,进入新领域的职场人士,遇到的主要问题可能是发展问题,他们可以根据CD模型去了解分析,然后再针对性地解决。当两条线都平衡的时候,员工在企业中就会有一个好的发展。

三、正视工作中的挫折

身在职场,每天都会有各种各样的境况和事情需要你面对,有人说,管理就是不断地解决问题,而解决问题就会遇到各种压力。有时候,一些压力甚至让你感觉无法承受,在这种情况下我们应该怎么办?

(一)制定合理的工作目标与计划

1.工作目标

工作目标的制定有三点需要注意。一是目标应充分结合自身特点,不能泛泛而论。这就需要对自身现状分析到位,找到自己当前的定位。如自身有哪些优势和不足,如何充分发挥优势,克服不足。工作所需要的技能有哪些还未掌握,如何去快速地掌握,进而适应工作环境等。二是要将自己需要克服的不足,按照重要性进行排序,分别制定短期目标、中期目标以及长期目标。三是要及时与上级进行沟通,使当前阶段的目标与公司或项目发展相适应。

2.工作计划

工作中主要的压力其实来自工作本身,你需要考虑以下两种情况:一是当下公司有大的调整,加大了你的工作任务;二是你更换了新的工作岗位,对任务不熟悉,感觉自己工作量太大,压力加大。在这两种压力下,最核心的是你得吃透你的工作任务,把你的工作任务重新进行分析,制定完成工作任务的目标。时间管理告诉我们,需要对当下工作进行分类,先完成重要紧迫的任务,再完成重要不紧迫的任务。当遇到工作量大的时候,你得分析手头的工作,通过"时间四纬度分类法",把手头的工作进行分类。所谓"时间四维度分类法",即把需要处理的事务分为紧急重要、紧急不重要、重要不紧急和不紧急不重要四部分。在职场上,我们需要把我们80%的精力放到最重要紧迫的工作上去,放到创造主要业绩的工作上去。只要完成这些任务,其他任务在时间不足的前提下其实都可以暂时先放一边。如遇到公司的战略调整,要求既要完成常规工作,又要重点规划新战略下的目标任务,这个时候,就需要判断新战略在公司的重要程度了,是尝试还是决策的调整,这决定了新战略下的任务的重要程度,所以,关键还是吃透手头工作任务的重要性。

人的精力是有限的,我们需要把精力放到业绩最大化、目标最重要的工作上去。抓主要矛盾永远是职场上我们所需要的。美国管理学家史蒂芬·柯维在他的《要事第一》这本书中提出了时间管理的"四象限法则",根据重要性和紧急性将事务划分到四个区域,具体见图5-2。

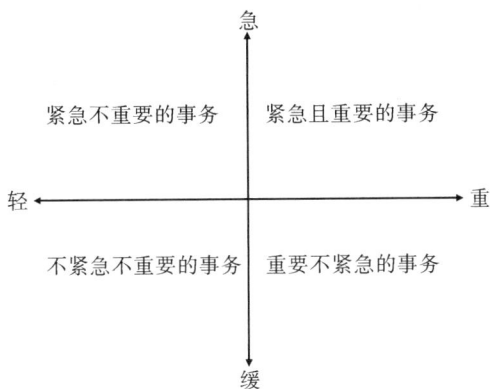

图 5-2 时间管理坐标系

在人们的日常工作中,很多时候往往有机会去很好地计划和完成一件事,但常常却又没有及时地去做,随着时间的推移,造成工作质量的下降。因此,应把主要的精力有重点地放在重要但不紧急这个"象限"的事务上是必要的,这就需要很好地安排时间。一个好的方法是建立预约,在开展每天的工作之前,我们不妨先建立这样一个时间管理坐标系,将当日任务分别填写到对应的位置,然后根据由急到缓、由重到轻的顺序去完成任务。只有建立了预约,自己的时间才不会被别人所占据,从而有效地开展工作。

(二)提升自己的工作技能

职场中有些压力来自自身所掌握的技能不足。这样的压力,其实是个人提升的最大动力。在工作中时刻保持开放与学习的态度,是能力提升的关键。

1.主动学习

正常来说,公司都会对新入职的员工进行培训,我们应当抓住这样的机会,认真学习并掌握工作中所需的技能。但在实际工作中遇到的问题是多种多样的,一旦遇到问题,要及时主动向领导或前辈请教,不仅要知道"怎么做",更要清楚"为什么"。这不只是工作积极性的问题,更是形成工作所需思维方式的快速途径。了解前辈是如何思考问题的,将会对自身能力提升有较大的帮助。另外,也可以通过不断观察他人工作的方式方法,反思自身的不足,正所谓"见贤思齐",便是如此。

2.专注高效

无论是处理重要紧急还是重要但不紧急的工作,最关键的一点在于"专注"。股神沃伦·巴菲特就把自己的成功归功于拥有"专注"的素质。艾丽斯·施罗德在巴菲特传记《滚雪球》一书中写道:"巴菲特除了关注商业活动外,几乎对其他一切如艺术、文学、科学、旅行、建筑等全都充耳不闻,因此他能够专心致志追寻自己的激情。"不少优秀的职场人都有同感,专注于最重要的工作的过程,就是解决问题的能力成倍增长的过程。

为此,有学者进行了专门的研究,美国麻省理工学院计算机科学博士、畅销书作家卡尔·纽波特(Cal Newport)提出了深度工作(deep work)和肤浅工作(shallow work)的概念。深度工作是指在无干扰的状态下专注地进行职业活动,使个人的认知能力达到极致。这种努力能够创造新的价值,提升技能,而且难以复制。肤浅工作是指对认知要求不高的事务性工作。不要以为肤浅工作只存在于体力劳动者,在普遍使用互联网进行工作的今天,脑力劳动者也越来越多地从事着肤浅工作,比如复印文件、接打电话、处理邮件等,这些工作能够在受到干扰的情况下开展,通常不会创造太多的价值,从业者的可替代性也更强。

所以,我们要努力减少肤浅工作的时间和比例,尽可能高效地进行深度工作,创造更多价值,一步步让自己成为"不可缺少"的角色。

3. 跨界思维

供职于教育系统事业单位的栾淑主持了一个为山区孩子支教的公益项目,上级交代要为山区小学捐建一所"爱心书屋",并给出了经费预算和购书种类、数量要求。但栾淑在实际操作中发现,几家图书供货商给出的价格都远超预算。栾淑一筹莫展地来回翻着供货商提供的书目,突然注意到一家供货商新推出了一款用于学校图书馆的电子阅读器。栾淑脑中灵光一闪,拨通了供货商的电话,提出了这样一个方案:希望供货商为山区学校捐助一批电子阅读器,同时在公益项目中增加该供货商为活动协办方,并搭载活动媒体资源进行宣传。结果供货商不但欣然应允,还追加捐赠了上万册图书。最终活动非常成功,栾淑不仅为单位节省了经费,供货商还因此提升了知名度,打开了销售市场,在短短两个月内售出了数千台电子阅读器。

栾淑这种从"买书"到"做官方背书""卖电子阅读器"的思维方式的转变,其实就是当下流行的"跨界思维"。跨界思维是一种多角度、多视野地看待问题和提出解决方案的思维方式。

一个人想要在一个领域内做到卓越,除了要达到很高的专业水准外,还要不断丰富自己,学习借鉴其他领域的方法解决问题,正所谓他山之石可以攻玉。一个人如果长期处于同样的职业环境中,所学本领往往呈现"边际效益递减",还会出现职业倦怠期、审美疲劳等。如果能尝试着改变思维方式,跳出原来的职业环境,跨界思考问题,往往有意想不到的收获。

(三)寻找帮助

遇到压力,有人埋头苦干,以时间来解决,有人寻找各种帮助,各有各的招。

在团队作战的时候,英雄主义不能解决问题。所以,应当寻找各种帮助。在职场上,欠人情其实是建立关系的一种好的办法,你遇到了压力,总能找到帮助你的人,而他的帮助,让你跟他建立起了相互的关系。所以,寻找到帮助其实就是你的一种能力。在公司里,老板喜欢小陈的原因是因为他很诚实,遇到不会的、解决不了的问题,总是能非常乐观地面对,寻找公司里相关资源,寻找同事或领导协助。

在职场中,懂得恰当地主动寻求帮助,是一名新入职员工的必修课。这里为大家提供几种方法。

1.自己先设法解决再求助

在工作中,每个人都有自己的工作职责,时间对每个人来说都是宝贵的。如果一碰到问题,不是自己先设法解决,而是马上询问身边的人,总在把"这件事我不知道怎么做""我需要帮助"挂在嘴边,会让身边的人在不胜其扰的同时,质疑你的工作能力。所以,在寻求帮助之前,你需要确保自己已经尝试了所有可能的解决办法,如果仍然没有找到有效的解决办法,你再向同事或领导寻求帮助。

2.多与同事交流工作经验

对新手来讲,我们现在所做的工作,都是老同事解决过的。所以,平时我们一定要多与工作经验丰富的同事以及人缘好的同事交流。在遇到困难时,优先向他们寻求帮助,他们工作的方法和解决问题的经验可以帮助你快速找到解决问题的关键,避免你走弯路。

3.让对方获得成就感

如果你能让对方在帮助你解决问题的同时获得成就感,那么他们以后会越来越乐意帮助你。所以,遇到难题时,尽量找能解决这类问题的人,并且向他们描述你在做的工作和碰到的困难。在他们帮助你解决完问题之后,要主动感谢并适当夸赞他们。

4.及时提升自己

在获得帮助时,你的同事或领导可能会向你讲解详细的步骤,按照他们的指点,你很快就解决了问题。这时你的心情变得很愉快,但是别忘了及时回顾和总结,并考虑是否有更好的解决方案。要知道,每次向别人请教相同的问题,将会让他人对你的能力产生怀疑。你需要重新梳理一下解决问题的整个流程,再详细记录每一个步骤和细节,以及最终达成的结果,最好将这个问题及解决方法建立一个工作模板,在遇到类似的问题时,就能驾轻就熟,不用再向他人寻求帮助了。

(四)调整心态,建立自信

建立自信最大的压力来自你的心态。当你感觉走不下去的时候,你就真的走不下去,当你认为时间能解决一切问题的时候,所有的问题最终都解决了。当下就是最好的选择。

小六月在新任部门经理的时候,每天感觉气都透不过来,一方面,没有管理经验,另一方面,遇到了竞争对手的不配合。几次都感觉要垮了,想到人资部门提出更换部门或是退让。但在前任领导及人资部门的帮助下,小六月对管理的认识很快得到提升。小六月做的就是重新认识自己团队的每一个人、重新认识部门的工作任务、重新认识自己、重新认识管理。通过不断的学习与尝试,最终获得了团队的支持,工作就开展起来了。所以,压力其实就是动力,在压力下我们才能快速成长起来。遇到压力就退缩,在职场上就没有空间。小六月自从走过了这一段困难期,后面总是喜欢新的更多的挑战,这也是小六月在公司快速走上高层岗位的核心原因。

保持良好的心态,心态好运气就好。心态表示一个人的精神状态,只要有良好的心态,每天就能保持饱满的心情。既然现实无法改变,那么只有改变自己。如何调整好自己的心态,有三点至关重要。

一是欲望不要太高。欲望无止境,欲望越高,一旦不能得到满足,形成的反差就越大,心态就越容易失衡。

二是攀比思想不能太重。如果盲目攀比,就会"人比人,气死人。"可以跟下岗工人比待遇,跟农民兄弟比收入,跟先进人物比贡献,心态就能平衡,怨气就自然消了。

三是要学会忘记。不要对过去的事耿耿于怀,过去的事就让它过去,这样才会少去许多烦恼,心情才能舒畅。学会让自己安静,把思维沉浸下来,慢慢降低对事物的欲望。只要你对事物的欲望适当地降低,会赢得更多的求胜机会。遇到心情烦躁的时候,你喝一杯水,放一曲舒缓的轻音乐,闭眼,回味身边的人与事,对新的未来可以慢慢地梳理,既是一种休息,也是一种冷静的思考。多和自己竞争,没有必要嫉妒别人,也没必要羡慕别人。

▶ 第二节 不同类型人才的职业发展路径

大学毕业生在熟悉了工作环境和内容,完成从学生到职场人的角色转变之后,就开始了每天日常的工作,或重要,或繁琐。以技术型人才为例,他们大多承担的是幕后工作,其工作成果也很少示于人前,因此许多初入职场的毕业生作为技术型人才就会对自己的职业发展前景产生迷茫、困惑甚至是厌恶。没有职业发展道路的规划,没有目标,也就没有工作的动力。

本节以技术型人才为例,从此类人才的四种职业发展方向入手,分析毕业生工作之后可能的职业发展方向,并由此拓展他们的职业发展路径,最后以新工科技术型人才为例,提供找寻最适合自身专业的职业发展方向和路径的流程及方法,为初入职场、迷茫于今后职业发展前景的大学毕业生提供解决思路。

一、四种职业发展方向

我们大多数人存在一种固有思维,一旦学生时期进行某一项学科的学习,今后的职业发展路径就只能围绕这个专业;一旦就业之后从事技术型工作,那么这一辈子仿佛就只能在技术领域打转。其实,这只是陷入了一种固化的思维陷阱,跳出专业与领域的限制进行思考与分析,会找到更加灵活、也更加适合自身实际的职业发展方向。

职业发展方向可以分为四种:向内发展、向上发展、向左右发展及向外发展,如图5-3所示。对于技术型人才而言,向内发展是指成为行业内的专业人才,如行业资深专家;向上发展是指在企业内不断晋升,成为技术总监或高级技术操作人员;向左右发展,则是指可以转换职能岗位,承担销售职能成为技术型销售,承担一定的管理职能成为项目经理;向外发展则是指寻求职业外的发展,可直接选择转向管理岗位等。

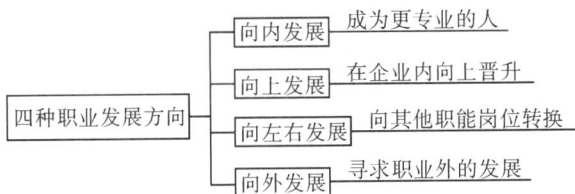

图 5-3　四种职业发展方向

接下来,我们将针对四种职业发展方向的内涵做详细介绍。

(一)向内发展

向内发展本质上是指专业发展,在团队里做到更加精深,不断深化自己的专业,在职业级别上不断晋升。专业能力本身就是一种竞争力,在公司里这类职位可以一直做下去,同时也最容易接近管理岗。

向内发展也指做专业型的人才,成为某领域的专家,拥有这个领域的话语权,在某一个领域有所成就,在这个领域持续发光发热、创造价值。以专业为日后的发展路径,则需要向业内顶尖人物看齐,钻研技术方面的学问,和同行业的人切磋交流,不断提升自己的技术水平。

(二)向上发展

向上发展是指从员工晋升到主管,再从主管晋升到经理,在组织内承担更大的责任,带领更大的团队,做更大的事,需要有一定的领导力。

如果你选择向上发展,还需要考虑所在单位有没有个人发展空间,向上发展有没有意义。自己能不能适应主管或经理的压力,对管理工作能否做到游刃有余、享受忙碌。

如果把升职看作是一部电梯,你要知道电梯门的朝向。而向上发展的最好方式就是在核心部门、在团队头部。越是单位里的核心部门,越容易上电梯,越是核心人员越靠电梯更近,越能接近公司的头部力量,越有机会被带入电梯。

(三)向左右发展

向左右发展是指目前的岗位发展已经满足不了自己的需求,选择去其他岗位或者其他行业。转换职能,进入更合适你的领域。如果你无法在向内、向上发展的方向上找到自己喜欢的岗位,可以尝试向左右挪动,看一看有没有新的切入点适合你。

比如企业内的培训师,每天日复一日重复性培训让他觉得精疲力尽,想探索人生更多的可能性,就可以选择相近的领域或行业,利用现有的资源,利用自己在目前岗位上已经打造好的核心竞争力,进行能力的迁移和转化。

再如技术型销售,高价值、高科技产品的销售推广,非常需要具有丰富技术经验的销售人员,既可以发掘更多的可能性,又不会失去以前所拥有的知识技能等。在新的领域你只需要学习专业知识,就可以顺利实现能力迁移,适应时间短,转岗效率高。

(四)向外发展

当一个人的核心价值没办法在组织内获得时,可以考虑向外发展,如设计一个职业之外的目标,培养自己的新圈子。组织内的发展如果不能满足你在职业发展上的全部需求,又不敢轻易放弃这种组织的稳定性,则可以尝试去做个"斜杠青年"。如将兴趣变为第二职业,上班时是职场工作人员,下了班可以当个作家,可以尝试进行自主创业,做自媒体或自由撰稿人。

作为一名职场新人,你们的职业有很多可能,向上还是向左右变动、向内深造抑或是向外拓展。选好一个角度切入,打磨专业能力与管理能力向深、向上发展。上了一个台阶后就继续找角度切入,遇发展受阻时就向外提升综合能力或离开。

二、技术型人才发展路径

职业发展路径为职场新人指明了可能的发展方向,以及能获得的发展机会。明确的职业发展路径能够促进同学们的职业生涯良好有序发展,拓宽发展渠道。

技术型人才的发展路径并非局限于技术层面,与管理、销售等领域的结合,甚至完全转向其他领域,均不失为同学们可行的职业发展路径,如图5-4所示。

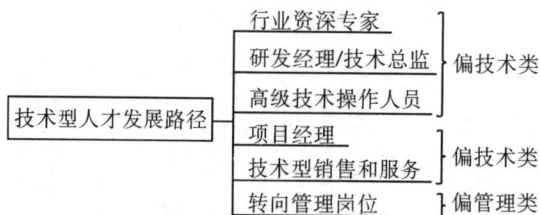

图 5-4　技术型人才发展路径

(一)偏技术类

1.成为行业资深专家

如果你非常喜爱技术工作,而且不擅长与人沟通,则可以完全专注于自身的领域,应发展深度而不是广度,以成为行业资深专家为方向和目标,孜孜不倦地投入精力、积累经验。

技术人员要想转型为行业资深专家,则需要充足、深厚的专业底蕴,专注于一个技术方向,注意技术深度的探索。技术人员成为行业资深专家的优势是"越老越吃香",当别人随着年龄的逐步增长而开始担心饭碗问题时,行业资深专家则渐入佳境,开始进入职业发展的黄金时期。

2.成为研发经理或技术总监

在一个尊重和重视技术工作的行业和企业中,发展成为研发经理、技术总监或总工程师都是一个很好的选择,技术研发人员的地位是非常高的。譬如在微软、诺基亚、华为等IT企业,技术的支持和研发的速度,成为企业利润增长的最主要来源。国企和政府部门,也非常重视科技和技术工作,在这种氛围影响下,技术岗位人才与行政领导一样均受人尊敬。

若你想成为研发经理或者技术总监,则需要负责一个企业的技术管理体系的建设和维护,既需要对技术和业务具有深入理解,也需要对行业技术发展趋势和管理现状具有准确的判断。

3.高级技术操作人员

以上两类职业发展方向适用群体多为高校理工科专业出身的人士,但对于数量众多的中等专科学校、技校毕业的一线技术工人来说,成为行业技术专家或研发总监的困难较大。这一群体职业人士,最佳的技术发展路线是立足技术,成为高级技术操作人员。

从全国层面来说,产业工人数量虽然巨大,但高级技工的比例却非常小,"高级技工"的缺乏已经成为制约许多企业发展的"瓶颈"。随着政策环境、企业认识角度和培育机制等不断改善,中等专科学校和技校的毕业生成为中高级技师将是一个越来越有前途的职业发展方向。

(二)技术与管理/销售等结合

1.成为项目经理

项目管理工作既需要扎实的技术背景支持,又涉及多方面的管理工作,最适合那些技术出身但又不甘于只做技术工作的人员。他们可以充分发挥技术人员的专业优势,同时又可在团队管理、协调各方资源、内外部沟通等工作中体验和发挥作为管理者的角色和作用,从而让自身价值更为充分地实现和得到认可。

技术人员要想转型为项目经理,需要经过思维、能力、结果三个层次上的锻炼,思维上要从做事思维转变为管人理事思维;能力上从技术能力的增进变为多方面能力的扩展;结果上从反馈技术结果到反馈整体项目成果。

2.做技术型销售和服务

技术工作的领域其实非常广泛,如果感觉纯技术工作发展潜力不大,可以考虑转向做销售或技术支持方面的工作,当然这个发展方向也需要考虑自身的特质是否适合销售。

华为、中兴等通信技术公司的销售人员,几乎都具有专业技术背景;甲骨文等软件巨头的市场推广,第一步常常是从销售工程师拜访客户开始的。这类高价值、高科技产品的销售推广,非常需要具有丰富技术经验的销售人员。

(三)偏管理类

一些技术型人才会在工作中逐步展现出管理潜质和优秀的领导能力,他们往往擅长且喜欢跟人打交道、与外界沟通。所以即使是理工科出身、从事技术岗位工作的技术型人才,也可以转向管理岗位。

以技术经验为基础和依托,适当补充、学习管理方面的知识,如可以攻读在职 MBA,假以时日,完全可以成长为出色的职业经理人。

三、新工科技术型人才职业发展探索

国家倡导"新工科"建设意味着新的发展机遇。作为一名初入职场的技术型人才,应抓住发展机遇,尽早探索切合自身实际的职业发展方向及路径,跟随时代发展的浪潮一起实现自身的职业价值。

浅尝职场的酸甜苦辣之后,我们便明白:在职场中,任何一个关于未来职业发展方向的选择都至关重要,不可盲目草率地决定,需要结合自身与行业环境的实际情况,进行职业发展路径的选取及实施方案的制定,在实践中不断试错,进行职业发展路径反馈与修正,具体流程如图 5-5 所示。

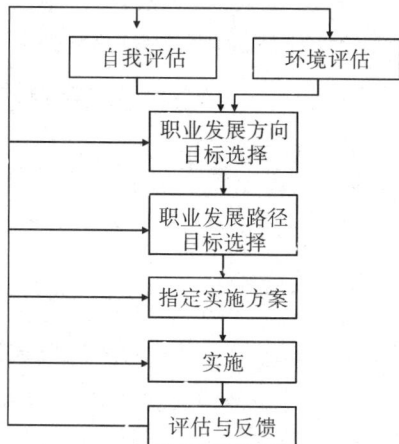

图 5-5　探索职业发展路径流程图

(一)行业环境评估

好的职业发展方向和路径一定是符合当前行业发展现状和未来发展趋势的。因此,你在制定专业研究方向时一定要基于行业发展,研读行业最新报道,了解国家在该行业领域的方针政策,阅读行业相关最新文献,知悉行业重大突破性发明进展。

(二)自我评估及职业发展方向探索

大学毕业生在初步适应职场生活之后,给自己设置一个"摸索期",在日常工作生活中,多体验、多感知、多学习,找到自己的核心价值所在。你要努力做到下面几点:能够在日复一日的技术研究路线中,坐得住冷板凳,在科研领域不断开拓,精进自己的技术;能够在不断接触的专业项目中,提升自己的实践能力和组织能力;能够在实际项目和企业发展中逐渐承担更大的责任;能够在日常工作中,发现自己在其他方面的价值所在,如管理、销售等;能够将专业技术和新的价值点有效结合,创造出不一样的火花。

工作往往不是一朝一夕就可以完成的,也不是头脑一热就盲目地进行选择和判断,需要时间和经验,需要去试错、去思考、去完善。

(三)持之以恒,努力奋斗

不积跬步,无以至千里;不积小流,无以成江海。骐骥一跃,不能十步;驽马十驾,功在不舍。锲而舍之,朽木不折,锲而不舍,金石可镂。

任何一份工作的成功都不是一蹴而就的。虽然职业方向和路径的选择决定着我们未来的职业生涯和人生价值的走向,但是不持之以恒努力奋斗,就不可能取得成功。一旦选定了职业发展方向就应该全力以赴,努力去实现自己的目标,而不是左顾右盼、思前想后,甚至有时怀疑自己的目标,想改变自己的选择,最终只会在担忧、顾虑中一事无成。

此外,在自己选定的职业发展方向上不断努力,能够为下一阶段的职业发展选择提供经验,从而一步步地走向成功,实现自己的价值。

四、其他类型人才

(一)管理型人才

企业组织管理层级一般分为五级:基础岗位、一线主管、中层管理者、高级管理者、首席执行官或首席运营官。员工从基础岗位晋升到管理工作岗位,工作性质会发生根本性的变化。管理者对岗位角色的认知至关重要,好比运动员角色转变成教练角色,运动员类似于执行者的岗位角色,而教练类似于一线主管的岗位角色。

管理型人才是具有广博知识和社会经验的人才,是深刻了解人的行为及人际关系的人才,是具有很强组织能力和交际能力的人才。他们不但了解"为什么要做",而且能把握行为变换,调动一切积极性去完成目标。为实现目标,他们机动灵活,应变能力很强。企业发展战略确定后,管理团队就是企业成败的决定性因素。

罗伯特·卡茨于1974年在《哈佛商业评论》上发表了颇具影响力的《有效管理者的技能》,他提出了著名的高效管理者三项技能假说。卡茨认为,有效的管理者依赖于三种基本的个人技能,即技术技能、人际技能和概念技能。①有足够的技术技能,以完成他所负责的特定工作任务,技术技能强调内行领导。获取技术技能的途径包括接受正规教育和从事相关工作。对基层管理者来说,技术技能是非常重要的,他们要直接处理员工所从事的工作。②有足够的人际技能,能够激励和影响他人,能够推动团队合作并取得工作成果。③有足够的概念技能来洞察事物本质,认识工作场景中各种因素的相互关系,做出正确决策并采取最优的行动。三项技能在不同管理层级中的要求不同,技术技能由低层向高层的重要性逐渐递减;概念技能由低层向高层的重要性逐步增加;人际关系技能对不同的管理层的重要程度区别不十分明显,但比较而言高层要比低层相对重要。一个成功的管理者,肯定具有良好的人际关系。

管理者岗位角色被定义为"一个具体层次的管理/领导者有效执行其岗位角色所需要的员工管理、组织管理和组织发展技能"。员工管理技能包括激励、沟通、时间管理、授权和培训;组织管理技能包括会议管理、决策、项目管理和团队建设能力;组织发展技能包括战略规划、结构管理、绩效管理、领导力发展和组织文化管理。这与那些处于技术或执行者岗位角色的人所需要的技能完全不同。

高效管理者能力发展阶梯进一步明确了每个层级的管理层与领导者(从一线主管到首席执行官)需要具备的关键技能。基于岗位角色概念之上的是五个不同层次的技能,是管理者在他们的职业生涯中必须发展的技能,这些技能能够帮助他们有效履行岗位职责。这五个技能是核心管理技能、经营管理技能、组织管理技能、组织发展技能和变革领导力技能。个体从一个管理/领导者层级进入下一级,需要继续发展更高层次的技能,首席执行官或首席运营官应能有效地使用所有技能。

核心管理技能是各层级管理者必须具备的技能。这些技能包括沟通、解决问题和做决策、有效管理时间、有效授权、处理人际关系和运营领导等。这些核心技能是构建其他技能的基础。

经营管理技能是日常经营和监督员工必需的技能,包括招聘、培训与指导、日常监督、激励、绩效评价和会议管理。这些技能与核心管理技能是一线主管有效履行岗位角色所需要的技能。

组织管理技能包括运营规划、组织员工、实施绩效管理、培养下级管理能力、财务管理和团队建设。中层经理需要具备上述三种技能。

除了具备上述三种技能外,高级经理人员还需要开发组织发展技能。这些技能包括战略规划、组织规划、战略领导及企业文化管理。这些是领导者与管理者的技能,它们有利于员工与组织的长期发展。

最上面一层是对首席执行官或首席运营官的技能要求,他们需要具备管理者能力发展阶梯所涵盖的全部技能,同时更重要的是要具备变革领导力。这要求领导者能够共启愿景、发动变革、驱动团队、挑战目标。各管理岗位及其所需能力对应如图 5-6 所示。

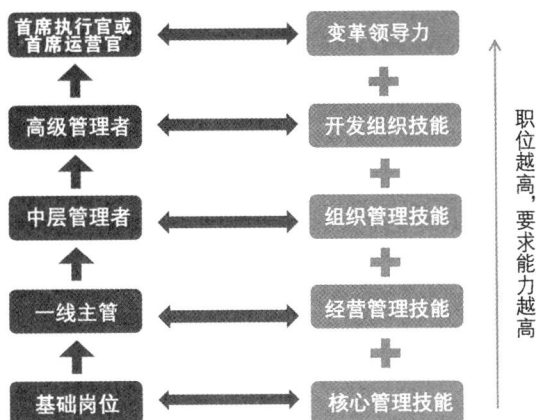

图 5-6　管理岗位及所需能力对应图

(二)自由型人才(自主创业)

随着网络不断升级,中国的自由职业者越来越多。人们可以在家里工作,职场人与企业不再是雇佣关系,而是合作关系,企业大多数业务可以外包出去,这样大大节省用人成本,相当于员工共享,如设计师、摄影师、商业配音师、自由撰稿人、自媒体人、作家、社群运营、程序员、插画师、雕塑师、企业培训师等。下面以设计师为例进行介绍。

设计行业有很多细分领域,比如建筑设计师、房屋设计师、服装设计师、公司品牌形象设计师等。设计师在积累几年经验后,可以做自由职业者,可以通过自媒体平台、朋友圈、熟人介绍、行业网站、线下线上等渠道开展业务,如设计大赛、微信接单群、QQ 接单群、主题商店、淘宝开店、设计素材网等。也可以选择在多个网站上发布作品,在这些设计平台入驻,不断展示自己的好作品和项目。还可以在自媒体、短视频等平台分享设计方面的心得、自己的成长之路、客户的故事等。随着你的关注者逐渐增多,自然就会引来客户,就会接到更多的订单,形成蝴蝶效应。此外,你的朋友圈的个人介绍要职业化,经常发布设计作品和客户成交截图,增加用户的印象,形成专业的个人品牌。

◉ 第三节　职场成长神器

一、基本办公类

(一)腾讯桌面管家

腾讯桌面管理可以将电脑桌面上的软件、文件、文件夹自动区分,归类整理,一改平时的杂乱,找资料更加便捷高效。比如,我们使用文件分类整理功能,从此告别凌乱桌面;使用磁盘映射功能,可以直达磁盘文件,释放 C 盘空间;实现全盘文件精准搜索,提供最畅快的搜索体验。

（二）扫描全能王

扫描全能王集文件扫描、图片文字提取识别、PDF编辑、电子签名等功能于一体。可以自动扫描，生成高清扫描件，支持JPEG、PDF等多格式保存，还能将扫描件一键转换为Word/Excel/PPT等多种格式文档，通过手机、平板电脑、电脑等多设备同步查看。

（三）石墨文档

石墨文档可实现多人在线实时协作，编辑Word、Excel、PPT、思维导图等，轻便、简洁，而且可以实现PC端和移动端无缝对接。

（四）坚果云

坚果云是一个方便快捷的文件管理工具。它可以实时同步资源，保留文件修改记录，而且拥有足够使用的空间，上传下载不限速，操作流程便捷，登录和分享验证安全性、可靠性也有保障。

（五）iLove PDF

iLove PDF是一个免费的PDF编辑网页，目前支持PDF转Word/Excel/PPT/JPG格式，并且支持格式间的相互转换。另外，还支持对PDF文件免费合并、拆分、压缩、添加水印、修复、加密与解密等，无需充值会员就可以实现PDF文件编辑自由。

二、辅助办公类

（一）XTranslator

XTranslator常用作英文文件的翻译工作，它和知云文献一样是由同一个团队开发的。但是知云文献翻译只能在打开PDF后，在软件内部使用翻译功能。而XTranslator在其基础上，摒弃了PDF阅读器，只保留了最核心的翻译功能，且可以跨软件使用。只要是可以划选的文本，都能通过该软件直接翻译，而且可以实现中英双向翻译，方便快捷。

（二）X－mind

利用X－mind可绘制思维导图、鱼骨图、二维图、树形图、逻辑图和组织结构图等，且可以很方便地在这些展示形式之间进行转换，文件可以被导出成Word/PowerPoint/PDF/TXT/JPG等多种格式，方便进行后期处理。

（三）番茄ToDo

番茄ToDo的关键是规划、追踪、记录、处理以及可视化。此App拥有丰富的计时功能，支持倒计时和正计时两种工作模式。工作期间提供锁机功能，完全排除干扰，我们还可以选择舒缓白噪音以集中注意力。工作结束后还会自动生成统计分析数据，方便查看自己的专注时长和时间分配。还可以建立线上自习室,与朋友一起学习,共享专注数据。

(四)滴答清单

滴答清单是一款强大的待办事项和任务管理应用软件。我们可以将每天要做的事、临时的任务录入到"滴答清单"里,按照重要程度进行标记。我们不仅在日历视图上可以清晰地看到各个工作节点,还可以把整个任务清单直接添加到桌面,在完成一项任务后勾选完成,工作进度一目了然,非常清晰。

(五)WordArt 网站

在 WordArt 网站,使用者可以使用文字来填充出物品、动物或符号形状等,也可以输入想要显示的文字,然后选定要呈现的图形,接着选择文字的样式、角度及颜色,系统就会自动根据这些参数填充该图片,操作方便快捷,而且该网站是免费的,使用无压力。

三、学习提升类

(一)EndNote

EndNote 是一款文献管理和编辑应用软件,可以管理参考文献并导出统一格式的引文。可以有针对性地投稿给某家杂志社,还可以下载该杂志社的参考文献的引用格式。

(二)喜马拉雅

喜马拉雅是国内领先的音频分享平台,汇集了有声小说、新闻广播、专业书刊等广泛领域内的书籍资源,可以帮助职场人在工作之余进行提升,使用者还可以设置播放时间和睡眠模式,操作简单,使用效果好。

(三)中国大学 MOOC

中国大学 MOOC(慕课)是一个国内优质的中文学习平台,拥有由包括"985"高校在内的许多高校提供的千余门课程。学生在学习一门课程的过程中不仅可以看视频、做测验、交作业,还可以与同学、老师交流互动。该网站还支持课件下载,给非在校学生提供了一个简单便捷的学习平台。

章节结语

从校园人到职场人,从被动学习到主动探索,这样的转变可能会让同学们感到无所适从;主动进行角色的转换、积极调整工作心态、直面工作中的挫折等是适应职场生活的重要步骤。日复一日地繁琐工作可能会让进入职场的新人感到迷茫;了解职业发展方向和路径,结合自身实际制定职业发展道路,是实现职场进阶的有效途径;掌握职场神器,全力提升自己,高效实现职场进阶,为成为新时代所需要的新工科人才而奋斗!

延展 阅读·

一、王志东：从技术到管理的转型

当初王志东认为"当总经理是被人推到水里的"，他一直怀着有朝一日还要做技术的梦，但是现实中他却在管理这条路上越走越远了：从四通利方总经理到新浪网总裁，再到现在的点击科技总经理，王志东已经在享受着一个管理者的乐趣。

从技术人员转变为管理人员，一开始最容易犯的错误是什么？

遇到问题喜欢躲。技术人员并不是碰到什么问题都躲，碰到技术难题他会迎难而上。但是碰到关于人的难题就会有畏难情绪。

技术人员总是希望能找个好的环境，好的老板。如果这两点不能满足，常常有失落感——这个老板不行，我要跳槽，其实这就是一种逃避。这是典型的技术人员心态，一碰到关于人的问题就不想多花心思和精力，觉得没有价值。但是当理想状态不存在时，只有自己去创造这个环境，要创造就意味着你碰到任何问题都要自己面对，想出对策，这是一个世界观的变化。

转型的过程中是不是经历很多痛苦？

从 1993 年到 1997 年是王志东转型管理的过渡期，之前他是一个纯粹的技术人员，之后他完全成了一个管理者。1993 年底四通利方成立，他担任总经理。1997 年四通利方公司的改组和结构调整告一段落，也就是在这一年他写下了最后一行商业代码。后来在新浪做的完全是管理工作。

一开始王志东对这个转变过程是抵触的。他不愿放弃技术工作，如同让一个舞剑的高手，要他把剑挂起来去做别的事。转到另外的领域，万一不成，再回来，也是很冒险的。后来他就采取所谓的"甜柠檬心理"——不得不吃的时候，柠檬也是甜的。当王志东不得不接受管理职责的时候，就只好乐意接受并品味其中的快乐。一品味发现其实也不错。就像第一次喝咖啡是苦的，第一次喝啤酒也是苦的一样。其实喝多了，就会品味到其中的香醇。

他采取了哪些方法向管理者转变？

第一，他觉得非常重要和有效的就是拜师，要广泛地拜师。比如在和朋友聊天的过程中，就可以学到很多东西。你可以请他吃饭，然后趁机把使你最难受的一些东西讲出来，向他咨询。甚至有时候就可以找本公司的员工："来！给我讲讲，平衡计分卡是怎么回事？"关键是你得放下架子。这样要比自己翻书效率高很多。

他现在越来越感觉到这种方法的有效性，比如一次他在和人民大学的一位管理专家吃饭时，专家提到了"敏捷组织"这个概念，这使他脑子一亮。回去以后他一查，发现这个概念正好和他们的产品很切合。他很喜欢参加一些企业家的聚会活动，在这些场合，可以得到很多信息,开阔思维。

第二,就是要不断地体会和总结。要在实践中慢慢摸索,边干边学。比如风险投资,当时他在四通利方时拜师都没法拜,国内没有懂这个的人。但他当时隐隐约约知道一些概念,就自己创造机会,用了两年多时间终于成功融资。当时他也找了很多专家,但是最大的困难就是这些专家懂国外的不懂国内,懂国内的不懂国外的。还有的懂产业不懂资本,懂资本又不懂产业。要把他们知道的所有的信息都汇总过来,再加上自己的经验一起做判断。

第三,他觉得很重要的,也值得向那些准备向管理转型的技术人员推荐的是读一些哲学书。现在越来越觉得自己管理能力的提升和自己看过一些哲学书、进行过一些哲学思考有关。有一个观点对他影响非常大,就是同构理论。同构理论认为任何体系都存在一种对应关系。你可以用做电路的思路去做软件,也可以用做软件的思路做管理。

技术人员从哪一个领域入手转型管理容易一些?

技术人员首先要进入公司的战略层面,从这个层面进入管理比较自然,也容易获得提升。王志东在做中文之星的后期其实已经形成了和微软的竞合战略。在做四通利方的时候他把这种思路进行了贯彻和实践。这是一个战略,并不是技术。后来的发展,包括他怎么运用 OEM 策略,和微软怎么合作,和 PC 厂家怎么合作等。

他先是把技术变成技术战略,再变成产品战略,最后上升到公司战略。由此就慢慢关注到和资本的合作、公司人员的安排等。而不是说一个技术人员突然冲到市场前线去打单去了,这样成功的概率就小了。

一旦转型成功,技术人员发挥出的威力是不是也更巨大?

技术人员虽然转型管理,但应该时刻关注技术,因为这是你的独特优势所在。2001年成立点击科技的时候,王志东就想到要做协同软件。当时国际上并没有这样一个行业分类,他甚至不知道这个软件该叫什么。直到 2002 年他才查到一篇国际上的文章,当中描述的一类产品和他们的产品很像,所以 2002 年 8 月他才正式说他们的产品是协同软件。

如果王志东不是搞技术出身的,他就很难有这样的眼光。他知道哪些是可行的。如果没有技术背景,他就很难从技术和产业两个方面来判断。

如何培养自己的领导力?

有的管理者无论面对什么样的人,都可以领导,有的管理者只能领导某些类型的人。王志东是属于后一种。

现在他越来越希望通过周围的人,通过自己的管理团队来领导,这样构建领导团队就显得很重要。他挑选合作伙伴,第一要志同道合,理想和行为方式互相能够认同。

他比较愿意去选不同背景的人。希望自己的短处能够被周围的人弥补,同时他们也有值得学习的地方。比如现在的管理团队中,有他这样土生土长的,有"海归"的,也有在外企工作过的。有做软件出身的,有做硬件出身的,也有原来搞投资的。同样做一件事情,同时会有很多人从不同的角度来思考,这样就弥补了盲点,这就是"管理带宽"。

二、海底捞 CEO 杨丽娟

2022 年 3 月 1 日晚,海底捞发布了管理层人事的任命公告,张勇卸任海底捞 CEO 一职,由被称为"最牛服务员"的杨丽娟接任。

服务员出身的杨丽娟在海底捞工作了 27 年多,是海底捞走出四川、开拓全国市场的关键人物,也是海底捞推行"连住利益、锁住管理"制度的负责人。

那时杨丽娟为了还债,在一家饭店当服务员,后来被张勇发掘成为店长,协助老板把海底捞做大做强。如今,海底捞已成为众多品牌火锅店的佼佼者,并已成功上市。杨丽娟也早已还清了债务,实现了财富自由,她的身价甚至达到 160 亿。

帮家里还债辍学打工,从服务员到 CEO

杨丽娟 1978 年出生,还有两个哥哥,父母是生活在四川简阳的普通农民。杨丽娟的两个哥哥很早就进入社会,做蜂窝煤生意,结果经营失败,还欠下了很多债务。每天都有人来讨债,那段时间,杨丽娟一家过得很艰难。

家里突然失去了收入来源,还负债累累,光靠种地养家糊口是不行的,更别提还债了。当时还在读初中的杨丽娟也被迫辍学,为了帮家人还债,杨丽娟独自来到简阳县城,在一家小餐馆当服务员,每天的工作就是上菜、刷盘子和打扫卫生。

与此同时,海底捞火锅店当时也处于起步阶段。那段时间,海底捞老板张勇经常去杨丽娟工作的餐厅吃饭,这个聪明的服务员也引起了张勇的注意,张勇曾问杨丽娟她的月薪是多少,杨丽娟回答一个月 120 元。那个年代,服务员的工资是 80 元左右,小姑娘能拿到 120 元的月薪,更是引起了张勇的关注,张勇直接邀请杨丽娟到他的店里上班,并许诺月薪 160 元。

但杨丽娟当场拒绝了,作为一名小学文化的服务员,也许一辈子早已注定,但正是她这种知遇之恩的性格让她抓住了与海底捞一起腾飞的机会。很快,杨丽娟的餐馆老板准备去广东开店,决定带着杨丽娟南下。那时的杨丽娟还很小,去广东发展,她的家人并不放心,奶奶更是坚决不同意,百般阻拦,最终把孙女留在了简阳。

杨丽娟只好重新找工作,这时她想起了曾邀请她的顾客。她找到海底捞店,进去面试,张勇见了她直接表示聘用她,给她的工资是 160 元,杨丽娟二话不说当天就上岗了。在杨丽娟加入海底捞时,海底捞刚刚成立一年,杨丽娟算是张勇带出来的大徒弟。

事实上,老板张勇学习能力很强,对员工的要求也很高。他要求员工读书、打字和工作总结的事项,人人都必须做到。杨丽娟深得老板好感,她没有像其他员工那样敷衍,还经常去新华书店学习,为了学会使用电脑,她省吃俭用几个月攒下买电脑的钱,还报了电脑班专门学习。

十几岁的杨丽娟是所有服务员中最刻苦的,她对店里所有的业务都很熟悉,甚至可以独当一面。于是在张勇开设第二家分店时,21 岁的杨丽娟被张勇派到西安,独立经营海底捞第一家跨区域店,管理 100 多名员工。

那时,初入西安的海底捞还籍籍无名,为了招揽客人,杨丽娟到处推销,在她的宣传下,火锅店的生意慢慢红火起来。为海底捞在西安市场站稳脚跟,走出四川,实现跨区域经营奠定了基础。

后来,海底捞以其优质的服务而闻名,张勇对服务员的高要求也初见成效,海底捞的分店开始遍布全国。2012 年起,杨丽娟全面掌管海底捞所有门店的运营,从这年开始,海底捞走出国门,在新加坡开设了第一家海外门店,2013 年进入美国,她是除海底捞四大创始人之外,持股最多的高管之一。

2018 年,海底捞在联交所主板挂牌上市,2021 年 5 月,杨丽娟以 160 亿元财富进入 2021 胡润全球白手起家女富豪榜前 50 名,比上年增长 150%,在 2021 胡润中国职业经理人排行榜中排名第七。

杨丽娟为何会把海底捞看得像家一样重要?

加入海底捞的第一年,杨丽娟想到家里每年都挤满了讨债的人,所以她不想回家过年。但有一天,她的母亲直接来到店里,看着半年不见就憔悴的母亲,她心痛不已,带着母亲在一个小包间里说话。原来,那年年初来了一个债主,把家里的一些值钱的东西都拿走了,后来还要面对更多的债主催债,家中实在没办法,希望杨丽娟能借 800 元救急。

张勇听说后,立即安排公司借给杨丽娟 800 元,杨丽娟激动地跟老板说,从她的月薪里扣除。但张勇没有那样做,并且杨丽娟的年终奖照常发放。正是在这一天,十几岁的小姑娘发誓,海底捞就是她的家,谁要损害公司的利益,她敢拿命拼。

杨丽娟由于工作出色,从服务员做到领班、大堂经理、店长、唯一的副总经理。现在,她负责海底捞所有门店运营的整体管理,参与海底捞跨出国门的选址和洽谈等。杨丽娟被伯乐张勇发掘的事迹,除了她的聪明伶俐,还包括她这 20 多年的坚持和努力,两人在扶持道路上的相互信任、共同成长,走出了海底捞的传奇之路。

三、一年粉丝破千万! 旅行博主房琪的短视频创业故事

从主持人到旅行博主,房琪一直践行着"不放弃"这条准则,如今在短视频领域小有所成。2020 新榜大会上,她分享了自己的这段奇幻旅程。

大家好,我是房琪。之前在抖音上看过我视频的朋友们都知道,我以前有很多站在舞台上的机会,我做过主持人、演员、艺人,也做过演讲者。不过这些身份,没能让人记住我这个到处找机会的黄毛丫头究竟是谁。

直到 2018 年 9 月份,我在抖音上发布了第一条视频,到今天拥有了 720 万粉丝,现在我可以站在新榜大会这么大的一个舞台上,我觉得算是做出了一点小小的成绩,在我名字前面那个不断被更换的职位,今天也终于有了一个归宿,它叫作"旅行博主"。我的口号是"我叫房琪,不放弃",其实也有放弃的时候。2018年底,我辞去主持人的职务,放弃了斜杠青年的标签,短视频成为我孤注一掷的选择。

文旅达人的价值

故事发生在贵州凤冈,是一个不太被别人知道的地方。

相比贵州其他旅行目的地,凤冈没什么特色。但在凤冈居民的眼中凤冈是非常美的,我眼中的凤冈也是如此。

凤冈的名字特别浪漫,"凤凰鸣矣,于彼高冈",是《诗经》里说的,便是凤冈。我在凤冈待了四天之后,又花了一天时间徒步穿越了我这辈子遇到的最惊险的峡谷——万佛峡谷,就有了这个视频。这个视频在抖音上获得了192万点赞,我在私信里收到了一些年轻人的回复,其中有一对夫妻,他们刚刚结婚,本来已经定了蜜月目的地,但看到了这个视频后决定去了贵州凤冈。

每当这种时候,最让我动容的是这些年轻人出发的理由,他们选择衢山、选择凤冈,不是因为这个地方有多近,也不是因为它性价比高。他们花费了更多的成本和时间去了更遥远的地方,因为他们内心深处的某一个地方被撩拨了,而撩拨他们的就是我瓶子里面的一抹夕阳,或者是周杰伦的一首《七里香》。

今天在座的有非常多的年轻人,应该听过这句话:如果你涉世未深,就带你去看遍人间繁华;如果你已沧桑,就带你去坐旋转木马。我觉得这句话如果不是放在感情里,而是放在短视频行业当中,它就不是一种手段,而是一种变相的真诚。

请在座的年轻人扪心自问,其实我们是非常难以被取悦的一代,我们的泪点和嗨点都太高了,能吸引我们出发的那个目的地,它必须要填满我们生活当中被亏欠的那个部分。正是因为"万事不如意"是人生的常态,所以诗和远方才显得更加动人,所以那个目的地不能是冰冷的,它必须要有温度,要有灵魂。

如果一个旅行目的地需要灵魂,那旅行达人的意义就是为这个灵魂注入了三魂七魄:我给了它文艺,你给了它优雅;我给了它神秘,你给了它冒险,诸如此类。所以,能让这个大千世界当中一个很微小的美好,变成值得大家追逐和打卡的地方,我时常认真地觉得我在做一件平凡却伟大的事。很多人问我为什么?我说因为值得,它让我发现了文旅达人的价值,而这个价值感对我来说就是一剂兴奋剂。

短视频为我带来了什么?

我不知道有多少年轻人像我曾经一样,在这个大城市头破血流地想要拼一席之地,我们为很多人做了很多件嫁衣,但是这些衣服都没有穿在我们身上。当你回过头的时候会特别可笑地发现,你依然是一个赤身裸体的平凡的人。平凡的人最惶恐和最焦虑的地方是什么呢?就是你随时可能会被别人代替。想要不被别人代替,就必须要有别人拿不走的东西,而短视频用它的低成本、低门槛、高流量,让一无所有的年轻人拥有了一个可以穿上铠甲的权力。

在从事短视频行业这一年多以来,我得到了三个数字:硬盘里 10 个 TB 以上的素材,星图后台 100 家以上的商务合作,全网 1000 万＋的粉丝。我把这个叫作年轻人与这个世界平等对话的底气。

当我从事这个行业的时候,周围有很多人给过我一些劝告,问我:"你有资源吗?""你有团队吗?""你有钱吗?"我说没有,他们说小丫头不要再浪费时间了,年轻人不能太冲动。

但因为我觉得我是一个很"狂妄"的人,永远相信这个世界上没有东西是不能通过自己的努力得到的,到现在我依然这么认为,只是这份"狂妄"之上要加一份运气,这个运气叫作"公平"。

每当有人问我有没有快速积累粉丝、快速变现、快速获得爆款的捷径,我都告诉他没有,因为在这个短视频的机制之下,能决定你被别人看到的其实是算法,而不是某个人,也不是某一个人民币玩家。所以只有内容会说话,其他东西都是哑巴。

短视频让我理解了这个世界的另一面:一个拥有内容输出能力的人,他就是一个公司,是一个"超级个体"。我的视频评论下经常有人说"你不就是因为有个团队嘛""你不就是因为有人帮你策划嘛",但事实上我所有的视频以及其他相关内容,都是由我和我的摄影师两个人完成,并且只有我们两个人,我负责内容、文案、导演,他负责拍摄和后期的制作。我们从来没有签过任何一家 MCN 机构,以前没有这样的打算,以后也不会有。因为我始终相信决定内容好坏的因素,不是背后多少人去成就它,而是质量。

但这样也造成了一个困扰:我已经没有生活了,我的生活就是我的工作。

这一年我们飞行了 441 小时 11 分钟,30 多万公里,每天不是在天上就是在路上。我们白天拍摄,其他时间在飞机上、高铁上、汽车上,在各种地方剪辑。

有一些年轻人会问我,如果想要单枪匹马地从事这个行业,需要注意什么?我觉得唯一可以分享的是,你要有吃苦的能力。可能大多数人对吃苦的理解太片面了,穷就是穷,穷不是吃苦,吃苦不是受穷的能力。它代表你要放弃娱乐,无效的社交,还要忍受着不被别人理解的孤独,它其实是一种自制能力和自控能力。当你拥有了这些能力,再去踏足这个行业吧。

实践练习

时间管理小练习——番茄工作法

我们在做事的过程中,最怕干扰,它会影响我们做事的效率。但干扰无处不在,只有提高自己的抗干扰能力,才能真正提高自己做事的效率。

番茄工作法是由弗朗西斯科·西里洛创立的,它不仅可以屏蔽即时的干扰,还能培养内心抗干扰的能力,让我们逐渐养成迅速沉浸的习惯。因为较小的时间跨度,可以有效减轻时间压力,提升注意力和集中力,有效降低行动难度。

番茄工作法的基本方法是:先设定具体的工作任务列表;然后设定番茄钟,时间是

25 分钟;从任务列表中挑选一个任务开始完成,开始计时;等番茄钟铃响,停止工作,休息 3 至 5 分钟;开始下一个番茄钟循环,直到完成计划任务,并在列表中将任务划掉。

注意,每四个番茄钟结束后,休息 25 分钟。一个番茄钟的时间不可分割,必须是完整的 25 分钟,一个番茄钟时间内不得做与任务无关的事,否则那一个番茄钟宣告作废。

参考文献

[1]马斯洛.动机与人格[M].北京:中国人民大学出版社,2016.

[2]洛尔.精力管理[M].北京:中国青年出版社,2017.

[3]金树人.生涯咨询与辅导[M].北京:高等教育出版社,2007.

[4]王强,姜莉,张鹏,吴彪,李雯.基于现代产业学院的地方本科高校新工科人才协同培养模式[J].湖北
    工程学院学报,2021,41(3):110 - 113.

[5]金盛华,李雪,大学生职业价值观:手段与目的[J].心理学报.2005,37(5):650 - 657.

[6]洛尔.精力管理[M].北京:中国青年出版社,2015.

[7]黄天中.生涯规划:体验式学习[M].北京:北京师范大学出版社,2010.

[8]夏翠阳.浅谈京津冀协同发展现状及对策[J].时代金融.2019(35):28 - 29.

[9]王淑宜,管云,张弘戣.紧扣国家战略 加速创新发展:贵州省国家战略性新兴产业集群观察[J].当代
    贵州.2021(31):26 - 27.

[10]赵良浩.我国战略性新兴产业集群演进研究[M].武汉华中科技大学出版社,2014.

[11]赵彪,郝金连.京津冀协同发展视角下的大同旅游研究[J].山西大同大学学报(社会科学版),2019,
    33(6):125 - 128.

[12]刘利利.京津冀协同发展背景下河北省高等职业教育研究[J].河北师范大学,2017(9):55.

[13]阳过.铁路局集团公司媒体融合发展现状,问题与对策:以中国铁路太原局集团有限公司为例[J].
    理论学习与探索,2021(4):52 - 55.

[14]王欢芳,李密.促进战略性新兴产业集群协同发展[J].宏观经济管理,2016(7):65 - 67.

[15]李晓彩,马婧贤,李冰燕.现象学观照下区域文化形象的影像传播--以京津冀协同发展为例[J].河
    北工程大学学报(社会科学版),2019,36(2):126 - 129.

[16]张哲辉,殷翔宇,骆义,等.水运服务国家三大战略的举措研究[J].物流技术,2016,35(8):1 - 4.

[17]王玮.中国铁路公司制改革对铁路院校职业教育的启示[J].文化创新比较研究,2017,1(20):
    83 - 84.

[18]张婕,金宁,张云.科技金融投入 区域间经济联系与企业财务绩效:来自长三角G60科创走廊的实
    证分析[J].上海财经大学学报(哲学社会科学版),2021,23(3):48 - 63.

[19]夏木.2020 年优势特色产业集群建设名单公布[J].农机市场,2020(6):7.

[20]张杰,邹洪涛.新工科核心素养培养与课程思政协同育人[J].教育教学论坛,2019(08):60 - 62.

[21]林健.新工科人才培养质量通用标准研制[J].高等工程教育研究,2020(3):5 - 16.

[22]张杰,邹洪涛.新工科核心素养培养与课程思政协同育人[J].教育教学论坛,2019(08):60-62.

[23]费希尔,夏普.横向领导力[M].北京:北京联合出版公司,2015.

[24]古典.你的生命有什么可能[M].湖南:湖南文艺出版社,2014.

[25]金树人.生涯咨询与辅导[M].北京:高等教育出版社,2007.

[26]关翩翩,李敏.生涯建构理论:内涵、框架与应用[J].心理科学进展,2015,23(12):2177-2186.

[27]胡小勇,基于生涯建构理论的体育专业生涯课程设计[J].学校体育学,2018,34(7):83-84.

[28]古典.拆掉思维里的墙[M].北京:北京联合出版公司,2016.

[29]徐俊祥,黄欢,余卉.幸福密码:生涯建构与发展体验式教程[M].天津:天津人民出版社,2021.

[30]平克.全新思维[M].北京:北京师范大学出版社,2006.

[31]古典.跃迁:成为高手的技术[M].北京:中信出版社,2017.